Magie und Wahrsagen

EINE ANLEITUNG ZUR ENTWICKLUNG ÜBERSINNLICHER KRÄFTE

SHAWN ROBBINS
&
LEANNA GREENAWAY

Librero

WWW.LIBRERO-IBP.COM

Ursprünglich 2021 in den USA von Sterling Ethos, ein Imprint von Sterling Publishing Co., Inc., unter dem Titel *PSYCHIC SPELLCRAFT: A MODERN-DAY WICCAPEDIA OF DIVINATION & INTUITION RITUALS* veröffentlicht.
Diese Ausgabe entstand in Zusammenarbeit mit Sterling Publishing Co., Inc.,
33 East 17th Street, New York, NY, 10003, USA

Aus dem Englischen von Anne Döbel, Aurich
(für iMport/eXport)
Lektorat: Anika Seemann, Emden
Satz: iMport/eXport, Emden

Gedruckt und gebunden in China

ISBN 978-94-6359-029-7

Für die Suchenden und Gläubigen, die Entdecker des Universums und was dahinter liegt – ihr seid das Licht, das eine Welt voller Geheimnisse erleuchtet.

-Shawn Robbins

Für Mamma Witch, die so viele Jahre so viel spirituelles Wissen mit mir geteilt hat und mir geholfen hat, meine Reise durch das Leben zu führen.
Ich verdanke dir alles.

-Leanna Greenaway

Inhalt

DRITTER TEIL

Tiefer eintauchen

Einführung

Wir alle werden mit übersinnlichen Fähigkeiten geboren – ob man es glaubt oder nicht. Manche nennen es aber vielleicht Intuition oder den sechsten Sinn. Hattest du irgendwann mal ein schlechtes Gefühl bei etwas, aber hast die Warnzeichen ignoriert und es trotzdem gemacht? Meistens stimmten deine Gefühle und du hast dir selbst am Ende gesagt: „Ich weiß, dass ich das nicht hätte machen sollen“, oder „Ich weiß, dass ich ihm nicht hätte trauen sollen“.

Hexen glauben, dass unsere Führer in der geistigen Welt uns diese Botschaften übermitteln, wenn sie es für nötig halten in unser Leben einzugreifen. Zum Beispiel wenn wir Gefahr laufen in einer unerwünschten Situation zu landen oder in unserem irdischen Dasein vom richtigen Weg abzukommen. Sie pflanzen dann gleichsam einen kleinen Samen in unseren Geist oder ein sanftes Flüstern in unser Ohr.

Wenn unsere Führer uns vor Gefahren behüten wollen oder wenn sie uns zu unserem auserwählten Weg führen wollen, werden sie im Schlaf mit uns reden, damit wir mit einem anderen Bewusstsein aufwachen. Unsere spirituellen Führer kommunizieren mit uns am liebsten im Schlaf, weil unser Unterbewusstsein dann für andere Schwingungen geöffnet ist, sodass sie leichter Kontakt zu uns erhalten. Hellseher können diesen Zustand auch durch Meditation oder Entspannung herbeiführen.

Wir alle bestehen aus Energie. Meistens spüren wir auch die Schwingungen anderer Menschen und verstehen sie. Das äußert sich zum Beispiel in einem positiven Gefühl gegenüber einem unbekannten Menschen, oder im Gefühl, dass irgendjemand sich in Gefahr befindet. Meistens fühlen wir uns von Menschen angezogen, die eine ähnliche Energie besitzen wie wir selbst und wir sind gerne von solchen Menschen umgeben. Aber Achtung, wenn die Alarmglocken anfangen zu läuten!

Es ist oft nicht ganz einfach, sich seinen übersinnlichen Fähigkeiten zu öffnen. Es kann Jahre dauern, bis du dies richtig gelernt hast und sogar dann kann es passieren, dass du Warnsignale nicht erkennst und in eine unangenehme Situation gerätst. Zauberkunst kann dir helfen, übersinnliche Blockaden zu lösen, indem sie dir hilft, Botschaften aus der spirituellen Ebene zu empfangen. Wenn du bereits spirituell begabt bist und bestimmte Signale empfängst, bist du aber meistens nicht für alle übersinnlichen Techniken begabt. Eine von uns (Leanna) kann zum Beispiel sehr gut Tarotkarten lesen und hat starke psychometrische Kräfte, kann aber mit der Kristallkugel wenig anfangen. Shawn dagegen kann sehr gut in die Zukunft sehen, aber hat Probleme, wenn es darum geht, verlorene Gegenstände oder Haustiere wiederzufinden.

Wenn du deine spirituellen Kräfte im täglichen Leben benutzt, wirst du Fähigkeiten entwickeln, die dir helfen, dein Leben besser zu bewältigen.

Dieses Buch soll dir den Einstieg in diese Reise erleichtern. Zur Stärkung deiner übersinnlichen Energie kannst du so viele Werkzeuge benutzen, wie du willst, von Pendeln bis zu Kristallen und Wahrsagespiegeln bis hin zum Handlesen. Sobald du irgendein Handwerk beherrschst, kannst du dich am nächsten üben. Je mehr du deine übersinnlichen Fähigkeiten trainierst, umso besser wirst du dazu imstande sein und das Vertrauen besitzen, die Zukunft vorherzusagen.

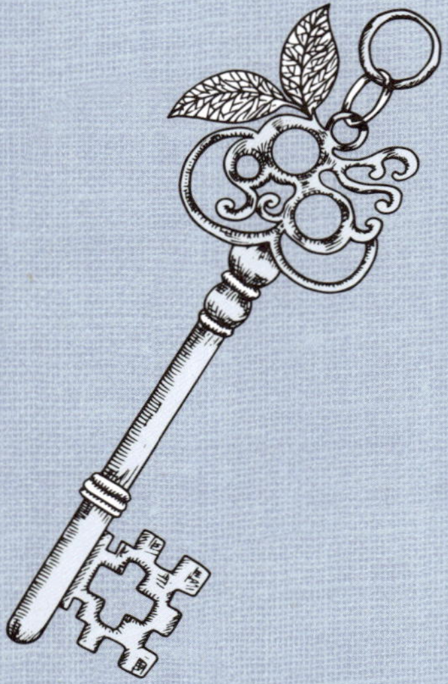

Erster Teil

Erste Schritte mit dem Sechsten Sinn

Kapitel 1

Intuition und übersinnliche Wahrnehmung (ESP)

WÜNSCHST DU DIR AB UND ZU, WENN DU BEQUEM IM STUHL sitzt und einen Kaffee trinkst, dass du wüsstest, wie es deinen Freunden oder Verwandten geht, die sich vielleicht Hunderte Kilometer entfernt von dir befinden? Manche Wiccas haben die Kraft, die Energie von entfernten Orten, Ereignissen oder Personen zu spüren und diese auch tatsächlich zu sehen. Dies nennt man *Hellsichtigkeit*. Andere hören Stimmen oder erhalten Signale durch *Hellhörigkeit*. Wieder andere spüren Energien durch *Hellfühligkeit*. All diese Formen übersinnlicher Wahrnehmung sind viel interessanter als mit der Schwester um die Ecke zu telefonieren – und sie sind auch einfacher, wenn du weißt, wie es geht.

Wenn Wicca-Seher Menschen oder Ereignisse fokussieren, die ihnen nahestehen, empfangen viele ungefragt auch Bilder, Töne und Gefühle von Menschen, die sie überhaupt nicht kennen. Diese Kraft empfinden manche (wie Shawn) als Segen, aber gleichzeitig als Fluch, weil diese Botschaften einen psychisch sehr belasten können. Außerdem ist es nicht immer einfach, andere – oft skeptische – Menschen davon zu überzeugen, dass sie sich in Gefahr befinden und die Warnungen ernst nehmen sollten.

Das heißt aber nicht, dass wir Hellsichtige unsere Gaben nicht zu schätzen und zu würdigen wissen. Wir müssen nur lernen, wie wir sie verfeinern, beherrschen und sinnvoll einsetzen können.

HELLSEHER UND WAHRSAGER DURCH DIE JAHRHUNDERTE

Wenn auch die Methoden variieren, alle Menschen mit hochentwickelten hellseherischen Fähigkeiten sind dazu imstande, ihren Geist zu öffnen und übersinnliche Energien anzuzapfen, damit sie sehen, hören oder erfahren können, wozu andere offensichtlich nicht imstande sind. Eine hellsichtige Person erlebt oft ein überwältigendes Gefühl, oder empfängt eine bestimmte Botschaft im Traum, dass etwas passieren wird. Ein Seher bekommt eine physische Vision, entweder hinter geschlossenen Augen oder in einem Wahrsageobjekt, wie einer Kristallkugel oder einem Spiegel.

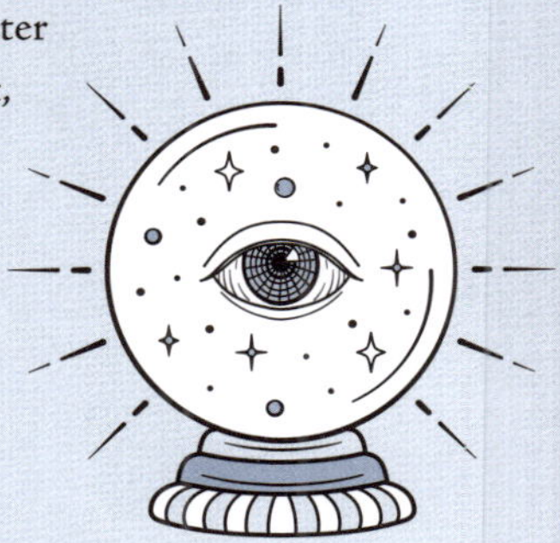

Der Begriff Hellseher (psychic) kommt vom griechischen Wort *psychikos*, das „aus der Seele“ bedeutet. Wahrscheinlich hast du in der Schule schon einmal etwas gelesen oder gehört vom Orakel von Delphi und von der berühmten Priesterin im Tempel des Apollon, deren Prophezeiungen angeblich direkt von Apollon kamen. War das Telepathie? Hellhörigkeit? Wir werden es nie wissen, aber wir wissen wohl, dass die Griechen viel Vertrauen in diese Art Offenbarungen hatten und dass sie regelmäßig Orakel befragten, um Botschaften aus der Zukunft zu erhalten.

Die Geschichte übersinnlicher Wahrnehmungen hört jedoch nicht bei den alten Griechen auf. Die Bibel ist voller Propheten, die die Menschen vor bevorstehenden Ereignissen warnen. Einige hörten auf sie, andere nahmen sie nicht ernst, und wieder andere wurden zu wahren Christen, als die Visionen der Propheten sich bewahrheiteten. Manche glauben, dass

die religiösen Propheten ihre übersinnlichen Botschaften aus einer göttlichen Quelle erhielten, andere sind der Meinung, dass sie Botschaften von der anderen Seite erhalten haben. Es ist tatsächlich möglich, dass diese Begabten eine Art spirituelle Botschaften erhielten, die für andere unsichtbar und unhörbar waren. Wahrscheinlich verfügten sie über eine Art intuitive Kraft, die es ihnen ermöglichte zu sehen und zu hören, was auf physischer Ebene nicht sicht- oder hörbar ist. Jeanne d'Arc ist hierfür ein gutes Beispiel. Obwohl Christen ihre Visionen als göttliche Prophezeiungen betrachten, hätte sie ohne einen erhöhten Bewusstseinszustand und die Fähigkeit zur übersinnlichen Wahrnehmung nichts gesehen.

Nostradamus (1503–1566), der vielleicht berühmteste Seher der Geschichte, arbeitete zunächst als Arzt in Frankreich. Nachdem Frau und Kind an der Pest gestorben waren, brach er zusammen – und wurde als Hellseher wiedergeboren. Seine Anhänger sind davon überzeugt, er habe in seinem berühmten Buch *Die Prophezeiungen* die gesamte Zukunft vorhergesagt, von der Ermordung Lincolns über den Aufstieg Hitlers bis zum 11. September. Umstritten ist, ob Nostradamus ein Hellseher oder ein Prophet war. Eine wissenschaftliche Antwort darauf ist schwierig, aber meiner Meinung nach sind Propheten Seher, sodass ich sagen würde, dass er beides war.

Ein berühmter amerikanischer Seher der Neuzeit war Edgar Cayce (1877–1945). Er wird auch „schlafender Prophet“ genannt, da er die meisten Visionen in einem ruhigen, tranceähnlichen Bewusstseinszustand empfing. Wenn jemand Cayce um Rat fragte, legte sich der Seher hin, versetzte sich in Trance und berichtete dann einem Assistenten, der alles aufschrieb, von seinen Wahrnehmungen. Cayce wusste, dass das Unterbewusstsein Informationen enthält, die dem bewussten Verstand nicht zugänglich sind. Obwohl er behauptete, sich nicht an seine Visionen oder an das, was er seinem Assistenten gesagt hatte, erinnern zu können, verschaffte ihm die Genauigkeit seiner Vorhersagen eine große Anhängerschaft.

1972 führten die Wissenschaftler Harold Puthoff und Russell Targ am Stanford Research Institute Untersuchungen zu Fernwahrnehmungen durch, um festzustellen, ob Seher tatsächlich präzise Informationen über weit entfernte Orte oder Personen geben können. Puthoff und Targ wählten zufällige Orte aus und forderten die Seher auf, das Gesehene entweder sprachlich zu beschreiben oder zu zeichnen. Bei drei Personen (darunter der berühmte Hellseher Uri Geller) wurde festgestellt, dass sie über hellseherische Fähigkeiten verfügen. Natürlich murrten einige Skeptiker und denunzierten das Experiment als eine Farce, aber das ist nichts Neues.

ÜBERSINNLICHE ERFAHRUNGEN

In jedem von uns steckt eine Kraft, die viel größer ist als man denkt – man nennt sie den sechsten Sinn. Aber obwohl jeder sie hat, weiß nicht jeder, wie man sie benutzen kann. Denke einfach einmal an ein Ereignis, von dem du schon vorher wusstest, wie es ausgehen würde. Ob du es dir eingestehen willst oder nicht, du hast dich damals auf deine Intuition verlassen. Die meisten Menschen verfügen über eine natürliche Fähigkeit zu Vorahnungen, aber viele ignorieren diese intuitiven Gefühle und verlassen sich auf Logik und Argumente. Diejenigen, die wohl die Kunst beherrschen, ihren sechsten Sinn zu benutzen, haben sich ihre natürliche Fähigkeit erhalten, Energien aus anderen Welten wahrzunehmen. Wie die Tiere werden auch wir Menschen mit der natürlichen Fähigkeit geboren zu fühlen, wann sich eine Situation „nicht gut“ anfühlt. Wilde Tiere fliehen deshalb vor Tsunamis und Erdbeben; sie spüren, dass etwas nicht stimmt, und bringen sich in höher gelegenen Gebieten in Sicherheit.

Dieser Sinn für Vorahnungen wird Menschen in der Regel von klein auf ausgetrieben. Kleine Kinder können von Natur aus Geister erkennen, weil sie der Geisterwelt noch nahestehen und oft einen geistigen Führer in der Nähe haben. Für Kinder ist es ganz natürlich zu sagen: „Ich sehe Oma auf der Couch", auch wenn Oma schon vor über einem Jahr gestorben ist. Aber in den meisten Familien werden Kinder entmutigt so etwas zu sagen – das sei komisch. So lernen Kinder sehr schnell, ihre übersinnlichen Fähigkeiten zu unterdrücken, und mit der Zeit verlieren sie sie, weil sie sie nicht benutzen.

Übersinnliche Wahrnehmung oder ESP ist ein allgemeiner Begriff, der oft verwendet wird, wenn vom sechsten Sinn die Rede ist. Zum sechsten Sinn gehören aber noch andere Phänomene, wie zum Beispiel eine gesteigerte Sensibilität der anderen fünf Sinne. Im Folgenden werden verschiedene Arten von Begabungen dargestellt, sowie die verschiedenen Energien wofür Menschen (also auch du) empfänglich sein können.

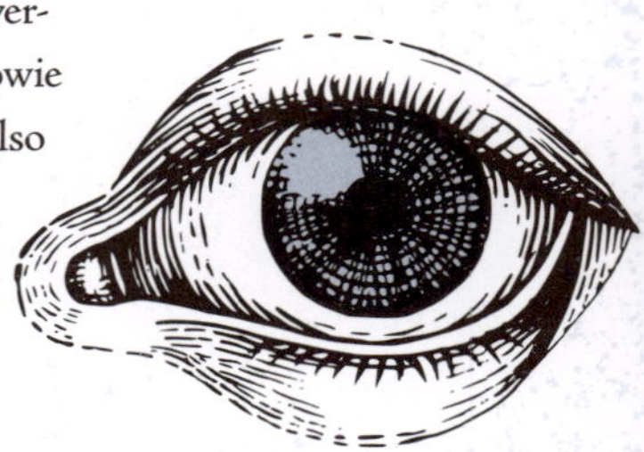

Hellsichtigkeit

Hellsichtigkeit ist die Fähigkeit, Energien, Ereignisse oder Wesenheiten wahrzunehmen, die für die meisten Menschen unsichtbar sind. Dies passiert meistens während Séancen, in denen Hellseher mit den Geistern der Verstorbenen kommunizieren, oder sehen, was dir in der Vergangenheit widerfahren ist oder in der Zukunft passieren wird. Hellsichtige empfangen ihre Visionen meist in einem meditativen Zustand, aber auch einfach im Alltag.

Hellriechen

Dies ist die übersinnliche Fähigkeit, über Gerüche bestimmte Informationen zu erhalten. Hellriechen ist nicht das Gleiche wie das Aktivieren von Erinnerungen mittels Gerüchen. Jeder Mensch bekommt bestimmte Assoziationen oder Emotionen bei Gerüchen aus der Kindheit. Beim Hellriechen handelt es sich jedoch eher um einen „Phantom"-Geruch, also um etwas, was nur der Betroffene wahrnehmen kann. Menschen mit bösen Vorahnungen riechen zum Beispiel verdorbenes Fleisch, oder ein bestimmtes Parfüm, oder einen anderen typischen Geruch, wenn ein Geist in ihrer Nähe ist. Wenn ein Hellseher, der der Polizei bei Ermittlungen hilft, zum Beispiel Orangenblüten riecht, kann dies darauf hindeuten, dass sich die Zielperson einer Fahndung in einem Orangenhain versteckt. Es passiert oft, dass jemand den Zigarrenrauch des längst verstorbenen Großvaters riecht. Dies deutet darauf hin, dass dessen Geist sich in der Nähe aufhält.

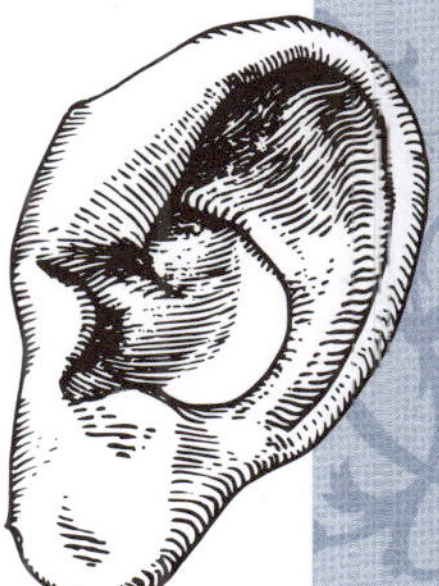

Hellhörigkeit

Hellhörigkeit ist die Fähigkeit, übersinnliche Kommunikationen zu hören. Diese hören sich nicht an wie tiefe Schallwellen oder hohe Hundepfeifen. Es handelt sich vielmehr um die Stimmen von Geisterführern oder um Botschaften von den Geistern der Verstorbenen. Für manche Stimmen muss man mehr wissen, um sie zu verstehen. Warum hörtest du zum Beispiel die Stimme einer alten Frau, als deine Freundin Mary zu Besuch war? Vielleicht war es ihre Großmutter, die kürzlich verstorben war.

Hellsichtigkeit

Hellsichtige Menschen hören oder sehen keine Bilder, sondern wissen Dinge, die sie unmöglich mit alltäglichen Mitteln hätten erfahren können. Ein Hellseher kann dir zum Beispiel sagen, wer dein Ur-Ur-Ur-Großvater war, auch wenn er seinen Namen nicht kennt und nichts über die Familiengeschichte weiß. Der Hellsichtige weiß selbst nicht, wie diese Information in sein Bewusstsein gelangt, er weiß es einfach.

Hellfühligkeit oder Hell-Empathie

Hellfühlige können die Energiefelder von Menschen und anderen Wesen – Tieren, Pflanzen und allem, was Lebenskraft hat – wahrnehmen und sogar Einfluss darauf nehmen. Menschen, bei denen diese Fähigkeit sehr stark ausgeprägt ist, bezeichnet man als Empathen. Sie müssen lernen, ihren geistigen Raum zu schützen, weil sie sonst Gefahr laufen von Schmerz, Angst, Sorgen oder anderen negativen Emotionen anderer Menschen erdrückt zu werden. Den meisten Menschen fällt es nicht schwer, sich in andere hineinzuversetzen, aber Empathen fühlen *genau* das gleiche Glück oder *genau* den gleichen Schmerz wie andere Menschen oder sogar Tiere. Menschen mit empathischen Kräften müssen also aufpassen, dass sie nicht ständig die Energien der Menschen um sie herum absorbieren, weil das sehr belastend ist und sogar zu Depressionen führen kann. Sie müssen sich manchmal von anderen Menschen distanzieren, damit sie ihre eigene Energie schützen und wiederherstellen können.

Medien

Übersinnliche und mediale Wahrnehmungen sind nicht das Gleiche. Zwar verfügen alle Medien über die Fähigkeit zur übersinnlichen Wahrnehmung, aber nicht alle Menschen mit der Fähigkeit zur übersinnlichen Wahrnehmung sind Medien, denn sie können nicht alle mit Verstorbenen kommunizieren. Medien können Verstorbene und Geister sehen, riechen, hören und fühlen. Echte Medien sind selten. Viele, die behaupten dies zu sein, besitzen in Wirklichkeit nur einige der hier beschriebenen Fähigkeiten. (Siehe Kapitel 13)

Präkognition

Bei Präkognition handelt es sich um die Fähigkeit, zukünftige Ereignisse oder Sachverhalte durch Visionen oder Träume vorherzusagen. Präkognition ist nicht das Gleiche wie Vorahnungen. Bei Vorahnungen handelt es sich nur um das Gefühl, das etwas Gutes oder Schlechtes passieren wird. Eine präkognitive Seele ist jemand, der sagt: „Steige nicht in diesen Zug ein – er wird entgleisen!“ – während es bei einer Vorahnung zum Beispiel heißt „Ich habe ein ungutes Gefühl bei deiner bevorstehenden Reise“. Durch Präkognition wurden schon globale Katastrophen und Flugzeugabstürze vorhergesagt.

Telepathie

Von Telepathie ist die Rede, wenn man, ohne zu sprechen mit anderen kommunizieren oder Visionen oder Gefühle teilen kann. Das ist nicht dasselbe, wie den Blick deines besten Freundes zu erhaschen, um dann zu wissen, dass ihr euch über dieselbe Sache amüsiert. Telepathie bedeutet, dass du weißt, dass dein Bruder Hilfe braucht, obwohl er am anderen Ende des Landes wohnt und obwohl du schon lange nicht mehr mit ihm gesprochen hast. Siehe S. 26–29.

DIE GABE DES HELLSEHENS: SHAWNS GESCHICHTE

Ich besitze die Gabe des Hellsehens seit meiner Kindheit – aber diese Gabe wusste ich nicht immer zu schätzen. Ich erzähle dir gern meine Geschichte. Als ich noch sehr klein war, sagte mir einmal meine Großmutter, die sehr exzentrisch und liebenswert war, „Shawn, du weißt doch, dass du anders bist?"

Ich wusste tatsächlich schon in diesem Alter, dass ich anders war, aber da ich noch nicht beschreiben konnte, wie ich mich fühlte oder wie ich mich von anderen Kindern unterschied, fragte ich sie, was sie meinte. Sie sagte mir, ich sei hellsichtig und erklärte mir: „Du weißt Dinge, die andere nicht wissen. Du kannst Dinge sehen, bevor sie eintreten. Du kannst lesen, was andere Leute denken, stimmt's?" Sie hatte Recht. Ich hatte alle diese Fähigkeiten, zumindest manchmal, aber da ich noch so jung war, dachte ich, dass jeder das kann! Dies war das erste Mal, dass meine Gaben vor mir auf dem Tisch lagen, und ich musste sie als etwas anerkennen und akzeptieren, das mich von meinen Freunden unterschied, als etwas, was ich hatte und sie nicht.

Nur wenige Wochen nach diesem Gespräch spielte ich mit meinen Freunden, als ich die Stimme meiner Großmutter hörte. Sie verabschiedete sich von mir mit den Worten, dass sie mich im Himmel wiedersehen werde. Du kannst dir vorstellen, wie aufregend das für ein kleines Mädchen war! Ich rannte zu meiner Mutter und fragte, was mit meiner Großmutter los sei, und erfuhr, dass sie ins Krankenhaus aufgenommen wurde. Am Ende des Tages erhielten wir den Anruf, dass Großmutter verstorben war.

Dies war nur eine von Hunderten von Botschaften, die ich seit meiner Kindheit bekommen habe, und dieses Mal war sie sehr präzise. Manchmal erhalte ich aber auch falschen Alarm. Einmal bekam ich die Botschaft, dass eine Freundin bei einem schrecklichen Autounfall sterben würde – ich weinte den ganzen Tag lang. Später am Abend erfuhr ich, dass sie wohlbehalten zu Hause angekommen war. Ich musste mich dann damit abfinden, dass meine Vorahnungen nicht immer richtig sind, und das war schwierig für mich, denn ich wusste nicht, ob die Botschaft nicht gestimmt, oder ob ich das, was ich gesehen hatte, falsch interpretiert hatte. Aber ich war natürlich erleichtert, dass meiner Freundin nichts passiert war.

Diese Art von fehlgeleiteter Intuition kommt bei Hellsehern häufiger vor, denn die meisten Menschen haben nun einmal tiefsitzende Ängste um ihre Lieben, und wenn man die „Gabe" hat, ist es schwer, zwischen der eigenen Angst und einer echten Botschaft zu unterscheiden. Die übersinnlichen Drähte können zu Missverständnissen führen und dann verliert man leicht den Glauben an seine Fähigkeiten.

Wie gibt man schwierige Nachrichten weiter?

Was tut man, wenn man übersinnliche Fähigkeiten hat, und man sieht etwas Beängstigendes oder Negatives in der Zukunft eines Menschen? Soll man es dem Betreffenden erzählen oder soll man es verschweigen? Wenn es sich um zukünftige Ereignisse handelt, die sich vermeiden lassen, wie zum Beispiel in einen bestimmten Bus einsteigen, ist es auf jeden Fall vernünftig zu warnen. Aber wenn es um schwere Erkrankungen oder Depressionen geht, ist es schwieriger.

Oft erhältst du nur die Botschaft, dass ein Freund einen Arzt aufsuchen muss oder dass er oder sie Rückenschmerzen hat – nichts, was du nicht erzählen könntest. Aber später, als du hörtest, dass er oder sie auf dem Eis ausgerutscht ist und sich den Rücken verletzt hat, wusstest du, dass die Botschaft richtig war.

Sei also immer vorsichtig und einfühlsam, wenn du über Negatives berichtest und überlege dir deine Worte gut! Warne deine Bekannten ohne sie in Angst und Schrecken zu versetzen, und denke dabei an folgende Wahrheiten:

- **Wir alle haben einen freien Willen.** Wenn du also etwas siehst, was in der Zukunft passieren könnte, so heißt das noch nicht, dass es auch geschehen wird. Es ist der Schmetterlingseffekt: Ein kleines Ereignis kann eine Kettenreaktion anderer Ereignisse auslösen, und deshalb steht nichts unverrückbar fest.
- **Schicksalsschläge machen uns stärker und öffnen neue Türen.** Etwas, was ein Mensch im Moment als riesige Tragödie empfindet – das Scheitern der Ehe, der Verlust des Arbeitsplatzes – ist der Beginn einer neuen Zukunft. Gib immer Hoffnung und sage den Menschen, dass sie wertvolle Lektionen lernen werden und von ihren Engeln geführt werden.
- **Wenn jemand mit einem schweren Problem** zu dir kommt und sich an niemanden sonst wenden kann, hilf ihm, nicht zu verzweifeln. Sage ihm, dass der göttliche Schöpfer einem Menschen nie etwas auferlegt, womit er nicht fertig wird. Stärke ihn in seiner Kraft und ermutige ihn mit neuen Ideen.

Wenn du deine Fähigkeiten benutzt, denke dann immer daran, dass deine Gefühle, Visionen und Klänge *keine Ereignisse verursachen können*. Nichts von dem, was du siehst, hörst oder spürst, ist deine Schuld. Menschen mit übersinnlichen Kräften fühlen sich manchmal sehr schuldig, wenn ihre bösen Vorahnungen sich bewahrheiten. Manchmal kann man warnen, manchmal nicht, und oft hören Menschen auch nicht auf einen. Nimm also die Dinge, wie sie kommen, teile die Signale nach bestem Wissen und Gewissen und lerne dann, wieder loszulassen.

Erzähle, was du siehst

Dank jahrelanger Übung und Wiederholung habe ich gelernt, wie ich Visionen für andere Menschen hervorrufen kann. Wenn jemand zu mir kommt und mich in einer bestimmten Angelegenheit um Rat bittet, kann ich mich so stark konzentrieren, dass ich „sehe", was passieren wird.

Wenn zum Beispiel eine Frau zu mir kommt und mich fragt, ob sie sich weiter mit einem bestimmten Mann treffen soll, schließe ich meine Augen und versetze mich, während ich mich auf die Frage konzentriere, in einen tiefen meditativen oder tranceähnlichen Zustand. Dann kommt mir vielleicht ein Datum in den Sinn und dann sage ich ihr, sie soll es in ihren Kalender schreiben, weil an dem Tag wahrscheinlich etwas Wichtiges passiert. Vielleicht ist es auch ein Ort. Ist der Ort ein Restaurant? Dann rate ich ihr, dies als ein wichtiges Treffen mit ihrem Freund zu interpretieren. Vielleicht will er sich von ihr trennen oder macht er ihr einen Heiratsantrag?

Wie Edgar Cayce erinnere ich mich meistens nicht an die Trance oder daran, was während der Trance geschah. Das Unterbewusstsein eines Hellsehers neigt dazu, Begegnungen auszublenden und uns mit einem Gefühl von Gedächtnisverlust zurückzulassen. Das kann ein Abwehrmechanismus sein, der uns davor schützen soll, durch unerklärliche Dinge übermäßig belastet zu werden. Aber ich freue mich immer helfen zu können, wann und wo immer ich kann, und bin sicher, dass auch du das tun wirst, wenn du einmal deine Fähigkeiten entwickelt hast!

Hellsehen und das Aufklären von Verbrechen

Trotz aller Skepsis gegenüber übersinnlicher Wahrnehmung bittet die Polizei immer wieder Hellseher um Hilfe bei der Aufklärung von Verbrechen. Oft handelt es sich um vermisste Personen. Hellseher begeben sich dann meistens zum Tatort des Verbrechens, weil sie die Energie der Zielperson (also der vermissten Person oder des Täters) brauchen, um wertvolle Signale zu erhalten. Wenn ich der Polizei bei der Aufklärung von Verbrechen helfe, empfange ich nur am Tatort die Schwingungen, die mir helfen mir vorzustellen, was dort passiert ist und wer dafür verantwortlich sein könnte.

Wenn jemand eine Gewalttat begeht, hinterlässt er einen Haufen negativer Energie, man kann dies mit DNA-Spuren vergleichen. Die Polizei kann diese Energien jedoch nicht empfangen und aufbewahren, wie andere Beweismittel. Wenn es mir wohl gelingt, mit dieser Energie in

Verbindung zu kommen, kann ich dahinterkommen, wer die Person ist, in welchem energetischen Zustand sie sich gerade befindet (Hat sie Angst? Ist sie wütend? Ist sie tot?) und wo sie sich aufhält. Wenn ich zum Beispiel einen kalten, nassen, dunklen Ort sehe oder spüre, kann dies bedeuten, dass sie sich in einem Bootshaus oder einer Werft befindet. Diese Form von Hellspürigkeit hat mich also zur Hellsichtigkeit geführt.

Ähnlich hilfreich ist es, wenn sich Seher bei vermisster Person an den Ort der Entführung begeben (falls er bekannt ist), oder etwas in die Hände nehmen, dass der vermissten Person gehört. Auf diese Weise können sie auf psychometrischem Wege Signale auffangen. Der Gegenstand hilft dem Seher, sich mit dem aktuellen Energiezustand der vermissten Person zu verbinden und eine Vision über ihren Aufenthaltsort zu bekommen.

Es ist frustrierend, wenn Skeptiker dann sagen „Na ja, eine so vage Beschreibung kann doch jeder geben!", denn unsere Visionen führen letztendlich zu wertvolleren Informationen als normale Menschen sie je ermitteln könnten.

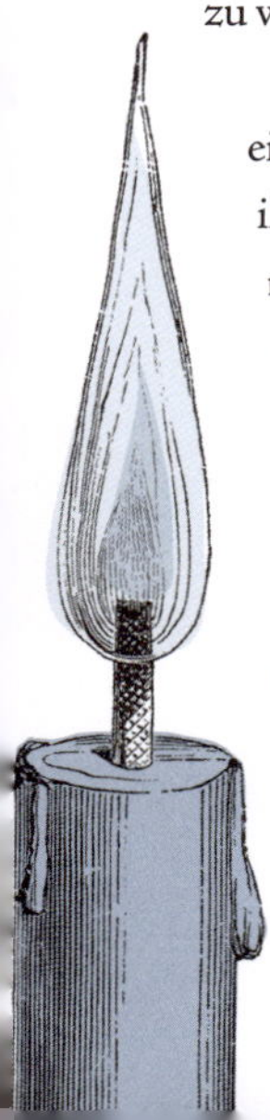

Die meisten Seher wollen ihre Fähigkeit zu helfen selbstlos für andere einsetzen. Sie sind nicht darauf aus, berühmt zu werden oder im Fernsehen ihre eigene Reality-Show zu haben. Weil Seher mit einer Fähigkeit geboren werden, die sowohl ein Segen als auch ein Fluch sein kann, streben sie danach, dass die nützlichen Effekte die negativen ausgleichen.

Während des Kalten Krieges arbeitete ich für das staatlich finanzierte Stargate-Projekt der CIA. Ich trainierte die hellseherischen Fähigkeiten von Menschen, die wie ich über übersinnliche Fähigkeiten verfügten – und ich hatte dabei das Gefühl, dass ich mich von einem Untergangspropheten in den Retter der Welt verwandelt hatte. Wir wurden in der Kunst des Remote Viewing geschult und lernten dabei, den Alpha-Zustand zu erreichen.

Der Alphazustand ist ein tranceähnlicher Zustand, wobei der sechste Sinn durch die Kraft des Geistes verstärkt und ein höherer Bewusstseinszustand erreicht wird. Wir wollen auch dir dabei helfen deine übersinnlichen Fähigkeiten zum Wohle der Menschheit einzusetzen, indem du lernst, dir selbst zu vertrauen und an dich zu glauben, sodass du dein Herz und deine Seele öffnen kannst.

Entwickle deine Hellsichtigkeit mit deinem dritten Auge

Wenn du vermutest, dass du hellseherische Fähigkeiten hast, wie kannst du sie dann entwickeln? Gibt es Schulen für Seher? Es gibt tatsächlich Kurse, aber du kannst auch zu Hause daran arbeiten. Hellsichtigkeit ist das Ergebnis eines klaren, offenen „dritten Auges“. Das dritte Auge ist Teil des Chakren-Systems des Körpers und befindet sich im sechsten Sakra, in der Mitte der Stirn. Dieses Sakra ist mit Intuition und einem höheren Verständnis der Welt verbunden.

Um deine Hellsichtigkeit zu verbessern, musst du also zunächst dein drittes Chakra öffnen. Hierzu folgt jetzt eine spezielle Meditationsübung, für die du einen blauen Kristall oder einen Edelstein brauchst.

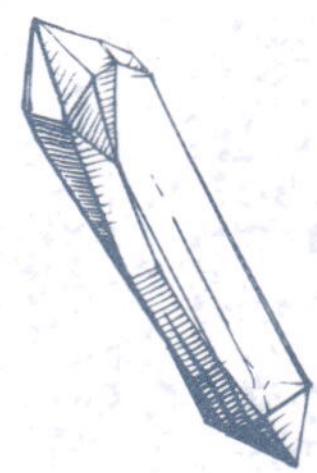

MATERIALIEN

Blauer Kristall oder Edelstein wie Azurit, Lapislazuli oder Kyanit

Ein oder mehrere Teelichter

Beruhigende Musik

DAS RITUAL

Dämpfe das Licht, zünde die Kerzen an und lass die Musik spielen. Leg dich hin und lege den blauen Kristall oder Stein auf deine Stirn. Atme so tief wie möglich durch die Nase ein und blase die Luft durch den Mund aus. Atme auf diese Weise 30 bis 60 Sekunden lang ein und aus. Konzentriere dich auf den Bereich, in dem sich der Kristall befindet. Stell dir vor, dass der Kristall diesen Raum öffnet. Vielleicht spürst du ein wärmendes oder kribbelndes Gefühl.

Wenn du das Gefühl hast, dass der Raum offen ist, achte weiterhin darauf, dass du tief durchatmest. Löse den Fokus deines Geistes und beobachte, was dir einfällt. Du brauchst bei dem, was du jetzt siehst, nicht zu wissen, worum es sich handelt. Interpretieren kannst du später. Bleibe zunächst einfach bei deiner Vision.

Jetzt kannst du auch versuchen, hellhörige Fähigkeiten zu entwickeln. Während du dich in einem tiefen meditativen Zustand befindest, kannst du dich auch auf deine Ohren konzentrieren. Beobachte, ob du etwas hören kannst, was von der anderen Seite zu dir kommt.

Blaue Stimmung

Um beim Üben deine hellseherischen Fähigkeiten zu stimulieren, solltest du immer ein Stück königsblauen Lapislazuli auf der Haut tragen (zum Beispiel als Halskette oder Ring). Diese Steine ziehen hellsichtige Schwingungen an, und du kannst sie natürlich auch normal im Alltag tragen. Wenn du erst einmal dabei bist, deine eigene Hellsichtigkeit anzuzapfen, werden dir ab und zu Visionen von bevorstehenden Ereignissen kommen. Sie werden zunächst so aussehen, als ob deine Fantasie mit dir durchgeht, aber sobald sie sich bewahrheiten, wirst du mehr Vertrauen in deine Visionen bekommen.

PSYCHOMETRIE: BERÜHRE MICH, FÜHLE MICH, LIES MICH

Psychometrie ist eine Form übersinnlicher Wahrnehmung, die viele Menschen besonders faszinierend finden. Es ist die Fähigkeit, anhand eines Gegenstandes, der einer anderen Person gehört, etwas über diese Person zu „lesen". Auf den Seiten 20–21 haben wir über Hellseher gesprochen, die bei der Aufklärung von Verbrechen helfen. Auch sie halten oft etwas in den Händen was einer vermissten Person oder einem Verdächtigen gehört, damit sie eine Empfindung oder ein Gefühl wahrnehmen, das bei den Ermittlungen hilfreich sein kann. Es ist gut möglich, dass du selbst auch schon psychometrische Erfahrungen hattest, ohne dir dessen bewusst zu sein.

Hast du vielleicht einmal alte Kleidung oder Schmuck getragen und dich dabei ängstlich oder einfach nicht wohl gefühlt? Das lag nicht daran, dass der Pullover kratzte oder der Diamant dir nicht gefiel, sondern wahrscheinlich daran, dass die Person, die diese Sachen früher trug, damals das gleiche Gefühl von Unwohlsein hatte. Stoffe und Metalle sind „absorbierende" Elemente. Kleidung und Schmuck wirken wie übersinnliche Schwämme und können die Schwingungen ihrer Träger aufsaugen. Diese Schwingungen – glückliche oder unglückliche – bleiben oft jahrhundertelang erhalten, sodass vor allem antike Gegenstände von ihnen durchdrungen sind. Die Schwingungen können besonders stark sein, wenn die Kleidung oder der Schmuck von jemandem getragen wurde,

der im Sterben lag (oder tatsächlich starb) und nicht friedvoll in die nächste Ebene überging.

Du solltest also *niemals* Verlobungs- oder Eheringe oder Hochzeitskleidung weitergeben, wenn du geschieden bist oder eine unglückliche Ehe hattest. Das bringt nur Unglück!

Mittels Psychometrie kann man auch einen ersten Eindruck von einer Person bekommen. Hast du irgendwann das Buch *Das Attentat* von Stephen King gelesen? Die Hauptfigur, Johnny Smith, hat die Fähigkeit, die Zukunft mittels Berührung von Personen vorherzusagen. Das waren bei ihm in der Regel Visionen von Feuertod, Atomkriegen oder abscheulichen Verbrechen – aber lass dich davon nicht abschrecken. Es ist weitaus üblicher, die Psychometrie zu nutzen, um einfach ein Gespür für jemanden oder deine Umgebung zu bekommen.

Wie kannst du diese Fähigkeit entwickeln?

1. **Übe mit einem Freund.** Wenn ihr euch zum Mittagessen oder Einkaufen trefft, bitte ihn nicht zu erzählen, wie sein Tag bisher verlaufen ist. Nimm dann seine Hand, als ob du sie schütteln willst, schließe die Augen und konzentriere dich auf die Energie, die du auffängst.
2. **Lass deine Sinne zu dir sprechen.** Spürst du ein Frösteln? Tut dir plötzlich der Kopf weh? Wird dir plötzlich warm?
3. **Interpretiere deine Gefühle.** Kann es sein, dass dein Freund gerade von einer Grippe genesen ist? Überleg dir, dass die Gefühle nicht wortwörtlich genommen werden müssen, obwohl du sicherlich auch etwas Deutliches empfangen kannst. Es kann aber auch sein, dass du nur ein allgemeines Unbehagen wahrnimmst, was schwieriger zu deuten ist, dich aber auf jeden Fall darauf hinweist, dass mit deinem Freund etwas los ist.

Während du diese Fähigkeit verfeinerst, kannst du bei geschäftlichen und persönlichen Begegnungen davon profitieren. Schon ein einfacher Händedruck eines Kollegen kann Aufschluss darüber geben, wer die andere Person ist. Mit einer unschuldigen Berührung kommst du schnell dahinter, ob dein neuer Nachbar sympathisch ist – oder ob dein Date sich lohnt! Das alles geht mit einer Hand auf dem Rücken – du brauchst nur die andere frei zu haben.

GEHIRNTELEGRAMME UND TELEPATHISCHE BOTSCHAFTEN

Star Wars-Fans wissen, dass die Jedi über besondere geistige Fähigkeiten verfügten. Dank ihrer telepathischen Begabung konnten sie Gedankenwellen senden und empfangen. Manche Menschen nennen das Gedankenlesen, andere Kommunikation ohne Sprechen. Wie auch immer – Telepathie ist sehr praktisch, zum Beispiel wenn man sich in einem lärmigen Raum befindet und nicht schreien möchte.

Wir alle hatten schon einmal telepathische Erfahrungen: Du unterhältst dich mit einer Freundin und weißt schon, was sie sagen will, bevor sie den Mund aufmacht. Oder ihr sagt genau dasselbe zur gleichen Zeit. Der Grund liegt darin, dass ihr beide auf der gleichen gedanklichen Wellenlänge kommuniziert. Bekanntlich ist dies bei manchen Menschen ziemlich einfach (zum Beispiel bei deinen Freunden und Liebsten), bei anderen hingegen nicht so leicht (zum Beispiel bei deinem strengen Chef).

Du kannst die Telepathie zu deinem Vorteil nutzen. Wenn du zum Beispiel mit einem Vorgesetzten oder Kollegen nicht zurechtkommst, ist sie ein wichtiges Werkzeug in deinem übersinnlichen Werkzeugkasten.

Um zu lernen, telepathische Botschaften zu senden und zu empfangen, brauchst du einen hilfsbereiten und aufgeschlossenen Freund, am besten jemanden, mit dem du schon einmal Gedankenwellen geteilt hast. Wenn du erst einmal weißt, wie Gehirnströme funktionieren, kannst du auch allein arbeiten. Zunächst solltet ihr folgende Übung machen:

1. **Entspannt euch.** Regelmäßige Meditation und Visualisierungsübungen (die später in diesem Kapitel und in anderen Kapiteln besprochen werden) sind wichtig, um deine telepathischen Fähigkeiten aufzuwärmen. Bestimmte Teile deines Gehirns müssen offen sein für die Möglichkeiten um dich herum. Sind sie verschlossen, kannst du über den Äther keine Botschaften empfangen oder senden. Deswegen solltet ihr euch zur Beruhigung und Entspannung zehn oder fünfzehn Minuten Zeit nehmen.
2. **Entscheidet, wer von euch Sender** und wer Empfänger ist. Für dieses Gespräch bist du Sender.
3. **Wenn ihr beide entspannt seid, stell dir ein Bild vor, das du senden willst** – zum Beispiel einen Fußball. Stell ihn dir ganz konkret vor: die perfekte Rundung, das gummiartige Material, sogar den Geruch. Es ist am besten, mit einem Bild statt mit einem Gedanken zu beginnen, denn ein Bild ist ein kompaktes Paket, das bei der Übertragung nicht verloren gehen kann, wie ein Gedanke. Wenn du diese Fähigkeit perfektioniert hast, wirst du auch Gedanken senden und empfangen können.
4. **Stell dir eine Röhre zwischen deinem Gehirn und dem deines Freundes vor.** Schicke jetzt den Basketball durch die Röhre. Behalte das Bild klar und deutlich im Kopf, während dein Freund das Bild abruft.

Natürlich braucht man Übung, um diese Technik zu perfektionieren. Auch wenn ihr ähnlich denkt, habt ihr diese Bereiche eurer Gehirne noch nicht aktiviert. Seid also geduldig, schenkt euch ein Glas Wein ein und habt Spaß daran! (Achtung: Mehr als ein Glas kann die Sinne trüben ...)

Wenn du erst einmal weißt, wie man mit dem Gehirn telegrafiert, nutze dieses dann, wenn du es brauchst: bei deiner jährlichen Beurteilung (sende die Botschaft „Ich bin ein großartiger Arbeitnehmer und verdiene eine Gehaltserhöhung!"); bei einem tollen Date (versuche es mit „Merkst du, wie hübsch und klug ich bin?"), oder sogar, wenn du dein Auto zur Wartung bringst („Ihr werdet anständig sein und mich nicht abzocken!") Versuche, Telepathie in möglichst vielen Alltagssituationen anzuwenden, du wirst die Vorteile von selbst erkennen. Denke aber auch daran, niemals negative oder unehrliche Gedanken zu verbreiten, denn das erzeugt negative Energie und schlechtes Karma.

Kapitel 2

Stärke deine übersinnlichen Kräfte

UNTER ÜBERSINNLICHEN KRÄFTEN VERSTEHEN WIR DIE Fähigkeit, bestimmte uns ständig umgebende Signale zu empfangen. Manche dieser Signale sind sichtbar und ganz offensichtlich, andere sind subtil und werden leicht übersehen. Alle Menschen werden mit ausreichend Spiritualität geboren, um auch vage übersinnliche Signale zu empfangen, aber im Laufe des Lebens konzentrieren die meisten sich auf andere Dinge und verlieren den Glauben an Signale und Energien, die sie nicht sehen können. Die Intuition ist eng mit unseren übersinnlichen Fähigkeiten verbunden, und beide sind bei der Weissagung von Nutzen.

Wir alle werden mit einer inneren Stimme geboren, die uns sagt, wann eine Situation oder Person gut, schlecht oder gefährlich ist, aber viele Menschen ignorieren diese Stimme und versuchen, ihr Leben nur von der Vernunft leiten zu lassen. Obwohl wir unsere Vernunft brauchen, greift sie aber manchmal zu kurz. Denke an frühere Zeiten, als du einfach wusstest, dass dich jemand anlügt, aber du das nicht beweisen konntest, oder als du eine Person zum ersten Mal trafst und sofort eine Abneigung gegen sie spürtest. Weil du keine Beweise zur Bestätigung deiner Gefühle hattest, dachtest du: *Diese Person erzählt bestimmt die Wahrheit* oder *Alle anderen finden sie toll, also wird es schon an mir liegen*. Natürlich kam dann später die Wahrheit heraus, und deine Intuition hatte dich nicht getäuscht! Wenn dir ein Gefühl kommt, muss es dafür einen Grund geben.

Glücklicherweise geht die Intuition niemals völlig verloren. Man kann sie sogar ziemlich einfach wiederfinden. Sobald deine Intuition wieder funktioniert, kannst du ein paar übersinnliche Tricks lernen!

REGE DEINE INTUITION AN

Hier folgt eine einfache Visualisierungsübung, um deine Intuition in Gang zu bringen. Befreie zunächst deinen Geist von den Ablenkungen, die dich tagsüber beschäftigen. Lege dein Smartphone aus der Hand und gib dem Hund einen Knochen, damit er die nächsten fünfzehn Minuten ruhig ist. Erstelle dann eine kleine Liste mit Fragen, auf die du dir eine Antwort wünscht – zum Beispiel „Ist diese Aktie eine gute Investition?" oder „Geht es mir gesundheitlich bald besser?" Die Fragen sollen für dich relevant sein. Du wirst diese Liste etwas später in der Übung verwenden.

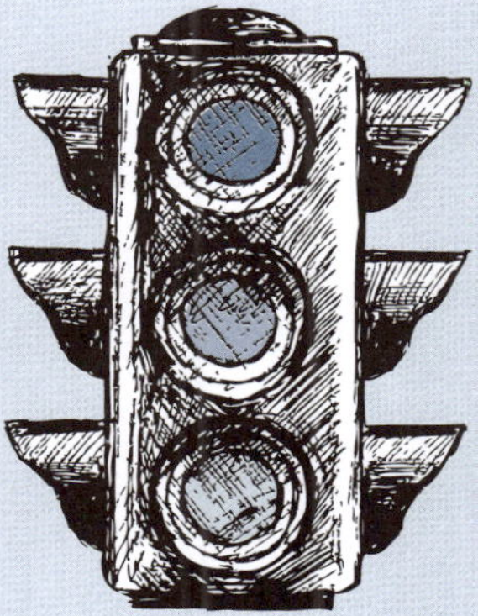

Schließe nun deine Augen, atme tief durch, aber halte deinen Geist frei – konzentriere dich auf nichts und analysiere nichts.

Stelle dir eine Ampel vor – oben rot, in der Mitte gelb, unten grün. Fange an, deine Instinkte aufzuwärmen, indem du Übungsfragen stellst. Zum Beispiel: „Sind meine Haare blond?" und beobachte, welche Antwort dir erscheint. Du musst die Fragen mit den drei Ampelfarben beantworten: Rot ist nein, Grün steht für ja und Gelb für vielleicht oder ungewiss. Stelle dir noch ein paar Fragen, deren Antworten du schon weißt, zum Beispiel:

„Bin ich eine Frau?"

„Ist heute Samstag?"

„Haben wir das Jahr 2045?"

Diese Art von Fragen gibt dir einen ersten Anhaltspunkt. Stelle dir Fragen, auf die du auch mit „vielleicht" antworten kannst, denn auch das kommt häufig vor.

Jetzt kannst du dich den wichtigen Fragen zuwenden. Denke nicht, frage einfach. Welche Farbe erscheint? Das ist die Antwort, und das ist alles!

Körpersprache

Die Reaktionen deines Körpers sind ein wesentlicher Bestandteil deiner Intuition, du solltest sie also immer ernst nehmen. Trotzdem ignorieren wir oft deutliche Körpersignale, weil wir unbedingt etwas haben oder erreichen wollen. Wenn du zum Beispiel eine Entscheidung getroffen hast und dich danach ängstlich und nervös fühlst, solltest du das nicht als nervöse Aufregung abtun. Es kann sein, dass dein Körper reagiert und verzweifelt versucht, dich zu warnen, weil es eine schlechte Entscheidung ist. Andererseits bedeutet ein friedliches Gefühl oder ein Schub positiver Energie, dass du deiner Intuition folgst und dein Körper sich wohlfühlt. Wenn du dir über eine Entscheidung Sorgen machst, versuche deinen Geist freizumachen und kehre zur Ampelmethode auf Seite 31–32 zurück. Dann weißt du, ob du die richtige Entscheidung getroffen hast oder ob du auf dem falschen Weg bist.

Deine Intuition im Traum verbessern?

Deine Träume sind die besten Indikatoren deiner Intuition. Wenn du träumst, aktivierst du deinen unterbewussten Geist anstelle deines Bewusstseins, das oft mit Plänen, Ängsten und dieser problematischen Sache, die man Logik nennt, verstopft ist.

Träume können jedoch verwirrend sein, da viele intuitive Informationen in Form von Symbolen erscheinen, die einem ungeübten Traumdeuter bizarr vorkommen können. Kapitel 11 (Träume) gibt dir mehr Information, wie du die nächtlichen Ereignisse in dir entschlüsseln kannst. Auch online findest du Hilfe bei der Interpretation von Traumsymbolen. Fange an, ein Traumtagebuch zu führen, sodass du verfolgen kannst, was dir dein Geist sagt – vor allem in schwierigen, unruhigen Zeiten, denn dein Geist will dir den Rat geben, den du brauchst! Nimm ihn an, befolge ihn, und du wirst Ruhe finden.

Hör auf zu analysieren!

Vertraue deinem Instinkt und folge ihm einfach. Das hört sich einfach an, aber kann unglaublich schwierig sein, denn die meisten Menschen sind gewohnt, jeden Gedanken und jeden Schritt zu analysieren. Natürlich ist es wichtig, sein Leben langfristig zu planen und zu organisieren, aber viele Dinge entziehen sich nun einmal unserer Kontrolle. Das Leben läuft, wie es läuft, und du musst irgendwie damit klarkommen.

Wenn du zum Beispiel deine Intuition benutzt, um herauszufinden, ob du eine bestimmte Wohnung, die du unbedingt haben willst, kaufen solltest, und deine Intuition sagt: „Das ist nicht der richtige Ort für dich“, dann musst du bereit sein, das zu akzeptieren. Versuche nicht herauszufinden, warum dein Geist gegen deine Wünsche arbeitet, sondern vertraue einfach, dass es einen Grund gibt. Du wirst es nie bereuen, wenn du dich auf deine Intuition verlässt, denn dein innerer Kompass denkt sich für dich keine neuen Wege aus. Er lenkt dich nur auf den Weg, von dem du eigentlich weißt, dass du ihn gehen solltest.

VERTRAUE DEINER INTUITION

Sobald du dich wieder auf deine Sinne einlässt, kannst du dich darauf verlassen, dass deine Intuition dich in jeder Situation leiten wird. Manche Leute sagen: „Meine Intuition liegt immer falsch! Ich muss einfach das Gegenteil tun von dem, was mein Bauchgefühl sagt!“ Diesen Menschen mangelt es nicht an Intuition, sondern sie müssen mehr üben, auf ihre Körpersignale zu achten. Ich vermute, dass sie ein paarmal eine schlechte Entscheidung getroffen haben (wahrscheinlich, weil sie gegen ihr Bauchgefühl gehandelt haben) und jetzt einfach verunsichert sind, wenn sie wieder eine wichtige Entscheidung treffen sollen. Ihre Sinne sind verwirrt, und ihre Entscheidungsfindung ähnelt dem Versuch, einen Pfeil mit verbundenen Augen auf ein Brett zu werfen. Was sage ich diesen Leuten? „Nimm die Augenbinde ab!" *Ja, so einfach ist es.*

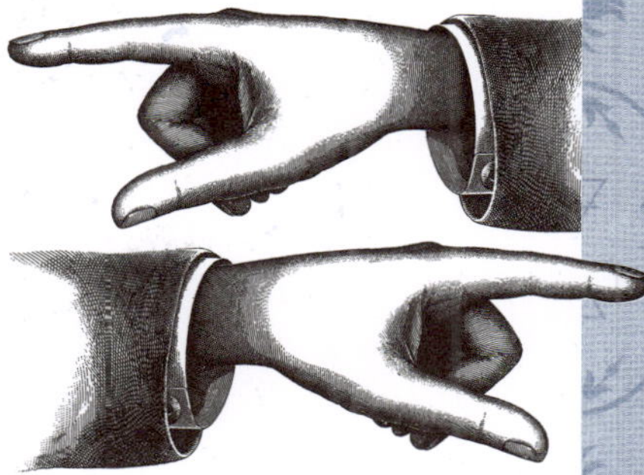

Nehmen wir also an, dass du einer dieser Menschen bist, deren Intuition sich in Vernunft und Logik und „Was-wäre-wenn" verfängt. Wie kannst du die Spinnweben entfernen und wieder lernen, deine Instinkte zu erkennen und ihnen zu folgen?

1. **Beginne mit einer einfachen Entscheidung,** zum Beispiel. „Soll ich heute über die Hauptstraße oder über die Südstraße zur Arbeit fahren?"
2. **Eine Antwort wird dir sofort in den Sinn kommen.** Schreibe sie auf. Das ist dein Bauchgefühl. Denke nicht darüber nach, suche nicht nach logischen Gründen, streite nicht mit dir selbst.
3. **Atme tief und ruhig ein und aus** und lass die Antwort einfach auf dich einwirken. Sei zuversichtlich in deiner Entscheidung, deiner Intuition zu folgen. Schiebe alle Zweifel beiseite.
4. **Tue es jetzt.** Nimm die Straße, die deine Intuition gewählt hat. Sei nicht enttäuscht, wenn die Fahrt nicht reibungslos verläuft und du auf dem Weg zur Arbeit Probleme hast (Verkehr, Baustellen, was auch immer). Dies bedeutet nicht, dass deine Intuition falsch lag, denn womöglich hast du einen Unfall auf der anderen Strecke vermieden, was du nicht weißt, weil du nicht dort warst. Verzweifle

also nicht „Ich habe mich schon *wieder* geirrt! Meine Intuition taugt nichts!“ Natürlich ist es schön, wenn ein deutlich positives Ergebnis unsere Intuition bestätigt, aber wir können meistens nicht sehen oder wissen, was aufgrund unserer Entscheidung *nicht* passiert ist.

Trotzdem treffen wir manchmal eine falsche Entscheidung, wir haben zum Beispiel der falschen Person getraut oder den falschen Job angenommen. Wenn du bei dieser Entscheidung deiner Intuition gefolgt bist, aber meinst, dass sie dich in die Irre geführt hat, dann lasst uns einen Blick auf deinen Entscheidungsprozess werfen. Hast du dich gefragt:

„Soll ich mit dieser Person daten?“

„Soll ich dieses Haus kaufen?“

„Soll ich diesen Job annehmen?“

Wenn ja, dann solltest du beim nächsten Mal etwas genauer formulieren. Aus jeder Lebenssituation lassen sich Lehren ziehen, gute oder schlechte. Wenn du fragst, ob du etwas tun „solltest“, kann die Antwort leicht lauten: „Ja klar, warum nicht?“ Um aber herauszufinden, ob dir irgendetwas mehr Glück als Unglück bringen wird, kannst du besser fragen:

„Ist diese Person ehrlich und loyal?“

„Werde ich hier glücklich sein?“

„Werde ich mich in diesem Job gut entwickeln?“

Versuche es auf diese Weise und entscheide dich für die erste Antwort, die dir in den Sinn kommt – und vertraue weiterhin deiner Intuition! Du weißt mehr, als du glaubst.

Auf die Intuition hören

Um dich wieder mit deiner inneren Stimme vertraut zu machen, musst du dir die Zeit und den Raum gönnen, sie tatsächlich zu hören. Kristalle wie Benitoit, Euklas, Kyanit, Mondstein oder Hollandit können dir helfen, deine verborgene Intuition zu entsperren.

Suche dir einen ruhigen Ort, wo du zehn bis fünfzehn Minuten lang ungestört sitzen oder liegen kannst, und nimm einen der Kristalle in die Hand. Denke an ein Problem, das dich verwirrt (wie das vorherige Beispiel, wo dich jemand anlügt, obwohl er behauptet die Wahrheit zu sagen). Erlaube dir, die Emotionen zu fühlen, die in dir hochkommen, wenn du hieran denkst, zum Beispiel Stress, Wut oder Traurigkeit. Kämpfe nicht gegen diese Gefühle an und versuche auch nicht, sie zu verstehen, denn das würde die Ebene der Vernunft berühren. Nimm sie einfach hin.

Dann höre auf die Stimme, die dir sagt, was die Wahrheit ist: nicht das, was du dir wünschst und nicht das, was dir irgendjemand erzählt hat. Vertraue darauf, dass deine Intuition dir den richtigen Weg zeigt.

Diese Fähigkeit muss geübt und verfeinert werden, besonders wenn du deine Instinkte lange Zeit ignoriert hast. Manche Menschen finden es schwierig festzustellen, was sie in einer bestimmten Situation wirklich fühlen, aber halte durch! Der Intuition folgen ist wie Fahrradfahren, man verlernt es nicht. Die Intuition kommt zurück, wenn du sie kommen lässt!

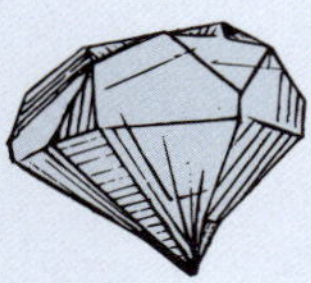

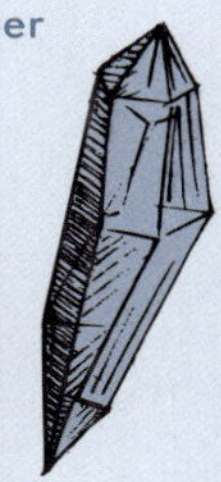

ÖFFNE DIE TÜR ZUM ÜBERSINNLICHEN

Viele Menschen betrachten Wiccas als „Seher“ – als Personen, die die Fähigkeit besitzen zu sehen und spüren, was andere nicht sehen können, weil sie mit der Natur, dem Teufel, dem Kosmos oder was auch immer verbunden sind. (Der Teufel hat nichts damit zu tun, denn Wiccas glauben nicht an den Teufel). Tatsache ist, dass wir Wiccas eine tiefe Verbindung zu unserer Intuition haben und dadurch imstande sind zu erfahren, was passieren könnte oder was bereits passiert ist – obwohl wir es nicht sehen können. Wir hören auf unsere Intuition, wir folgen ihr, wir verlassen uns auf sie.

Auch unsere prähistorischen Vorfahren verließen sich auf ihre Instinkte und Intuition, um auf Veränderungen zu reagieren, vom Wetter bis hin zu Bedrohungen durch Raubtiere.

In der westlichen Welt haben viele Menschen den Kontakt zu ihren Instinkten verloren, sie ignorieren diesen Bereich. Aber jeder wird mit übersinnlichen Fähigkeiten geboren und wir alle haben Bauchgefühle und Ahnungen. Wenn wir nur ein wenig mehr auf diese Gefühle hören würden, könnten wir viele Probleme vermeiden, mit denen wir tagtäglich konfrontiert werden. Hast du schon mal jemanden zum ersten Mal getroffen und gespürt, wie sich deine Nackenhaare sträubten? Ich wohl. Wie charmant diese Person sich auch geben mag, trotzdem ist dein erster Eindruck richtig, auch wenn er unpassend scheint. Hier wirkt dein sechster Sinn, den du nicht ignorieren darfst. Ob du es glaubst oder nicht, du hast übersinnliche Fähigkeiten. Jeder Mensch auf diesem Planeten hat sie in gewissem Maße, ganz gleich, ob seine übersinnliche „Tür" weit geöffnet, verriegelt oder nur angelehnt ist.

Wenn wir in einer Kultur aufgewachsen wären, in der man unsere intuitiven Fähigkeiten gefördert hätte, wären wir ständig in Kontakt mit ihnen, aber leider wird uns von klein auf gesagt, dass die Sachen, die man nicht sehen kann, auch nicht existieren. Ein Kind, das behauptet, Geister zu sehen, oder das Dinge einfach weiß (wie ein kleines Mädchen, das immer sagt: „Oma wird gleich anrufen", kurz bevor das Telefon klingelt), bekommt zu hören, dass es mit dem Unsinn aufhören soll.

Diese Situation wird dadurch nicht besser, dass es viele sogenannter Hellseher gibt, die die Öffentlichkeit gerne um ein paar Dollar betrügen. Leanna und ich sind beide von Natur aus Hellseher und wir bewegen uns in verschiedenen hellseherischen Kreisen. Wir wurden beide mit diesen Scharlatanen konfrontiert, die uns Hellsehern leider einen schlechten Ruf einbringen. Ein echter Mystiker erkennt einen falschen Hellseher auf einen Kilometer Entfernung, aber manche dafür unempfängliche Menschen merken nicht, dass sie betrogen werden, bis es zu spät ist.

Der Begriff ESP (Extrasensory Perception) wird oft als Sammelbegriff für verschiedene dieser Fähigkeiten benutzt, von erhöhter Intuition bis hin zu Hellsehen, Hellhören, Psychometrie, Telepathie, Wünschelrutengehen, Präkognition, Hellsehen und Medialität. Nach der Lektüre dieses Kapitels wirst du dir deiner übersinnlichen Fähigkeiten stärker bewusst sein. Wir alle haben unsere eigenen starken und schwachen Eigenschaften. Wundere dich also nicht, wenn bei dir manche Fähigkeiten besser entwickelt sind als andere.

Jetzt denkst du vielleicht: „Ha, ich möchte meine übersinnlichen Fähigkeiten sofort benutzen! Wie finde ich diese Gaben?" Nicht so schnell. Es wird ein wenig Arbeit erfordern, sie zu entdecken und wieder auf Touren zu bringen!

Stärke deine übersinnlichen Kräfte

Niemand – nicht einmal ein Wicca – kann einfach wieder ins übersinnliche Leben einsteigen, wenn er es jahrelang vernachlässigt hat. Du musst dich ihm sanft nähern und deine rechte Gehirnhälfte zunächst einmal an ihre grenzenlosen Fähigkeiten erinnern. Als ersten Schritt sollst du dir überhaupt dessen bewusst werden, dass du Zugang zu Informationen bekommen kannst, die dir bisher verborgen waren. Du solltest jeden Tag damit beginnen, dich an diese Tatsache zu erinnern. Eine einfache Bestätigung oder ein Mantra wie „Mein Gehirn ist weit offen und bereit, Informationen zu empfangen" reicht dabei schon aus.

Als nächstes sollst du dich in der Materie umsehen. In alternativen esoterischen Buchhandlungen findest du nicht nur viele interessante Bücher, sondern auch Menschen, die bereit sind, ihr Wissen und ihre Erfahrungen mit dir zu teilen. Du kannst auch Kontakt aufnehmen mit Wicca- oder Hellseher-Gruppen in deiner Umgebung und im Internet findest du natürlich auch viele Informationen. Google zum Beispiel „verbessere deine hellseherischen Fähigkeiten" oder „Wicca hellseherische Fähigkeiten" und es taucht alles Mögliche auf.

Je besser du informierst bist, desto besser wirst du die spezielle Fähigkeit auch nutzen können, zu der du dich hingezogen fühlst. Es ist vernünftig, wenn du dich auf ganz bestimmte übersinnliche Fähigkeiten konzentrierst, denn die meisten Menschen sind für nur wenige übersinnliche Fähigkeiten veranlagt, und du solltest lernen, was deine Stärken sind. Würdest du sämtliche Fähigkeiten besitzen, könntest du es hier auf Erden kaum aushalten, denn es würden unaufhörlich Informationen auf dich niederprasseln!

Übersinnliches Training

Mithilfe der folgenden Übungen kannst du in deinen Geist eintauchen und sein Potenzial einschätzen:

- **Schließe die Augen, mache deinen Geist frei und lasse dich von deinen Sinnen leiten.** Kannst du das, was vor dir liegt, „fühlen", auch wenn du es nicht berührst? Kannst du „sehen", was zum Beispiel bei deiner Arbeit geschieht, obwohl du nicht dort bist?
- **Lerne dich auf deine Sinne zu konzentrieren, auch wenn es viele Ablenkungen gibt.** Begib dich auf eine belebte Straße und versuche dort deinen Geist zu entspannen, all deine Sinne einzeln zu spüren und gleichzeitig in Bewegung zu bleiben. Auf diese Weise trainierst du deine Sinne, in jeder Situation aktiv zu sein.
- **Nach ein oder zwei Wochen konzentriertem Sinnestraining** kannst du deine Sinne auf die Probe stellen. Beginne mit einfachen Vorhersagen. Nehmen wir an, du stehst an vor einem Café. Nutze jetzt deine Sinne dazu, das Verhalten des Mannes vor dir vorherzusagen. Was wird er bestellen? Was wird er der Bedienung sagen? Zahlt er bar oder mit Karte?

Ich weiß, dass sich diese Übungen simpel anhören, aber die Entwicklung übersinnlicher Fähigkeiten beginnt mit der elementaren Entwicklung unserer Sinne. Die meisten Menschen versuchen, sich gerade nicht von Geräuschen, Gerüchen und Anblicken ablenken zu lassen, die nichts mit dem zu tun haben, womit sie gerade beschäftigt sind. Du aber musst lernen, dich auf all deine Wahrnehmungen neu zu konzentrieren. Dann wirst du staunen, wie einfach und klar dir manche Dinge erscheinen – und wie leicht es ist, sie vorherzusagen.

ÜBUNGEN ZUR STÄRKUNG ÜBERSINNLICHER FÄHIGKEITEN

Sobald du gelernt hast, deine Sinneswahrnehmungen zu nutzen, um die Welt um dich herum besser zu verstehen, kannst du auch Vorhersagungen machen und erfahren, was das Universum für dich in petto hat.

Jetzt denkst du wahrscheinlich: „Ach was, wenn ich die Zukunft vorhersagen könnte, wäre ich schon längst reich und es würde mir oder meiner Familie immer gut gehen!" So funktionieren übersinnliche Fähigkeiten leider nicht. Wir sind alle auf die Welt gekommen, um in unserem Leben bestimmte Lektionen zu lernen. Wiccas wissen, dass es im Kosmos alle möglichen Kräfte gibt, und wir sind nicht dazu bestimmt, alles zu sehen, bevor es eintritt – aber wir können wohl bestimmte Momente sehen, die uns etwas lehren sollen. Erwarte also nicht, dass du auf all deine Fragen eine Antwort bekommst!

Trotzdem können erfahrene Hellseher in die Zukunft sehen und sie tun dies auch. Um hellseherische Fähigkeiten zu entwickeln, braucht man seine Intuition: Dies bedeutet vor allem, sich zurücklehnen und auf das zu hören, was einem der eigene Instinkt sagt. Aber es ist auch notwendig, die geistige Muskulatur zu trainieren. Das klingt vielleicht widersprüchlich, aber du solltest regelmäßig deine rechte Gehirnhälfte trainieren, denn sie ist zuständig für Kreativität und Intuition und empfänglich für übersinnliche Botschaften. Dies funktioniert genauso wie bei Muskeln an anderen Körperstellen. Wenn du nie etwas Schwereres als eine Dose Thunfisch stemmst, kannst du nicht erwarten, einen kräftigen Bizeps zu bekommen. Wenn du den ganzen Tag Auto fährst, wird dein Quadrizeps butterweich. Und wenn du deine kreative und visuelle Gehirnhälfte nicht trainierst, werden sie dir keine Informationen geben, wenn du sie brauchst. Hier ist ein Leitfaden für dein erstes „Workout".

Meditationstechniken

Es ist sehr wichtig, dass du dir Zeit nimmst, deinen Geist zur Ruhe zu bringen und dich einfach auf nichts zu konzentrieren. Wenn du das tust, öffnet sich dein Geist tatsächlich für genau das, worüber wir hier sprechen – für die Dinge, die du nicht sehen, sondern nur spüren kannst. Wenn du lernst, dich in eine tiefe Meditation zu versetzen, werden dir viele Dinge kristallklar. Über Meditation wird später in diesem Buch ausführlicher gesprochen, aber wichtig ist zunächst zu wissen, dass sie immer an einen anderen Prozess oder eine andere Aktivität gekoppelt ist.

Folgende sieben Schritte werden dir den Einstieg in die „Kunst" der Meditation erleichtern:

1. **Du darfst nicht so müde sein, dass du einschläfst.** Bei der Meditation befindest du dich zwischen der schlafenden und der wachen Welt – du solltest also nicht in den Schlaf abrutschen.

2. **Suche dir einen ruhigen Ort ohne Ablenkungen.** Sorge dafür, dass es nicht zu warm oder zu kalt ist und besorge dir einen bequemen Platz zum Hinlegen oder Hinsetzen.

3. **Zünde einige Kerzen an, mache die Vorhänge zu, und spiele ruhige Musik.** Binaurale Klänge, die auf eine spezielle Weise aufgenommen wurden, können entspannende Gehirnwellen erzeugen und helfen dir, dich in einen meditativen Zustand zu versetzen. Du findest sie leicht online.

4. **Lege dich hin oder setze dich auf den Boden oder einen Stuhl.** Manche Menschen meditieren gerne im Schneider- oder Lotussitz, andere legen die Füße flach auf den Boden. Nimm irgendeine Lage ein, in der du dich fünfzehn bis zwanzig Minuten lang wohlfühlst (wenn du kein Yogi bist, bedeutet das wahrscheinlich, dass der Lotussitz nicht geeignet ist).

5. **Schließe die Augen und konzentriere dich auf ein Geräusch** – das Ticken der Uhr, das Surren eines Ventilators, die binaurale Musik. Atme tief durch den Mund ein und durch die Nase wieder aus.

6. **Nimm alle Gedanken wahr, die in dir aufkommen** und stelle dir vor, dass du sie in eine Schachtel legst, aus der du sie später wieder herauszunehmen kannst. Jetzt soll Ruhe im Kopf sein.

7. **Jetzt entspanne dich im Nichts so lange du kannst.**

Mehr brauchst du nicht zum Meditieren. Es hört sich so einfach an – jeder kann doch sein Gehirn abschalten? Leider wirst du bald feststellen, wie schwierig das ist. Der Grund ist verständlich: Wir alle führen ein so hektisches Leben voller Termine, Verantwortlichkeiten und Aktivitäten, dass es schwierig ist, im Kopf den ruhigen Ort zu finden, wo nur der Geist regiert. Aber genau das brauchen wir, um das Gefühl für uns selbst wiederzufinden.

Wieso braucht man Meditation, um seine übersinnlichen Gaben zu entwickeln? Das Gehirn der meisten Menschen ist so verstopft mit *alltäglichen Dingen*, dass sie den Wald vor lauter Bäumen nicht sehen. Ich kannte eine Frau, die direkt neben einem Mann arbeitete, der total in sie verliebt war. Das war für alle um sie herum offensichtlich, aber sie klagte, sie sei für Männer unsichtbar! Sie war so sehr mit ihrer Arbeit und anderen Aktivitäten beschäftigt, dass sie nicht sah, was sich direkt vor ihrer Nase abspielte. Durch ihr überlastetes Gehirn hatte sie keinen Zugang mehr zu ihren übersinnlichen Fähigkeiten, die sie so sehr brauchte. Ob fünf bis zehn Minuten Meditation mehrmals pro Woche ihr geholfen hätten, ihr Liebesleben in Ordnung zu bringen? Ich bin ganz sicher. Es hätte sie mit ihrer Intuition und der Welt um sie herum in Kontakt gebracht, ihre Vorhersagekräfte aktiviert und ihr alle Arten von „Wurmlöchern" geöffnet, durch die sie hätte reisen können.

Entdecke, was deine Vorstellungskraft leisten kann

Um deine übersinnlichen Gaben zu entwickeln, musst du deine Vorstellungskraft und dein Visualisierungsvermögen aktivieren. Dies ist etwas anderes als Meditieren, wobei es darum geht, alles abzuschalten und nur zu *sein*. Visualisierungs- und Vorstellungsübungen fangen wie meditative Übungen an, gehen aber weiter. Suche dir einen ruhigen Platz, mache es dir bequem und schließe die Augen wie am Anfang einer Meditation. Dieses Mal solltest du jedoch an etwas denken – ein Ereignis, eine Sorge, oder einen Wunsch – und dies visualisieren. Spiele mit den Bildern und bringe sie dorthin, wo du willst. Jetzt hast du die Kontrolle; du kannst verschiedene Umgebungen, Charaktere und Lösungen ausprobieren.

Vielleicht fragst du dich, warum du dir Mühe geben sollst, deine Visualisierungs- und Vorstellungskraft zu trainieren, wenn dich nur das Vorhersagen interessiert (nächstes Kapitel). Dafür gibt es eine einfache Erklärung: Die Vorstellungskraft und das Vorhersagen sind in der gleichen Gehirnhälfte angesiedelt, sodass du mit der Vorstellungskraft gleichzeitig deine „Wahrsagemuskulatur" trainierst.

SCHÄRFE DEINE AUSSERSINNLICHE WAHRNEHMUNG (ESP)

Nicht jeder will seine übersinnlichen Fähigkeiten entwickeln, um Gedanken zu lesen oder andere Daseinsbereiche kennenzulernen – manche Menschen wollen nur wissen, dass es diese anderen Ebenen gibt. Um deine außersinnliche Wahrnehmung zu stärken, solltest du Orte mit viel spiritueller Energie aufsuchen, wie alte Häuser und Antiquitätenläden – aber du kannst diese Fähigkeit auch zu Hause trainieren.

Dazu brauchst du lediglich einen Satz normaler Spielkarten, ein Notizbuch, einen Stift und einen Ort, wo du ungestört bist und dich gut konzentrieren kannst. Du kannst mit einer Meditation beginnen, wenn dir dies deinen Geist zu öffnen hilft.

Nimm dann deine Spielkarten und zähle zehn rote und zehn schwarze Karten. Die Art der Karten ist egal, denn wir wollen uns zunächst nur auf die Farben konzentrieren.

Mische die zwanzig Karten und lege sie auf einen Stapel. Schreibe das Datum in dein

Notizbuch und zeichne eine zweispaltige Tabelle. Beschrifte eine Spalte mit **richtig** und die andere mit **falsch**.

Fange mit der ersten Karte auf dem Stapel an und versuche vorherzusagen, ob sie schwarz oder rot ist. Konzentriere dich, was sagt dir deine Intuition? Decke die Karte auf. War deine Vermutung richtig oder falsch? Notiere jede Vorhersage in deinem Notizbuch. Wiederhole diese Übung mit allen Karten. Wenn du alle Farben vorhergesagt hast, kannst du die Ergebnisse leicht in einen Prozentsatz umrechnen.

Wiederhole diese Übung jeden Tag. Achte darauf, wie du dich fühlst an Tagen, an denen du besonders gut abschneidest, und an denen du auffällig schlecht bist. Was beeinträchtigt deine Intuition? Schlafmangel? Appetit? Eine Auseinandersetzung? Ein schönes Wochenende mit der Familie?

Auf diese Weise findest du heraus, wann deine hellseherischen Fähigkeiten am stärksten oder am schwächsten sind. Wenn du diese Übung gut kannst, kannst du sie variieren. Teile die Karten zum Beispiel in Karo und Herz auf und versuche vorherzusagen, welche du als nächste ziehen wirst. Du kannst diese Aufgabe noch schwieriger machen, indem du die Karten in vier nach Farben geordneten Fünfergruppen aufteilst: fünf Karo, fünf Herz, fünf Pik, und fünf Kreuz.

Wenn du diese Übung beherrschst (bzw. wenn du immer über 50 Prozent richtig schaffst), kannst du sie schwieriger machen. Ziehe nach dem Mischen sechsundzwanzig zufällige Karten heraus und wiederhole die gleiche Übung. Das ist ganz schön schwierig, aber eine gute Möglichkeit, dich zu testen!

Höre auf zu zweifeln

Eine der wichtigsten Voraussetzungen, Hellseher zu werden und zu bleiben, ist der *Glaube* an dich selbst. Wenn du schwankst, stotterst oder ständig an dir zweifelst, kommt dir keine Vision. Dann wirfst du deine Intuition weg, triffst schlechte Entscheidungen und verlierst den Glauben an die ganze Sache. Genau aus diesem Grund glauben die meisten Menschen, keine übersinnlichen Gaben zu besitzen!

Aber alles Wissen ist da, und vieles davon steht dir zur Verfügung (und manches davon kommt sogar zu dir, wenn du nicht fragst). Nimm diese Gaben an, nutze sie um Gutes zu tun, wenn und wann immer du kannst, und genieße die Tatsache, dass du das Leben auf so vielen Ebenen erfahren kannst.

Telepathischer Test

Wir haben bereits erwähnt, dass Zwillinge ihre gegenseitigen Gedanken und Gefühle spüren können. Es gibt aber noch viele andere menschliche Beziehungen, bei denen dies der Fall ist. Mütter spüren oft, wenn mit ihren Kindern etwas nicht in Ordnung ist. Freunde können die Emotionen des anderen spüren, sogar auf verschiedenen Kontinenten! Es gibt eine einfache Methode, um nachzuweisen, ob du eine echte telepathische Beziehung zu jemandem hast: Frage einfach!

Nehmen wir an, du rufst jeden Sonntag deine Schwester an und ihr habt euch gerade letzten Sonntag schön unterhalten. Aber am

Dienstagmorgen fühlst du dich ohne ersichtlichen Grund deprimiert. Du verstehst nicht wieso – es ist nichts Unangenehmes passiert und du fühlst dich nicht krank. Eigentlich geht es dir in jeder Hinsicht gut. Könnte es sein, dass es deiner Schwester gerade nicht gut geht? Du kannst entweder beim nächsten Telefonat nachfragen, oder du rufst sie gleich an und bietest deine Hilfe an.

Wenn du wirklich davon überzeugt bist, dass du zu jemandem eine energetische Verbindung hast, könnt ihr als Test folgendes Experiment durchführen. Einigt euch darauf, an einem bestimmten Tag für zum Beispiel 50 Dollar etwas ganz Normales zu kaufen, wie Hosen oder ein Paar Schuhe. Ihr kauft und vergleicht eure Einkäufe später am Abend miteinander. Habt ihr das Gleiche gekauft?

Für den perfekten telepathischen Test brauchst du ein Päckchen Zener-Karten (online erhältlich) mit den fünf rudimentären Formen. Wenn du dich im selben Raum aufhältst wie deine telepathische Verbindung, sollte eine sich die Karten anschauen, und die andere die Formen zeichnen, die sie wahrnimmt. Dieser Test geht auch übers Telefon, wenn eine Person auf eine Karte schaut und die andere erzählt, um welche es sich vermutlich handelt.

Andere Methoden zum Testen deiner übersinnlichen Fähigkeiten

Manche Menschen bevorzugen den Zener-Kartentest, andere wollen ihre übersinnlichen Fähigkeiten lieber im Alltag ausprobieren und optimieren. Das geht auch, denn Übung macht den Meister, egal wie und wo du übst. Hier folgen einige Tipps zum täglichen Training deiner übersinnlichen Fähigkeiten. Nimm dir morgens vor dem Aufstehen kurz Zeit, um über deine Träume nachzudenken. Hast du etwas geträumt, was du als Botschaft oder Anzeichen für ein bevorstehendes positives oder negatives Ereignis deuten könntest?

Oder wenn du unterwegs bist zur Arbeit – spürst du, wo ein Parkplatz frei ist? Kannst du ihn sehen? Fühlt es sich richtig an? Und trifft es auch ein? Wenn du mit öffentlichen Verkehrsmitteln fährst, spürst du dann, wann dein Zug oder Bus kommt? Spürst du, ob du einen Sitzplatz bekommst? Nutze deine Beobachtungsgabe und deine geschärften Sinne auch bei Gesprächen. Welchen Eindruck bekommst du von der Person, mit der du gerade sprichst? Ist sie aufrichtig oder nicht? Was ist ihre Lebenseinstellung? Was fühlst du für diesen Menschen? Schreibe deine Erfahrungen auf, wöchentlich oder noch besser täglich, sowohl die positiven als auch die negativen. So bekommst du ein echtes Gefühl dafür, welche übersinnlichen Fähigkeiten bei dir am stärksten entwickelt sind und welche du besser anderen überlässt. Vielleicht triffst du jemanden, der dort stark ist, wo du schwach bist, und ihr könnt euch unterstützen, Situationen und Menschen zu deuten.

SEI DEIN EIGENER DEUTER

Sogar wenn du das Gefühl hast, dass du keine der in diesem Kapitel aufgeführten übersinnlichen Eigenschaften besitzt, so hast du auf jeden

Fall eine übersinnliche Fähigkeit: dich selbst zu lesen. Wie oft hört man jemanden sagen: „Wenn ich damals gewusst hätte, was ich heute weiß…", meist in Bezug auf eine frühere Entscheidung. Manchmal ist das eine Frage der Reife – in der Jugend trifft man manchmal Entscheidungen aus einer Art Widerspenstigkeit heraus, oder wir sind einfach noch zu jung, um die Konsequenzen unseres Handelns zu erkennen. Aber manchmal ignorieren wir auch die Intuition, mit der wir alle geboren sind, und wollen den falschen Weg eingehen.

Wenn zum Beispiel eine Beziehung scheitert, sagt einer der Partner später oft: „Ich hätte es wissen müssen. Es gab so viele Anzeichen, und ich habe sie ignoriert." Nachdem jemand ein Verbrechen begangen hat, hört man oft: „Irgendetwas an ihm hat mich immer gestört … aber ich wusste nie, was." Hast du ähnliche Erfahrungen gemacht? Dann hattest du Kontakt zu deiner Intuition und du wusstest etwas, worüber du keine konkreten Informationen hattest.

Denke einmal über bestimmte Verhaltensmuster in deinem Leben nach. Gibt es Fehler, die du immer wieder machst, zum Beispiel dein Geld unvernünftig anlegen oder dich für den falschen Partner entscheiden? Es ist dann leicht, verzweifelt auszurufen „Ich entscheide mich halt immer falsch!" oder „Ich habe einfach Pech!" Das mag auch stimmen, aber die Wahrscheinlichkeit ist größer, dass es irgendwann mal Warnsignale gab und du sie ignoriert hast.

Zum Glück kannst du deinen Geist für die Intuition öffnen und lernen, sie zu benutzen. Das Wichtigste ist zunächst, dass du dir dessen bewusst wirst und anerkennst, dass alle Menschen intuitive Fähigkeiten besitzen.

Gewöhne dir folgendes Abendritual an, damit du deinen Geist entspannst. Das Ritual ist mit Meditation vergleichbar, braucht aber nicht so tief zu gehen. Lass einfach deinen Tag Revue passieren: Gab es etwas, das dich gestört hat, irgendetwas, was sich nicht gut anfühlte oder gerade besonders schön war?

Richte deine Aufmerksamkeit auf die einzelnen Ereignisse und untersuche sie. Wenn du eine bemerkenswerte Begegnung mit jemandem hattest, untersuche dann, was genau daran bemerkenswert war. Einige Fragen, die dir nutzen können:

- **War es die Art und Weise, wie die Person mit dir gesprochen hat?**
- **Gab es Blickkontakt?**
- **Inwiefern unterschied sich diese Begegnung von anderen Begegnungen?**
- **Wie hast du dich gefühlt?**
- **Wenn du dich unwohl gefühlt hast, was hat dieses Gefühl ausgelöst?**
- **Ähnlich: Wenn du dich gegen alle Erwartung entspannt gefühlt hast (zum Beispiel in Gegenwart eines Vorgesetzten, der normalerweise stresst), warum hast du dich so gefühlt?**
- **Und vor allem: Was denkst du, was mit der anderen Person oder in der Situation passierte?**

Manchmal weiß man einfach, dass etwas „nicht stimmt", aber man weiß nicht genau warum. Das ist völlig in Ordnung. Stelle die Fragen, die du stellen musst und verfolge die Sache weiter. Reagiere entsprechend (bringe zum Beispiel dein Geld in Sicherheit oder halte dich fern von einer Person, die sich bedrohlich anfühlt). Das Wichtigste ist, dass du deine Fühler ausstreckst, damit du nicht überrumpelt wirst.

Körpersprache lesen

Wenn du eine Begegnung mit einer anderen Person interpretieren willst, ist es wichtig, deren unterbewusste Körpersprache zu lesen, um zu entschlüsseln, was sie vorhat.

- **Mangelnder Augenkontakt** bedeutet, dass die Person etwas verbirgt – etwas Gutes oder Schlechtes.
- **Sich von dir abwenden** bedeutet, dass sie nicht offen ist für ein Gespräch.
- **Sich dicht vor dich stellen oder dich überragen** ist eine Einschüchterungstaktik, um dich zu überzeugen von etwas, auch wenn du (und der Gesprächspartner) wissen, dass es falsch ist.
- **Das Überkreuzen von Armen und Beinen** bedeutet nicht unbedingt etwas, obwohl manche glauben, dass diese Handlung Verschlossenheit oder etwas verheimlichen wollen zum Ausdruck bringt. Es kann aber auch einfach sein, dass sich jemand in dieser Haltung einfach wohlfühlt.
- **Vergrößerte Pupillen** deuten auf Angst oder Nervosität hin. Das ist manchmal schwierig zu sehen.
- **Transpirieren** ist eine Stressreaktion und deutet auf Angst oder Nervosität hin.
- **Schnelles Atmen** zeigt auch an, dass sich jemand unwohl fühlt.
- **Menschen, die hin und her wippen** sind nervös oder haben Angst vor irgendetwas. Das Gleiche gilt für Menschen, die im Sitzen mit gekreuzten Beinen wippen oder mit den Füßen wackeln.

- **Wenn Menschen vor dir zurückweichen,** sind sie meistens unehrlich. Durch diese unbewusste Bewegung verlassen sie gleichsam die Bahn um dich herum und fühlen sich weniger schuldig, wenn sie dich anlügen.
- **Jemand, der dich beim Sprechen anfasst** (zum Beispiel dir eine Hand auf den Arm legt), möchte sehr gern, dass du ihm glaubst. Das Lesen seiner Körpersprache gibt dir Anhaltspunkte dafür zu entscheiden, ob du ihm oder ihr tatsächlich glaubst oder nicht.

Wenn du das, was du in der Interaktion mit jemandem fühlst mit seiner Körpersprache kombinierst, bist du auf dem richtigen Weg. Lass dich von niemandem davon abbringen. Die Intuition ist uns allen angeboren und soll uns vor Gefahren schützen. Wenn sich etwas nicht gut anfühlt, ist das alles, was du in dem Moment zu wissen brauchst. Außer dem Lesen von Körpersprache ist dein Bauchgefühl entscheidend, vor allem wenn du dich unsicher fühlst. Fühlt sich eine bestimmte Situation nicht gut an, höre auf deinen Instinkt und gehe! Es spielt keine Rolle, ob du damit jemanden beleidigst – es geht um deine Sicherheit.

Beunruhigendes Verhalten anderer Menschen wird oft nicht ernstgenommen und damit entschuldigt, dass die Person eben einen schlechten Tag hat. Wir geben anderen im Zweifelsfall gerne einen Vertrauensvorschuss, weil wir uns Ärger ersparen wollen. Wenn wir wider besseres Wissen jedoch entgegen unserem eigenen Interesse handeln, handeln wir uns den Ärger trotzdem ein. Vor allem Frauen sind dazu erzogen worden, sich höflich zu verhalten: Personen anzulächeln, die ihnen unangenehm sind und geduldig und ruhig auszuharren, obwohl sie eigentlich gehen wollen. Setze aus reiner Höflichkeit nie deine Sicherheit aufs Spiel!

Um deine übersinnlichen Fähigkeiten zu stärken, solltest du lernen dich auf deine Intuition zu verlassen und deine Umgebung zu „lesen". Du wirst feststellen, dass du dann bessere Entscheidungen triffst. Das bedeutet nicht, dass alles so läuft, wie du es dir wünschst, aber wohl, dass du dich nicht mehr benachteiligt fühlst oder das Gefühl hast, auf der Verliererseite zu stehen. Intuition ist nicht unbedingt Magie, aber sie wirkt magisch, wenn du sie richtig eingesetzt!

Lesungen

Wenn du Lesungen durchführst, empfehlen wir dir Folgendes:

1. **Deine Lesungen sollten nicht länger als eine Stunde pro Person dauern.**
2. **Halte nicht mehr als drei Lesungen pro Tag.** Durch Überstrapazieren deiner übersinnlichen Fähigkeiten werden deine Lesungen am Ende des Tages verwirrend oder verworren, ganz zu schweigen davon, dass du dich völlig erschöpfst.
3. **Lass als Frau keine dir unbekannten Männer** in deine Wohnung/dein Haus herein (deine Sicherheit geht vor). Es empfiehlt sich, dass jemand anders da ist, wenn du zu Hause eine Lesung für Fremde durchführst.
4. **Halte keine Lesung, wenn du müde bist oder dich unwohl fühlst;** das ist Zeitverschwendung für alle Beteiligten.
5. **Wenn du für deine Lesungen einen Preis verlangst,** halte dich dann an die Preise anderer Hellseher oder Medien.
6. **Wenn jemand dir Probleme macht bei der Zahlung,** erinnere ihn daran, dass dies dein Beruf ist und dass er für deine Zeit bezahlt.

GEEIGNETE ORTE FÜR DEN SECHSTEN SINN

Alle Menschen werden mit fünf physischen Sinnen und einem außersinnlichen Wahrnehmungssinn geboren, und *alle* diese Sinne sollen unser Leben bereichern. Warst du zum Beispiel schon einmal in einem alten Haus, an einem historischen Ort oder in einem Antiquitätengeschäft und hattest du dort ein unbehagliches, oder gerade sehr friedliches Gefühl? Das ist ein Anzeichen dafür, dass deine übersinnliche Intuition zusammen mit den anderen fünf Sinnen aktiv war und dir mitteilte, dass ein Geist oder eine bestimmte Energie in deiner Nähe ist. An solchen Momenten stärkst du deine Intuition, aber es sind vor allem auch Chancen zu untersuchen, ob du durch Hellsehen, Hellhören oder andere Sinne eine Verbindung mit dem Jenseits herstellen kannst.

Wenn du dich in einer Umgebung aufhältst, die besonders auf das Jenseits abgestimmt ist, versuche dich dann tiefer mit ihm zu verbinden. Schließe die Augen und beobachte, was du mit jedem deiner fünf Sinne wahrnehmen kannst.

Was riechst du? Riechst du außer den Gerüchen des Alters, wie alten Büchern oder Kleidungsstücken, noch etwas Bedeutsameres? Bekommst du einen merkwürdigen Geschmack im Mund? Hörst du Geräusche, die sich nicht durch die Umgebung erklären lassen – eine Stimme, Lachen, Musik? Öffne die Augen. Siehst du etwas Ungewöhnliches? Schatten, Lichtschlieren, Nebel? Wie wirkt deine Umgebung sich auf deinen Körper aus? Bekommst du eine Gänsehaut? Fröstelt's dich auf einmal? Achte auch auf deine Gefühle. Ist dir mulmig, schwindelig? Bist du ängstlich?

Versuche jetzt, deinen sechsten Sinn zu öffnen. Welches Gefühl vermitteln dir die körperlichen Empfindungen? Bist du ängstlich, neugierig oder ruhig?

Es ist genauso wichtig, auf deine körperlichen Empfindungen zu achten wie auf deinen sechsten Sinn. Nimm dir also Zeit, dich jedes Mal mit deinem Körper zu verbinden, wenn du an einer hellseherischen Aktivität teilnimmst. Durch den Besuch historischer oder anderer für dich bedeutsamer Orte kannst du deine übersinnliche Begabung weiterentwickeln und dich auf eine bestimmte übersinnliche Fähigkeit einstimmen.

Das Übersinnliche in dir

Menschen, die von Natur aus spirituelle Energien und Wesenheiten wahrnehmen können, haben einen fein abgestimmten sechsten Sinn. Auch wenn du deinen sechsten Sinn jetzt nicht spürst, heißt das nicht, dass du ihn nicht entwickeln könntest. Die wichtigste Lektion, die Wiccas dir geben können, lautet: Öffne dich für spirituelle Begegnungen. Je mehr du diese Ereignisse zulässt und ermutigst, desto besser wirst du die Wahrheit spüren und nach deinen Instinkten handeln – ob sie nun übersinnlich oder anderer Art sind.

Hellsichtigkeit ist keine Gabe, die nur wenigen Auserwählten auf dieser Erde vergönnt ist – mit etwas Übung kannst auch du dich völlig auf deine übersinnlichen Fähigkeiten verlassen. Zweifle niemals an dir selbst. Wenn du ein starkes Gefühl bei einer Situation, Person oder einem Ereignis hast, dann hat das mit Sicherheit einen Grund. Verlasse dich also auf deinen sechsten Sinn und glaube an deine Gefühle. Wenn du ihnen folgst, hast du das Ziel schon halb erreicht!

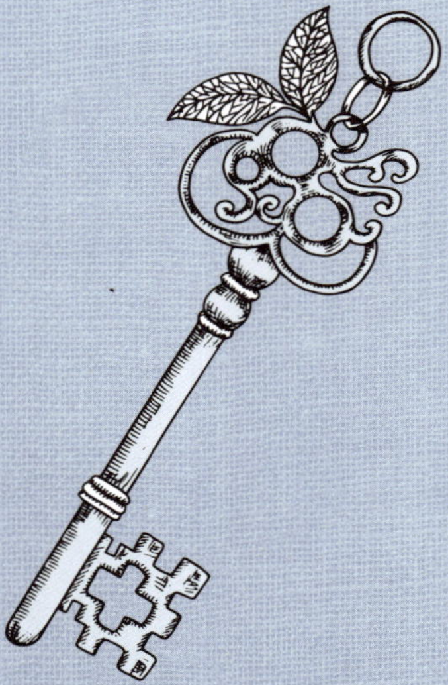

Zweiter Teil

Die Kunst des Wahrsagens

Kapitel 3

Wahrsagen: Kristallkugeln und Spiegel

ALLE INTUITIV BEGABTEN MENSCHEN HABEN IHRE Stärken und Schwächen. Ganz gleich ob sie für das Hellsehen oder für das Wahrsagen begabt sind, alle zapfen die gleichen universellen Schwingungen an. Die Art und Weise wie spielt dabei keine Rolle, denn das Ergebnis ist gleich. Wenn du ein Meister der Bildentschlüsselung bist („Oh, guck mal, diese Wolke sieht aus wie ein Baum!“ oder „Wow, dieser Fleck ähnelt einer Klaue!“), dann ist Wahrsagen – auch bekannt als Wahrsagerei, Kristallsehen oder Peeping – bestimmt *dein* Ding.

Die meisten Wahrsager benutzen reflektierende Gegenstände, wie Spiegel, Kristallkugeln, Kristalle oder auch eine Schale mit Wasser, denn glänzende Oberflächen ziehen die Aufmerksamkeit auf sich und schützen vor Ablenkungen. Sie sind das Medium für Visionen.

Oft werden Wiccas und Wahrsager mit alten, schrumpeligen Hexen, die sich über Kristallkugeln beugen, assoziiert. Moderne Hexen sehen ganz anders aus, bedienen sich aber immer noch einer Kristallkugel. Daneben benutzen sie aber Botox und andere „magische" Mittel, um jung und schön zu bleiben, sodass das typische Aussehen einer Hexe sich inzwischen sehr verändert hat. Unverändert halten die meisten Hexen aber immer noch die Kristallkugel griffbereit.

Kristallkugeln sind wundervolle Objekte, die kunstvoll aus den feinsten Materialien auf unserem Planeten gefertigt werden.

DAS WICHTIGSTE ÜBER WAHRSAGEN (SCRYING)

Beim Wahrsagen erzählen spirituelle Visionen über die Zukunft. Hierzu brauchen Wahrsager eine reflektierende oder bewegliche Oberfläche, wie eine Kristallkugel, eine Schale mit Wasser, Spiegel, Kristalle, reflektierende oder leuchtende Steine oder sogar Rauch und Feuer. Geübte Wahrsager sehen sogar Visionen in etwas so Winzigem und scheinbar Unbedeutendem wie einem Daumennagel!

Wahrsagen ist eine seit Jahrhunderten beliebte Kunst, die zu den unterschiedlichsten Zwecken benutzt wurde. In manchen Gesellschaften dienten die Visionen der Wahrsager dem Kontakt zur Gottheit, in anderen der Verbindung zum Universum schlechthin. Auf jeden Fall hat das Wahrsagen dem Zahn der Zeit getrotzt und es wird auch heute noch praktiziert – auch wenn es in intellektuellen oder wissenschaftlichen Kreisen keine besondere Wertschätzung genießt.

Die Fähigkeit zum Wahrsagen hängt immer vom Individuum ab, und sie lässt sich nur verstehen oder wertschätzen, wenn man sie selbst praktiziert. Wer glaubt, das könne er nicht, irrt sich. Jüngste Studien über Reizentzug haben uns einen Einblick darin gegeben, wie und warum Visionen entstehen. Aus diesen Studien ergibt sich, dass Hellseher mittels Ausblendung von Ablenkungen ihr übersinnliches Auge aktivieren und damit Dinge sehen, die niemand sonst sieht. In den Studien über sogenannte *Ganzfelder* wurden Testpersonen für eine bestimmte Zeit von sämtlichen optischen und akustischen Reizen abgeschirmt. Danach berichteten sie, was sie gesehen hatten (wenn sie etwas gesehen hatten) – um Monate später überrascht festzustellen, dass ihre Visionen Vorzeichen für die Zukunft gewesen waren. Man erklärt dies damit, dass durch die Ausblendung der physischen Sinne Zugang zu Geistesbereichen geschaffen wird, die allzu oft ignoriert und ausgeschaltet werden.

Bei Ganzfeld-Experimenten versetzt man die Testpersonen in Trance, aber du kannst dies auch zu Hause ohne ein komplettes Labor ausprobieren.

Dazu brauchst du einen ruhigen Ort. Schalte Fernseher und Radio aus und schicke den Hund weg. Bist du konstantem Lärm durch Auto- oder Flugverkehr ausgesetzt, schalte dann einen Ventilator als weißes Hintergrundrauschen ein. Dann setze dich bequem hin – auf das Bett, auf einen Stuhl, an den Küchentisch, auf den Fußboden, wo immer du willst. Fixiere deine Augen auf einen Punkt an der Wand vor dir. Lass den Punkt unscharf werden, wenn du

willst. Atme tief ein und aus und konzentriere dich weiterhin auf diesen einen Punkt. Nach ein paar Minuten wird der Punkt dunkler. Dies bedeutet, dass dein Sehsinn befriedigt ist. Mache aber weiter und frage dich: „Was sehe ich vor meinem geistigen Auge?" – oder schaue dir etwas anderes an, um zu dir selbst und deinen Sinnen zurückzufinden.

Die Geschichte des Wahrsagens

Schon im alten Ägypten sagten Priester und Priesterinnen mittels Wahrsagen die Zukunft voraus. Sie gossen Öl oder Wasser in dunkle Gefäße und warteten bis die Bilder erschienen, die den Ausgang von Kriegen, den besten Zeitpunkt für die Aussaat oder auch für die Zeugung von Kindern vorhersagten. Die Bilder waren dunkel und unscharf, aber das war nicht wichtig – es kam darauf an, wie die Priester die Bilder *interpretierten*.

Manche Menschen nutzten das Wahrsagen als eine Form der Meditation, um mit ihrer spirituellen Seite in Kontakt zu kommen. Durch die Aktivierung spezifischer Alphawellen im Gehirn konnten sich die Seher in Hypnose oder Trance versetzen und so zukünftige Ereignisse vorhersagen.

Im Laufe der Jahrhunderte wurde die Kunst des Wahrsagens weiterentwickelt. Man benutzte jetzt Oberflächen wie Wasser, Messerklingen, Tintenflecken, Eis und sogar auf Hochglanz polierte Fingernägel – Oberflächen die auch einfachen Menschen zur Verfügung standen.

Kristallkugeln waren teuer und wurden nur in wohlhabenden Kreisen benutzt. Früher glaubte man, Kristalle seien dauerhaft gefrorenes Wasser und hätten deswegen magische Eigenschaften. Das war nicht völlig daneben – denn auch wenn Kristalle kein tiefgefrorenes Wasser sind, hat man mit ihnen doch Magie in der Hand!

Wahrscheinlich waren die alten Druiden die ersten, die Kristallkugeln benutzten. Mit einem Durchmesser von nur 1 cm waren sie damals sehr klein. Sie wurden aus Obsidian, Beryll, Aquamarin und Chrysoberyll gefertigt. Sogenannte Kristallgucker benutzten sie in halb abgedunkelten Räumen, nahmen die Kristalle aber auch manchmal mit nach draußen, um sie vor die Sonne zu halten. Weil dies zu Erblindung führen konnte, wurde diese Praxis bald wieder aufgegeben. Die Druiden benutzten Kristallkugeln in magischen Zeremonien, um die Geheimnisse vergangener Zeiten zu enthüllen. Dazu wurden die Kugeln von einem Magier mit einer besonderen Olivenölmischung gesalbt und gesegnet. Jungen, als Symbol für die Reinheit des Geistes, wurden mit dem eigentlichen Wahrsagen beauftragt. Sie berichteten, wenn ein Geist in der Kugel erschien und das Ritual also erfolgreich war. Einige Gelehrte meinen, dass auch Nostradamus Weissagungen durchführte. Es heißt, dass er eine Schüssel mit Wasser benutzte, um einen besonderen Bewusstseinszustand herbeizuführen. So entstanden seine berühmten Vierzeiler, in denen er zukünftige Kriege, Todesfälle und Weltkatastrophen vorhersagte.

Erst in der viktorianischen Zeit machte das Volk der Roma mit seinem dunklen, wallenden Haar und Sinn für Stil und Kleidung die

Kristallkugel zum Mittelpunkt des Wahrsagens. Obwohl sie damals stark diskriminiert wurden, galten die Roma als Meister in der Kunst des Wahrsagers. Ihre Dienste waren so begehrt, dass sich die Stadtbewohner sofort etwas Geld besorgten, wenn sie die Wagen der Roma kommen hörten. Man wollte sich unbedingt von ihnen die Zukunft voraussagen lassen, bevor sie sich wieder auf den Weg machten!

Verstärkende Kristalle

Im viktorianischen Zeitalter brachten Hexen, Hexenmeister und Zauberer das uralte Kristallgucken auf ein höheres Niveau. Sie verfeinerten die Technik des Hellsehens, indem sie Kristalle mit bestimmten Eigenschaften für ihre Weissagung, Heilung und Erleuchtung benutzten.

Wenn eine Frau zum Beispiel ein Fruchtbarkeitsproblem hatte, benutzten sie meistens Mondstein und/oder Rosenquarz, da diese Kristalle die negativen Kräfte, die eine solche Person umgeben, auslöschen und die Tür zu Frieden und Zufriedenheit öffnen.

Lapislazuli wurde und wird noch immer verwendet, um inneren Frieden zu finden, während der Rosenquarz für Liebe und Selbstheilung steht. Es gibt viele verschiedene Mineralien, von denen einige in der folgenden Liste beschrieben werden (siehe Kapitel 4,

„Wahrsagen mit Kristallen", für weitere Informationen über Kristalle).

- **AMETHYST:** Höheres Bewusstsein
- **BLAUER ACHAT:** Inneres Bewusstsein
- **ZITRIN:** Geld und Erfolg
- **HÄMATIT:** Chancen
- **QUARZ:** Klarheit des Geistes
- **SAPHIR:** Wahrheit
- **MALACHIT:** Früheres Leben

Zur Steigerung der visionären Kräfte sollte man den Kristall also sorgfältig auswählen, abhängig von der Frage, auf die man eine Antwort sucht.

VERBINDUNG MIT DER KRISTALLKUGEL

Eine Kristallkugel kauft man am besten in New-Age-Shops. Man kann sie zwar auch im Internet bestellen, aber da kannst du nicht ausprobieren, ob sie zu dir passt. Zu einer Kristallkugel muss man sich hingezogen fühlen und deshalb ausprobieren, welche Kugel passt und zu einem „spricht". Das stellst du am besten fest, indem du sie in die Hand nimmst und ihre Schwingungen spürst. Untersuche genau, welche Art Kugel dich am meisten anspricht. Eine bestimmte Farbe? Ein bestimmtes Material? Nimm jede Kugel, die dir gefällt in die Hand und schließe für einen Moment die Augen. Spürst du ihre Energie? Ist das Gewicht richtig für dich? Bist du glücklich, wenn du sie festhältst?

Heutzutage sind die meisten Kristallkugeln aus Quarz. Experten empfehlen eine Kugel mit einem Durchmesser von mindestens 6 cm, damit die Bilder, die erscheinen deutlich erkennbar sind. Wenn du eine Kugel dieser Größe kaufen willst, solltest du zwei Dinge wissen:

1. **Sie kann ziemlich teuer sein.**
2. **Sie enthält meistens Unvollkommenheiten, sogenannte Einschlüsse.** Das ist normal und beeinträchtigt nicht das Erscheinen von Bildern während des Wahrsagens.

Viele als Kristall angepriesene Kugeln sind in Wirklichkeit aus Glas. Dies beeinträchtigt ihr Funktionieren keineswegs, aber sie kosten weniger. Du kannst den Unterschied einfach erkennen. Glaskugeln sind vollkommen klar, während Kristallkugeln immer Flecken, Blasen oder Schlieren enthalten. Dies beeinträchtigt in keinerlei Weise ihre Macht, die Geheimnisse des Universums zu enthüllen. Im Gegenteil: Die Unvollkommenheiten können die Visionen sogar unterstützen. Wofür man sich entscheidet, ist also ganz persönlich: Manche Hellseher stören die Unvollkommenheiten nicht, andere wohl. Entscheide du dich also für das, was sich für dich gut anfühlt. Eine echte Kristallkugel, die gut in der Hand liegt, kann leicht 50 Dollar oder mehr kosten. Eine Glaskugel kostet etwa ein Drittel dessen.

Puristen meinen, dass es beim Hellsehen keine Alternative zum Kristall gibt. Kristall sei kräftiger und führe zu besseren Vorhersagen. Kristallkugeln „wüssten", wann der richtige potenzielle Käufer sie in den Händen hält, und kommunizieren dies. Das heißt, sie sprechen mit dem Käufer und bieten sich zum richtigen Zeitpunkt zum richtigen Preis an.

Wir empfehlen dir, nur dann eine Glaskugel zu kaufen, wenn du dir keine Kristallkugel leisten kannst. Um die Energie einer Glaskugel zu steigern, kannst du einige kleinere Kristalle auf dem Tisch verstreuen. Natürlich können wir den Erfolg nicht garantieren.

In Filmen sieht man immer riesige Kugeln auf Ständern. In Wirklichkeit ist die Kugel kleiner und der Wahrsager hält sie auf einem Stück schwarzem Samt in den Händen. Wenn du einen Ständer für deine Kristallkugel besitzt, sollte der Ständer während des Lesens auch auf einem Stück schwarzem Samt stehen.

Vorbereitung und Aufbewahrung der Kristallkugel

Reinige die Kugel vor der Benutzung. Dafür gibt es vier Methoden:

1. **Lege einen sauberen Waschlappen oder ein Geschirrtuch** ins Spülbecken. Lege die Kugel darauf und spüle sie mit warmem Wasser ab. Stelle dir vor, dass jetzt alle negative Energie von deiner Kugel heruntergespült wird.

2. **Lege deine Kristallkugel nachts in eine Schale mit Salz.** Das Salz wird dunkle Energie absorbieren. Reinige die Kugel anschließend vom Salz.
[Anmerkung: Vergewissere dich, dass der Kristall sich nicht in Wasser auflöst oder in Salz erodiert! S. S. 89 für weitere Informationen].

3. **Halte die Kugel in der Hand** und fächle ihr Salbeirauch zu.
4. **Stell die Kugel bei Vollmond** eine Nacht lang draußen hin.

Du solltest deine Kristallkugel einmal im Monat reinigen. Lass dir zwischen den einzelnen Sitzungen vierundzwanzig Stunden Zeit und lege die Kristallkugel über Nacht ins Mondlicht, um sie wieder aufzuladen.

Kristallkugeln werden meistens auf einen Ständer gelegt, damit sie nicht wegrollen, aber ein kleines Kissen oder eine andere Unterlage reicht dafür auch aus. Viele Kugeln werden schon mit einem kleinen Ständer geliefert. Wenn du die Kugel nicht benutzt, solltest du sie mit einem Stück weißem, goldenem oder violettem Samt bedecken.

Deannas Tipp

Ich bin nicht die beste Wahrsagerin der Welt, aber ich habe eine Kristallkugel, die ich besonders liebe. Da Kristalle „lebendig“ sind – sie kommen ja aus der Erde und haben alle ihr eigenes, einzigartiges Energiefeld – dachte ich, es wäre eine nette Idee meiner Kugel einen Namen zu geben. Und so habe ich sie Clifford genannt. Clifford liegt auf einem verschnörkelten Ständer in einer Ecke meines Zimmers. Wenn ich ihn nicht benutze, decke ich ihn mit einem lila Tuch ab. So bleibt die Kugel nicht nur sauber, staubfrei und jederzeit griffbereit, sondern birgt auch ihre ganze Energie und Kraft unter der spirituellsten aller Farben.

DER ERFOLGREICHE HELLSEHER

Für das Wahrsagen ist die Nacht am geeignetsten, idealerweise bei Vollmond oder in den Nächten kurz davor („zunehmender Mond"), obwohl manche wahrsagen, wann immer ihnen der Sinn danach steht. Tue das, was für dich am besten funktioniert.

Richte dir einen ruhigen Raum ein, in dem du ungestört bist und nicht abgelenkt wirst. Öffne diesen Raum so weit wie möglich für die geistige Welt und das Universum. Sorge für eine beruhigende und entspannte Atmosphäre, die das Universum ermutigt, mit dir zu arbeiten.

Lege dein Handy weg. Spiele leise Musik, wenn dir das hilft.

Stelle deine Kristallkugel auf einen Ständer oder lege sie auf ein Kissen auf einem Tisch oder auf eine andere stabile reflektierende Arbeitsfläche. Sie sollte so hoch stehen, dass du bequem in sie hereinschauen kannst, egal wo du sitzt. Lege ein Notizbuch mit Stift bereit, um deine Wahrnehmungen nach der Sitzung aufzuschreiben. Zünde eine weiße Kerze und stelle sie in die Nähe der Arbeitsfläche. Du kannst auch Weihrauch anzünden oder zusätzliche Kristalle um deinen Arbeitsbereich herum legen.

Beim Wahrsagen sind Konzentration und Entspannung die Schlüssel zum Erfolg. Öffne jetzt deine Augen und schau in die Kugel, bleibe aber offen und nicht-fokussiert. Um in die Zukunft zu sehen, brauchst du nichts zu fragen.

Vielleicht siehst du, wie eine Wolke in der Kugel erscheint, oder du siehst Visionen. Versuche nicht, etwas Bestimmtes zu sehen, sondern akzeptiere was auftaucht und beeile dich nicht.

Die Kugel kann dir über die Vergangenheit, Gegenwart oder Zukunft erzählen, du kannst sie also alles fragen und darfst suchen, was immer du willst, es gibt keine Tabus. Vielleicht willst du wissen, ob du im nächsten Jahr einen netten Partner findest, oder ob du im Beruf befördert wirst? Oder du bist neugierig, ob du im nächsten Jahr in der Lotterie gewinnst!

Sobald du eine Frage im Kopf hast, entspanne deinen Geist und lasse ihn verschwimmen – das ist die Entspannung. Schließe die Augen, atme einige Male tief ein und aus und erlaube Ruhe und Stille in deinen Geist einzutreten. Öffne dein Herz für das Universum und lass alles andere hinter dir.

Jetzt öffne die Augen und richte den Blick auf deine Kugel, lass den Blick verschwimmen. Wenn du spürst, dass du in eine Art Trance gleitest, ist das in Ordnung – lass es zu. Atme tief durch und sei dir sicher, dass du Bilder sehen wirst, die sich auf deine Frage beziehen.

Konzentriere dich jetzt auf deine Frage und schaue in deine Kugel. Was siehst du? Vielleicht ergeben nicht alle Bilder Sinn, das ist in Ordnung. Nachher hast du Zeit, das Gesehene zu entschlüsseln. Lass die Bilder jetzt einfach so lange da, wie sie zu dir kommen. Wenn die Bilder langsamer werden oder aufhören, kehre zu deinem vollen Bewusstsein zurück und schreibe auf, was du wahrgenommen hast – ganz gleich, wie merkwürdig oder unwichtig manches auch erscheinen mag. Die Visionen, die dich jetzt verwirren, werden im Laufe der Tage immer klarer für dich werden.

Bei einer erfolgreichen Sitzung nimmst du oft folgende Bilder wahr:

1. **Eine Wolke, die im Zentrum der Kugel erscheint.** Sie zeigt an, dass die spirituelle Energie angekommen ist. Meistens ist sie weiß, sie kann aber die Farbe ändern.
2. **Die Wolke verblasst langsam zu einem dunkleren Grau oder Schwarz.**
3. **Dann erscheinen in schneller Abfolge Bilder,** die sich auf deine Frage beziehen. Lass dich nicht beunruhigen – nimm einfach alles wahr.
4. **Die Bilder verwandeln sich schließlich in einen Nebel und verschwinden.**

Wenn sich der Nebel aufgelöst hat, wickle deine Kristallkugel in das Samttuch und lege sie beiseite. Dann beschreibe in deinem Buch der Schatten oder Tagebuch die Bilder, die du in der Kugel gesehen hast, egal ob sie einen Sinn ergeben oder nicht.

Vielleicht wollen Freunde, dass du auch für sie und ihre Sorgen in deine Kristallkugel schaust. Bei einer Wahrsager-Sitzung für eine andere Person solltest du eine Vorstellung haben, was sie wissen will, so wie du das bei einer eigenen Sitzung auch hast. Das ist einfacher als zu versuchen, ganz unbestimmt in die weite Zukunft zu schauen. Das Universum enthält eine so unendliche Menge an Informationen, dass du wahrscheinlich nur unzusammenhängende Bruchstücke aus der Zukunft einer Person empfangen würdest, die sich nur schwer zu einem zusammenhängenden Bild zusammenfügen lassen.

WAHRSAGEN MIT SPIEGELN

In Märchen und mythischen Geschichten tauchen häufig Spiegel auf. Oft funktionieren sie als Schleier zwischen zwei Welten oder sie verleihen ihrem Besitzer magische Kräfte. In Schneewittchen fragt zum Beispiel

Schneewittchens böse Stiefmutter, die Königin, ihren Spiegel: „Wer ist die Schönste im ganzen Land?" Der Spiegel sagt ihr nicht nur, dass Schneewittchen noch am Leben ist, sondern auch, dass Schneewittchen noch schöner ist als sie selbst. In „Alice in Wunderland" gelangt Alice durch einen Spiegel in eine fantastische Welt. Da ihre Erlebnisse sich an der anderen Seite der spiegelnden Oberfläche abspielen, bleibt Alice unversehrt und gesund. Ein weiteres Beispiel: Der Zauberer Merlin aus der Artus-Sage besitzt einen magischen Spiegel, mit dem er sehen kann, was sich überall im Reich abspielt.

Ein Spiegel spiegelt auch unsere Seele, oder eben nicht – in der Überlieferung haben Vampire deshalb kein Spiegelbild. Es gibt sogar Kulturen, die keine Spiegel benutzen, weil diese die Seele verändern oder beschädigen würden. Das Zerbrechen eines Spiegels soll sieben Jahre Unglück bringen. Warum? Weil unsere Seele in der Reflexion eines Spiegels enthalten sei, sodass sie beim Zerbrechen des Spiegels auseinanderbricht.

Während des siebentägigen jüdischen Trauerrituals *Schiwa* werden alle Spiegel im Haus abgedeckt, damit die eigene körperliche Erscheinung nicht von der Trauer ablenkt. Kabbalisten glauben außerdem, dass die dunklen Energien von Wut, Bedauern und Schuld während der Trauerzeit durch die Oberfläche eines Spiegels in ein Haus einzudringen vermögen.

Spiegel zeigen uns die absolute Realität unserer Welt – oder zumindest das, was mit dem bloßen Auge sichtbar ist. In diesem Buch konzentrieren wir uns gerade auf das, was nicht sichtbar ist – und hier kommt die Wahrsagung mit Kristallspiegeln ins Spiel.

Der schwarze Obsidianspiegel und die Wahrsagekunst

Bei der Wahrsagung mit Spiegeln gelten die schwarzen Obsidianspiegel als die besten. Diese Spiegel werden aus schwarzem Obsidian gefertigt und nach ihrer Fertigstellung während eines speziellen Reinigungsrituals mit einer Kräutermischung eingerieben, die viel spirituelle Energie anzieht und festhält.

Daraufhin lädt man die Spiegel im Licht des Vollmonds auf. Stadtbewohner können den Spiegel auch auf das Fensterbrett stellen und das Fenster, abhängig vom Wetter, ganz oder teilweise öffnen. Etwas Mondstein und ein Gegenstand aus Gold auf seiner Oberfläche verleihen dem Spiegel seine wahren Kräfte, denn Mondstein fördert Intuition, Magie, Mystik, Träume, Gelassenheit, Positivität und Schutz.

Der schwarze Spiegel wird in der Welt der Magie zu vielen Zwecken verwendet. Dazu gehören:

- **Verbindung zu spirituellen Führern.**
- **Vermehrung von Weisheit und Wissen** (oder Vertiefung deiner Verbindungen mit der spirituellen Welt und Weisheit).
- **Zugang zur Akasha-Chronik,** dieses allumfassende Weltgedächtnis ist die Sammlung sämtlicher Gedanken, Emotionen, Absichten, Worte, Gebete, Handlungen und Weisheit, die es je gab und geben wird. Sie beruht auf Erkenntnissen der russischen Okkultistin Helena Blavatsky aus dem neunzehnten Jahrhundert. Die Akasha-Chronik existiert auf rein ätheri-

scher Ebene und ist nur durch eine spirituelle Verbindung zugänglich.

- **Astralprojektion und Astralreisen,** der Geist verlässt den Körper und erlebt andere Dimensionen, Reiche und spirituelle Ebenen.
- **Prophezeiung der Zukunft.**
- **Selbstheilung und Meditation.**
- **Übermittlung von Informationen in andere Geistesbereiche.**

Obwohl du deinen schwarzen Spiegel jederzeit verwenden kannst, empfehlen wir, ihn bei Vollmond zu benutzen, wie andere magische Werkzeuge auch. Die Mondphase spielt keine Rolle, er funktioniert dann auf jeden Fall. Magische Spiegel werden ganz anders verwendet als gewöhnliche Spiegel, nämlich im Dunkeln. Oft kauft man sie mit Ständer, aber man kann sie auch auf eine flache Oberfläche oder in die Handfläche legen. Du kannst den Spiegel ins Mondlicht stellen oder, wenn dieser auf einem Ständer steht, eine Kerze neben oder hinter ihn stellen. Die Oberfläche des Spiegels sollte wie eine leere, dunkle Leinwand aussehen, als ob du in einen Tunnel schaust.

Die Oberfläche des Spiegels muss sauber sein, Flecken kannst du mit einem weichen Tuch mit etwas Alkohol entfernen. Obwohl du deinen Spiegel nicht als normalen Spiegel verwendest, muss die Oberfläche völlig sauber sein.

Stelle den Spiegel am dafür bestimmten Ort auf und achte darauf, dass er stabil steht und gut sichtbar ist. Das hört sich wie selbstverständlich an, aber auch hier gilt: Sobald du dich in einem spirituellen Prozess befindest, darf nichts deine Konzentration stören. Lege deinen Spiegel also nicht auf einen Gegenstand, der während deiner Sitzung umfallen könnte.

Zur Vorbereitung auf dieses Ritual solltest du zunächst eine reinigende Dusche oder ein Bad nehmen. Richte deinen Raum bereits ein, damit nach deiner Reinigung alles bereitsteht. Du kannst den schwarzen Spiegel in ein Kristallbett stellen (s. S. 95–96) oder ihn allein verwenden. Befolge jetzt folgende Anweisungen:

1. **Schließe deine Augen und stelle dir den Spiegel und dich in einem schützenden weißen Licht vor.** Das Licht wirbelt und umgibt dich von oben nach unten. Vielleicht schimmert es – wahrscheinlich durch einen Stern, der sich in seinen Strahlen befindet. Erlaube dem Licht, in deine Chakren einzudringen, von oben nach unten, um dich mit Harmonie und Frieden zu durchdringen.
2. **Bewege die Hände entlang den Rändern deines Spiegels, damit auch sie vom Licht durchdrungen werden** – vermeide es aber, die Oberfläche zu berühren. Wenn du spürst, dass sie völlig aufgeladen sind, bringe das Licht zurück in dein eigenes Wesen.
3. **Schließe nun die Augen und atme tief ein und aus.** Konzentriere dich auf die Verspannungen in deinem Körper, zum Beispiel am Nacken, Rücken oder an den Schultern. Spüre, wie sich deine Rippen mit jedem Einatmen ausdehnen und stelle dir vor, wie sich deine Lunge beim Ausatmen vollständig entleert. Mache so weiter bis du das Gefühl hast, völlig entspannt zu sein, sodass du dich auf die spirituelle Ebene begeben kannst. Ziel ist es, dich selbst in eine leichte Trance zu versetzen.
4. **Wiederhole jetzt dein Anliegen für dich selbst und sei dabei so genau wie möglich.** Dies ist der Moment, um Kontakt mit einem Geist oder dem Universum aufzunehmen und um ihre

Führung zu bitten. Du kannst deinen Führer mit einer einfachen Beschwörungsformel anrufen, wie: *„Ich bitte {Geist}, mich zu den Antworten zu führen, die ich suche. Ich bitte dich, dass du mir hilfst, Visionen zu bekommen, ungehindert und vollständig.“*

5. **Öffne die Augen und schaue in den Spiegel, während du dich gleichzeitig auf deine Frage konzentrierst.** Der Spiegel funktioniert als Brennpunkt für die Visionen, die dir jetzt kommen werden. Dies ist eine Art konzentriertes Tagträumen, mit dem Unterschied, dass du dir der wahrgenommenen Bilder bewusst bist. Lass die Visionen wandern, wohin sie wollen – du darfst sie nicht kontrollieren oder lenken wollen. Das kann schwierig sein für Menschen, die nicht gerne die Kontrolle verlieren, aber in diesem Moment sendet ein Geist die Signale – lehne dich also zurück und empfange einfach.
6. **Wenn du das Gefühl hast, dass die Erscheinungen langsamer werden oder zu einem Ende kommen, schließe wieder die Augen.** Biege den Kopf nach links, rechts, vorne und hinten und finde langsam zur vollen Wachsamkeit zurück. Bedanke dich bei deinem Geistführer für das, was du gesehen und erlebt hast.

7. **Beschreibe in deinem Tagebuch oder Buch der Schatten, was du erlebt hast.** Schreibe alles auf, auch wenn es für dich im Moment keinen Sinn ergibt. Verwirrende Bilder können während zukünftiger Sitzungen oder einfach im Alltag eine (neue) Bedeutung bekommen.

ES IST MEIN FERNSEHER, UND ICH KANN DAMIT WAHRSAGEN, WANN ICH WILL!

Vor ein paar Jahren träumte ich [Shawn] vor mich hin, als mein Blick zu meinem Fernseher hinüberschweifte. Der Fernseher war ausgeschaltet, aber plötzlich erblickte ich auf dem leeren Bildschirm die gleichen Visionen, wie ich sie normalerweise in meiner Kristallkugel sehe! Die Ursache war wahrscheinlich, dass ich mich in einem fast tranceartigen Zustand befand und mein Geist frei von Ablenkungen war. Daraufhin überlegte ich mir ein Experiment: Ich schaltete den Fernseher ein, zog aber den Kabelstecker heraus, damit ich einen leeren Bildschirm mit weißem Rauschen und „Schnee" erhielt. Weißes Rauschen ist eine übliche Technik, um mit Geistern und Gespenstern, die mit Lebenden kommunizieren wollen, Kontakt aufzunehmen. Also dachte ich: „Warum soll das nicht auch beim Wahrsagen funktionieren? Vielleicht will mir jemand da draußen durch weißes Rauschen etwas mitteilen." Und was passierte? Die Ergebnisse waren erstaunlich! In mancher Hinsicht waren die Visionen, die ich sah, viel deutlicher als bei den Methoden die ich bisher beim Wahrsagen benutzt hatte.

Wenn du keine Kristallkugel hast, kannst du auf diese Weise ohne große Investitionen ausprobieren, ob du Talent zum Wahrsagen hast. Ich bezeichne diese nagelneue Wahrsagekunst als „Plasma-Wahrsagen." Es ist ganz einfach, du brauchst nicht einmal einen zusätzlichen Fernsehkanal zu abonnieren. Kostenloses Wahrsagen, mit freundlicher Genehmigung der Twilight Zone!

Der erste Schritt zum erfolgreichen Plasma-Wahrsagen besteht darin, dass du dein Fernsehgerät entweder ausschaltest oder auf einen leeren Kanal einstellst [**Beachte:** Wenn du ein Smart-TV und/oder eine Glasfaserverbindung hast, suche dann einen Kanal auf YouTube mit

statischem Weißrauschen und verbinde dies mit deinem Fernsehbildschirm. Oder versuche es mit Laptop oder Handy – siehe unten und S. 80. Du brauchst den Bildschirm nicht sauber zu machen, denn Verschmutzungen oder Flecken lenken nicht ab, sondern verstärken deine Visionen nur. Die nächsten wichtigen Schritte sind:

1. **Schalte das Licht nicht aus,** sonst siehst du keine Reflexionen auf dem Bildschirm. Zusätzlich zur normalen Beleuchtung brauchst du eine weiße Kerze. Ich stelle immer eine kleine Kerze in ein Glas.
2. **Beginne mit dieser Beschwörungsformel:** *„Der Technologie, die geboren wurde, gebe ich Licht, mir den Weg zu meinem eigenen inneren Licht zu zeigen. So soll es sein.“* Schreibe die Formel in dein Buch der Schatten, damit du sie dir merken kannst.
3. **Zünde jetzt die Kerze an** und stelle sie vor den Fernseher oder Laptop. Das Kerzenlicht soll einen flackernden Schein auf den Bildschirm werfen.
4. **Konzentriere dich auf den leeren Bildschirm** und beginne zu träumen.
5. **Stelle in Gedanken eine Frage zu einem Thema,** das dir wichtig ist: Partner, Beruf, Karriere oder Familie. Innerhalb von etwa zehn Minuten sollte die Antwort erscheinen.

Kleinere Wahrsagemedien

Funktioniert es bei dir nicht mit dem Fernsehbildschirm oder hast du keinen Fernseher, dann öffne deinen Laptop, aber schalte ihn nicht ein. Lege ihn auf deinen Schoß und wiederhole alle oben genannten Schritte, aber lass die Kerze weg. Es soll ja kein Feuer entstehen.

Du kannst auch dein Smartphone oder Tablet nehmen und dich fünf Minuten lang auf die Reflexion auf dem Bildschirm konzentrieren. (Auch hier keine Kerze anzünden. Es ist schon schwierig genug, Bilder zu interpretieren). Ich wette meinen Hexenhut, dass du etwas siehst! Und warum? Es ist wie beim Lernen überhaupt: Manchmal muss man klein anfangen, um etwas zu sehen, und ein winziger Bildschirm kann einem dabei helfen, sich schneller und klarer zu konzentrieren.

Manche Leute glauben, dass sie eine „Live-Show" der Zukunft sehen werden, wenn sie sich auf ihren Bildschirm konzentrieren. Das ist nicht wirklich das, was wir erreichen wollen, aber wenn dich diese Übung dazu inspiriert, ein Drehbuch zu schreiben, dann lass dich nicht abhalten!

Erfolgreiches Plasma-Wahrsagen ist keine Show, die man sich anschaut. Es kommt vielmehr auf die Interpretation der ganzen Staubflecken, Flecken, Fingerabdrücke und Lichtreflexe auf dem Bildschirm an. Es ist deine Aufgabe, diese Formen zu interpretieren und herauszufinden, wie sie mit dir zusammenhängen. Es ist das gleiche Prinzip wie beim Beobachten von Wolken – du kannst es jederzeit und überall anwenden.

DAS LESEN DER ERGEBNISSE

Erinnerst du dich daran, wie du dir als Kind die Wolken am Himmel angeschaut hast und hättest schwören können, dass sie Drachen, Gesichtern, Raketenschiffen oder anderen imaginären Formen ähneln? Manche Bilder waren beängstigend, andere tröstlich, und noch andere waren einfach da. Nutze dieselbe Fähigkeit, um bei flackerndem Licht auf dem Fernsehbildschirm oder in deiner Kristallkugel Bilder zu deuten. Ist das Bild dunkel und unheimlich oder fröhlich und warm? Welche Gefühle löst es bei dir aus?

Es ist wichtig, dass du dich bei der Deutung in einem tranceartigen Geisteszustand befindest. Um zu interpretieren, was du siehst, musst du die mentale Ebene verlassen und dich in einen „abwesenden" Zustand versetzen, sodass die Bilder zum Leben erwachen. Manchmal fragen mich Leute, wie sie das, was sie sehen, interpretieren sollen – als ob es in der Welt des Hellsehens richtige, falsche oder endgültige Antworten gäbe! Was auch immer du siehst, es hat mit deinen eigenen Erfahrungen zu tun oder, wenn du für jemand anders liest, mit denen einer anderen Person. Stelle dir vor, dass du die Vision einer Harfe bekommst, und dein Großvater spielte Harfe. Vielleicht ist die Botschaft von ihm oder über ihn. Wenn eine Vision undeutlich oder sehr klein ist, bedeutet das wahrscheinlich, dass es sich um ein vergangenes Ereignis handelt – oder um etwas, das in ferner Zukunft geschehen wird. Starke, klare Visionen weisen auf etwas hin, was unmittelbar bevorsteht.

Auch die Farben in deinen Visionen können etwas bedeuten:

- **WEIß:** Schutz, positive Energie
- **ROT:** Gefahr
- **ORANGE:** Zorn
- **GELB:** Schwierigkeiten, Hindernisse
- **BLAU:** Erfolg
- **GRÜN:** Glück, Gesundheit
- **SCHWARZ, GRAU:** Negative Energie

Kapitel 4

Wahrsagen mit Kristallen

IN FAST ALLEN KULTUREN UND RELIGIONEN SPIELEN Kristalle eine große Rolle: Seit Jahrhunderten symbolisieren auf der ganzen Welt wertvolle, mit Kristallen besetzte Kronen die Herrschaft von Königen und Kaisern. Kristalle wurden in teuren Schmuck eingearbeitet und als heilende oder magische Talismane verwendet. Sie wurden gefeiert, umkämpft und mit Stolz zur Schau gestellt. Aus den Bergen gewonnen, werden sie aufgrund ihrer Schönheit verehrt und sind sogar Teil der modernsten Technik. Sie enthalten die DNA des Planeten, geprägt von Millionen Jahren der Evolution.

Wie kommt es, dass diese wertvollen Edelsteine auch heute noch genauso geliebt und verehrt werden und die jahrhundertealte Faszination nicht nachgelassen hat? Wahrscheinlich weil Kristalle Magie verkörpern. Diese faszinierenden, bezaubernden Steine bergen so viel Mystik in sich, dass wir das Ausmaß ihrer Macht auch heute noch nicht ganz ermessen können.

KRISTALLE FÜR WAHRSAGEREI UND ÜBERSINNLICHE WAHRNEHMUNG

Auch ein erfahrener Wahrsager kann sich mithilfe geeigneter Steine immer weiter verbessern. Im Folgenden stellen wir eine Reihe von Kristallen vor, die dir beim Wahrsagen helfen können.

Es empfiehlt sich in einem Tagebuch oder Buch der Schatten zu notieren, welche Kristalle du verwendest und was du dabei beobachtet hast.

ACHAT Schützt und beruhigt, fördert Vertrauen.

ACHAT (Holly Blue) Befreit übersinnliche Fähigkeiten; manifestiert spirituelle Absichten.

AMETHYST Hilft bei der Öffnung des Stirnchakras und der Steigerung übersinnlicher Fähigkeiten.

ALBIT Unterstützt alle Arten spiritueller Tätigkeit; stärkt die übersinnlichen Kräfte.

AMBLYGONIT Setzt übersinnliche Energien frei, verringert Stress und hilft, sich von emotionalen Bindungen zu lösen.

APATIT (blau) Steigert Einsichten und übersinnliche Fähigkeiten.

APOPHYLLIT (klar) Heilt emotionale Wunden und hilft, schwere seelische Belastungen zu überwinden; öffnet die Seele für andere spirituelle und übersinnliche Ebenen.

ARAGONIT (blau) Fördert Wahrsagefähigkeiten, da er Erkenntnis und Einsicht bringt und übersinnliche Verbindungen stärkt.

AZEZTULIT™ (rotes Feuer) Kürzlich in den Vereinigten Staaten entdeckt, Teil der Quarzfamilie; ein mächtiger Schutzstein, der für Sicherheit sorgt, sowie für die Verbindung mit den Sonnengöttern und der Macht; überall dort zu verwenden, wo Schutz angefleht wird; verbessert Kraft, Weisheit, Leidenschaft, Ausdauer und übersinnliche und visuelle Fähigkeiten.

AZURIT Stärkt das Dritte Auge und das Halschakra, fördert Hellsichtigkeit, Einsicht und übersinnliche Visionen.

BENITOIT Stärkt übersinnliche Fähigkeiten und kanalisiert Energien; erhöht die Intuition; hat heilende Kräfte, insbesondere indem er Menschen mit Blutkrankheiten mit positiver Energie versorgt.

BERYLL Beseitigt Stress und emotionalen Ballast; kräftigt Wahrsagetechniken; ein vielseitiger guter Heilstein; es gibt viele Farben und Sorten, wie Aquamarin, Smaragd, Goshenit, Goldberyll, Morganit.

BLUTSTEIN Erweitert die Hellsichtigkeit und fördert luzides Träumen.

CALCIT Fördert Astralreisen und Reisen in andere Welten.

CAVANSIT Entwickelt und verbessert übersinnliche Fähigkeiten und spirituelle Wahrnehmung; macht es einfacher, den Geisteszustand zu ändern.

CHRYSOBERYLL Verbessert übersinnliche Träume und Visionen und schützt vor dem Bösen und dem bösen Blick; stärkt die Kraft zu verzeihen. Fördert Selbstbeherrschung, Gewichtsverlust und wirkt sich positiv auf jede Art von Lernen oder Studieren aus.

COVELLIN Unterstützt die übersinnliche Entwicklung, spirituelles Erwachen, Einsicht, Wahrnehmung und Verbindung mit der höheren spirituellen Ebene.

DUMORTIERIT Steigert Konzentrationsfähigkeit, Intelligenz, Motivation, Kreativität und übersinnliche Visionen.

FLUORIT Fördert das Dritte Auge, sodass übersinnliche Visionen deutlicher werden.

HACKMANIT (blau) Reinigungsstein; zur Beseitigung negativer Energien und Stärkung übersinnlicher Fähigkeiten.

HALIT (blau) Fördert Glück und Wohlbefinden; wird auch für Mindfullness und zur Steigerung übersinnlicher Sensibilität verwendet.

IOLIT Stärkt alle übernatürlichen Kräfte.

JEREMEJEVIT Selten; für jede Art von Wahrsagung.

KYANIT Steigert die Wahrnehmungsfähigkeit, Intuition und das Empfangen spiritueller Botschaften.

LABRADORIT Einer der wichtigsten Kristalle; fördert die höchsten Energien und steigert alle übersinnlichen Fähigkeiten.

LAPISLAZULI Schützt vor dunklen Kräften und kanalisiert übersinnliche Kräfte; öffnet das Dritte Auge, um übersinnliche Visionen zu verbessern.

MOLDAVIT Mächtig und außerirdisch; steigert übersinnliche Fähigkeiten; beseitigt Blockaden und Hindernisse.

MONDSTEIN Fördert die Intuition, funktioniert am besten bei Vollmond; nützlich bei Hellsehen mit schwarzem Spiegel.

MUSKOVIT Stärkt übersinnliche Fähigkeiten und geistige Kraft; wirksam in Zaubern, die die Intelligenz steigern sollen.

OBSIDIAN Verbessert beim Hellsehen die Verbindung zur Geisterwelt sowie übersinnliche Visionen.

PHENAKIT Für außersinnliche Visionen, inneres Erwachen, stimuliert das Dritte Auge und Astralreisen.

PROPHECY STONE (Limonit und Hämatit-Pseudomorph) Fördert die übersinnliche Wahrnehmung.

QUARZ Verstärkt die höchste Form von Energie und schützt vor dunklen Kräften; der kräftigste Stein, der die Wirkung sämtlicher Steine in seinem Umfeld verbessert.

QUARZ (Tansanische Aura) Stärkt Einsicht und übersinnliche Wahrnehmung.

TITAN Für Frieden, Harmonie und die Stärkung positiver Energien; regt spirituelle Energien an; nützlich beim Wahrsagen.

RHODIZIT Stärkt die Kraft anderer Kristalle; steigert übersinnliche Fähigkeiten und emotionale Kraft.

RUBYKYANIT Hilft bei finanziellen Problemen und steigert die übersinnliche Sensibilität.

SAPHIR Alle Farben stärken Intuition, Astralreisen und das Dritte Auge.

SODALIT Beseitigt Trägheit; hilft sich seinen tiefsten Gedanken und Wünschen zu öffnen, stärkt Wahrnehmung, Intellekt, prophetische Visionen und das Verständnis übersinnlicher Botschaften.

TEKTIT Öffnet den Zugang zu telepathischer Kommunikation und die Verbindung mit jenseitigen Energien und Wesenheiten.

TIFFANY STONE (Purple Passion) Verbessert das Sexualleben; fördert die Entwicklung übersinnlicher Fähigkeiten.

TOPAS (Blau) Fördert übersinnliche Fähigkeiten, spirituelles Wachstum und spirituelle Kommunikation.

TÜRKIS Verbessert die Kommunikation zwischen seinem Träger und dessen Geistführern/universellen Kräften.

ULEXIT Stärkt Visualisierung und übersinnliche Fähigkeiten.

AUFSTELLUNG ZU HAUSE

Kristalle projizieren Energie, wirken aber gleichzeitig als Schwämme, die Energie aus der Umgebung absorbieren. Vor diesem Hintergrund ist es wichtig, wo du deine Kristalle aufbewahrst. Wenn du sie irgendwo ausstellst, besteht die Gefahr, dass ihre Energie verunreinigt wird. Wenn Freunde sie zum Beispiel in die Hand nehmen, übertragen sie ihre Energie auf deine Kristalle, sodass diese vor der nächsten Verwendung gereinigt werden müssen.

Der beste Ort zum Aufbewahren ist je Typ Kristall unterschiedlich. Amethyst oder Zitrin dürfen nicht auf die Fensterbank gestellt werden, denn diese Kristalltypen sind stark pigmentiert und verblassen, wenn sie dem Sonnenlicht ausgesetzt sind. Für kleinere Trommelsteine empfehlen sich Kästen mit Fächern, die du am besten mit den Namen

der Steine und den damit verbundenen Zaubersprüchen beschriftest. (Du kannst solche Zaubersprüche natürlich auch in deinem Buch der Schatten aufschreiben).

Manche Hexen wickeln größere Kristalle in ein rotes Tuch, weil diese Farbe die langsamste Energieabsorption hat und daher als Energiebarriere wirkt. Der Stoff sollte aus natürlichen Fasern bestehen, weil Kristalle sich nicht mit synthetischen Materialien vertragen.

Wenn du mehrere Arten Steine besitzt, solltest du sie getrennt nach Sorte aufbewahren, damit die Energien der Steine sich nicht gegenseitig beeinflussen.

REINIGEN UND AUFLADEN VON KRISTALLEN

Kristalle können positive Energie anziehen, aber auch negative Energie festhalten. Kristalle, die zur Beseitigung negativer Energien verwendet werden, sollten vor erneuter Verwendung immer gereinigt werden. Wenn sich dein Kristall nach einem solchen Ritual heiß oder schwer anfühlt oder matt aussieht, ist das keine Einbildung, sondern ein Zeichen dafür, dass der Stein unerwünschte Energien aus einem Chakra oder einer Aura beseitigt hat. Aber auch wenn du einen Kristall seit längerer Zeit nicht verwendet hast und er seinen *Schwung* verloren hat, solltest du ihn reinigen und aufladen. Regelmäßige Kristallreinigung lädt deine Edelsteine nicht nur auf, sondern befreit sie auch von unsichtbaren Verunreinigungen. Es ist vernünftig dies einmal im Monat zu tun. Auf jeden Fall solltest du deine Kristalle vor und nach jedem magischen Ritual reinigen. Dafür gibt es verschiedene Möglichkeiten.

Räuchern mit Salbei

Salbeibündel wirken wie ein spirituelles Desinfektionsmittel. Sie sind in jedem New-Age-Laden erhältlich, aber du kannst sie auch online bestellen. Zünde das Ende des Salbeibündels mit einem Feuerzeug oder Streichholz vorsichtig an – im Freien oder an einem feuersicheren Ort. Lass es einige Augenblicke lang brennen und blase dann die Flammen aus. (Vorsicht, dein Salbeibündel darf *nie* ganz abbrennen.) Nimm dann den Kristall in eine Hand und das Salbeibündel in die andere und wedele den Kristall etwa dreißig Sekunden lang durch den Rauch. Dies ist eine schnelle und wirksame Reinigungsmethode, die von den meisten Hexen verwendet wird.

Süßwasserbad

Du kannst deine Steine auch in einem Bach, Teich, See oder einer Quelle reinigen. Diese natürliche und wirksame Reinigungsweise eignet sich jedoch nicht für alle Kristalle. Selenit zum Beispiel kann sich auflösen, und Hämatit rostet, wenn er zu lange im Wasser liegt. Bei Steinen, die empfindlich auf Flüssigkeiten reagieren, ist Schwenken im Rauch die bessere Methode.

Salzwasserbad

Die meisten Kristalle lassen sich auch in einem Salzbad reinigen. Fülle einfach eine Glas- oder Keramikschüssel mit Wasser, füge etwas Meersalz (eine Handvoll für einen Liter) hinzu und lege deinen Kristall oder deine Kristalle hinein. Meistens ist dein Stein nach einer Stunde gereinigt, aber wenn du meinst, dass er mit einer besonders schweren Energie belastet ist, kannst du ihn bis zu einer Woche im Wasser lassen.

Spüle den Stein nach der Reinigung mit kühlem Quellwasser ab und schütte das Salzbad weg.

Für manche Steine ist ein Salzbad ungeeignet: auf jeden Fall für alle porösen Steine (wie Opal) oder für Steine, die viel Wasser enthalten. Pyrit, Hämatit und Lapislazuli dürfen deswegen nicht in Salzwasser gereinigt werden, für sie empfiehlt sich die Rauchmethode.
Wenn du das Glück hast, eine große, kristallhaltige Geode mit einer Höhlung zu besitzen, kannst du darin andere Kristalle reinigen. Geoden haben die Eigenschaft, negative Energie zu neutralisieren und durch positive Schwingungen zu ersetzen. Die Kristalle sollten mindestens vierundzwanzig Stunden lang im Hohlraum der Geode liegen.

Meersalz

Reines Meersalz ist in jedem Haushaltsgeschäft erhältlich und sehr geeignet, deine Kristalle von unvollkommenen Schwingungen zu befreien. Gebe das Salz in eine ausreichend große Schüssel und sorge dafür, dass die Kristalle vollständig bedeckt sind. Lass sie ein paar Stunden lang ruhig liegen und berühre sie nicht. Du kannst anstatt von Salz auch Erde, Ton oder Sand nehmen. Wirf das Salz nach der Reinigung weg, verwende es also nicht noch einmal! Es enthält die negative Energie, die es aus dem Kristall gezogen hat. (Auf Seite 89 liest du mehr über Steine, die nicht mit Salz gereinigt werden dürfen).

Sonnenlicht und Mondlicht

Das Licht von Sonne und Mond reinigt nicht nur deine Kristalle, sondern lädt sie auch wieder auf. Wenn du deine Steine tagsüber oder über Nacht in den Sonnen- oder Mondschein legst, erhalten sie einen neuen Impuls. Du kannst sie auf den Boden, einen Tisch im Freien, oder auf eine

Fensterbank legen. Unabhängig davon, ob du deine Steine tagsüber oder nachts reinigst – es empfiehlt sich auf jeden Fall die Vollmondphase zu nutzen, weil sich die magische Kraft des Mondes dann optimal entfaltet.

Wenn du nicht auf den Vollmond warten willst, musst du auf jeden Fall sicherstellen, dass die Sonne oder der Mond am Himmel zu sehen sind, unabhängig von der Phase. Wenn du deine Kristalle tagsüber aufladen willst, tue dies dann, wenn die Sonne am hellsten ist. Diese schnelle Reinigung dauert nur wenige Stunden. Lichtempfindliche Kristalle wie Zitrin und Amethyst sollten nicht länger als 30 Minuten der Sonne ausgesetzt sein, weil sie sonst verblassen.

Tibetanische Glocken

Der Klang tibetanischer Glocken stimmt die Kristalle neu und gibt ihnen einen Heilungsschub. Lege die Steine auf eine ebene Fläche und läute die Glocken eine Weile sanft über ihnen.

AUFLADEN DEINER KRISTALLE

Folgende Hinweise sind wichtig und sollten vor jedem Ritual berücksichtigt werden. Halte deine Kristalle oder Steine vor dem Aufladen mindestens fünf Minuten in der Hand und stelle dir das gewünschte Ergebnis des Zaubers vor deinem geistigen Auge vor. Auf diese Weise stellst du eine persönliche Verbindung mit deinem Stein her, sodass er deine Energie erkennt und seine Kraft in Verbindung mit dir entfalten wird.

Kristalle absorbieren Energien und Emotionen. Sie funktionieren also besser, wenn sie genau wissen, was du von ihnen willst. Wenn du Schwierigkeiten hast, deinen Wunsch zu visualisieren, sprich laut mit deinem Stein und äußere deinen Wunsch. In diesem Buch werden mehrere Arten Vorbereitungen und Zaubersprüche beschrieben. Lies vor Beginn eines Rituals die jeweiligen Vorbereitungen und Zaubersprüche gut durch und befolge genau alle Anweisungen!

Kerzen

Wenn du für dein Ritual Kerzen brauchst, müssen diese, sofern nicht anders angegeben, ganz abbrennen. Wenn du sie zu früh ausbläst, wirkt dein Ritual nicht. Teelichter oder Votivkerzen sind besonders geeignet. Stelle die Kerze immer in einen Behälter und lasse sie niemals unbeaufsichtigt oder in Reichweite von kleinen Kindern brennen. Wenn ein Ritual mehrere Tage dauert, kannst du die Kerze löschen und später wieder anzünden.

Abschluss des Rituals

Bei Ritualen, ganz gleich welchen, werden meistens Beschwörungen oder Mantras gesprochen. Die Zahl der Wiederholungen ist je Ritual unterschiedlich, aber die letzte Wiederholung sollte immer mit den Worten ***„So soll es sein"*** abgeschlossen werden.

Aufladen des Steins

Kristalle saugen die Aura und Wirkungen von Ritualen in sich auf. Wenn du in einem Ritual einen Kristall benutzt, von dem du dir eine langfristige Wirkung erhoffst, reinige ihn dann nicht gleich nach dem Ritual, sondern lasse ihn seine Kraft noch länger ausstrahlen – sie hält mindestens zwei Monate lang an. Wenn die Wirkung deines Rituals nach dieser Zeit nachlässt und du es wiederholen willst, solltest du deinen Kristall vor der Wiederholung neu aufladen. Wenn der gewünschte Effekt erreicht wurde, kannst du den Kristall reinigen.

Ein Zauberspruch zur Stärkung übersinnlicher Fähigkeiten

Wie im Leben überhaupt, gilt auch beim Wahrsagen: Je öfter du übst, desto besser wirst du. Aber es existieren noch andere Hilfsmittel, die deine Rituale und Vorhersagen erfolgreicher machen. Das sind besonders Kristalle, vor allem Albit. Weil dieser Kristall sehr teuer ist, kannst du auch einen anderen aus der Liste auf den Seiten 83–87 wählen.

Materialien

Ein Albit oder vergleichbarer Kristall, um die übersinnliche Sensibilität zu steigern.

Eine große, hohe, spitz zulaufende Kerze oder eine weiße Blockkerze.

Eine Glasschale

Ausreichend Quell- oder Regenwasser, um die Schale zu füllen.

Ritual

Reinige deinen Kristall und lade ihn auf (siehe Seite 88–92). Setze dich nachts bei abnehmendem Mond in einen bequemen Stuhl und lade deinen Kristall auf, indem du ihn dir etwa zehn Minuten lang auf die Stirn legst. Konzentriere dich auf die Kraft des Steins und stelle dir vor, dass er übersinnliche Strahlen direkt in dein Gehirn projiziert.

Stehe vor deinem Altar und stelle, um Reinheit zu symbolisieren, eine brennende weiße Kerze und eine mit Wasser gefüllte Glasschale in die Mitte. Tauche den Kristall in die Schale, mach das Licht aus und schaue einige Minuten lang in das Wasser. Wenn die Oberfläche still ist, tauche deinen Finger in die Schale, sodass eine Kräuselung entsteht und berühre dann mit deinem nassen Finger deine Stirn. Sprich den folgenden Spruch neunmal:

„Übersinnliche Kräfte steigen in mir hoch,
steigere meine Sensibilität, lass mich sehen,
Erfülle mein Wesen mit glorreichem Licht,
wenn der Mond abnimmt in dieser magischen Nacht."

Nachdem du den Spruch neunmal wiederholt hast, schließe ihn mit „So soll es sein". Blase die Kerze aus. Wiederhole das Ritual des Betupfens und zünde die Kerze wieder an, bevor du ein neues Ritual durchführst.

Ein Zauberspruch zur Stärkung deiner Instinkte

Wir Wiccas sind große Befürworter von Instinkten, aber wie die meisten Menschen ignorieren auch wir sie manchmal – und bereuen das hinterher. Es ist sehr wichtig, dass du auf deine Seele hörst. Wenn sich etwas nicht richtig anfühlt oder du ein ungutes Gefühl bei jemandem hast, ist das ein instinktives Warnsignal, das du unbedingt beachten solltest!

Materialien

- Ein Benitoit-Kristall
- 1 ganze Zitrone, zur Verbesserung der Konzentration
- 1 Lorbeerblatt, zur Förderung der Intuition
- Eine Schale
- Eine gelbe Votiv- oder Teelichtkerze
- Ausreichend Quell- oder Regenwasser, um die Schale zu füllen
- Watteballchen

Das Ritual

Reinige deinen Kristall und lade ihn auf (siehe Seite 88–92). Schneide die Zitrone bei Vollmond in zwei Hälften und lege sie mit dem Lorbeerblatt und Kristall in die Schale. Stelle diese auf deinen Altar. Zünde die Kerze neben der Schale an und sprich dreimal den folgenden Spruch:

„Ich nehme meine Wahrheit wahr, meine innere Stimme,
die Fakten, auf die ich achte, werde ich nicht missverstehen.“

Nachdem du den Spruch dreimal gesprochen hast, schließt du ihn ab mit den Worten „So soll es sein“. Während die Kerze brennt, gießt du das Wasser in die Schale und lässt alles ziehen, bis die Kerze niedergebrannt ist. Gieße nun das Wasser in ein sauberes Gefäß und stelle es in den Kühlschrank. Tränke jeden Tag einen Wattebausch mit dem magischen Wasser und leg ihn dir für einige Sekunden in die Mitte der Stirn. Dies solltest du einen Monat lang jeden Tag wiederholen.

KRISTALLRASTER

Wir Menschen werden fast alle mit Intuition und übersinnlichen Fähigkeiten geboren – aber von Kind an lernen wir, sie zu negieren. Das ist schade, weil wir dadurch die Verbindung zu einem Universum verlieren, das sehr viel Wissen für uns enthält. Stelle dir vor, wie schön es wäre, wenn wir nicht dauernd an unseren Gedanken und Handlungen zweifeln würden.

Es ist auf jeden Fall tröstlich zu wissen, dass es viele Möglichkeiten gibt, die angeborenen übersinnlichen Fähigkeiten wiederzuerlangen. Eine dieser Möglichkeiten ist die Aufstellung von Kristallrastern.

Die Benutzung von Kristallrastern reicht Tausende von Jahren zurück. Raster basieren auf der heiligen Geometrie, die vermutlich auch Stonehenge und den Pyramiden zugrunde lag.

Raster steigern die Kraft von Steinen, sodass sie sich für vielerlei Zwecke benutzen lassen. Manche Kristallraster werden auf den Körper, andere an einen bestimmten Ort gelegt. Durch die spezifische Anordnung der Steine entstehen Schwingungen, die sich auf spiritueller Ebene miteinander verbinden. Sobald die Anordnung der Kristalle verändert wird, ändern sich auch die Schwingungen des Rasters.

Die Schwingungen öffnen bestimmte Energiefelder, die deine eigene Energie stärken. Bevor du ein Kristallraster aufstellst, egal in welcher Form, solltest du deine Kristalle gründlich reinigen und aufladen (siehe Seite 88–92). Konzentriere dich während dieses Einweihungsprozesses auf das, was du wissen oder erreichen willst.

Nimm dann einen transparenten Kristall, zum Beispiel einen klaren Quarz, und zeichne die Umrisse des Rasters um die Kristalle herum nach. Dies verbindet die Energien der Steine miteinander und aktiviert sie, als Einheit zu wirken.

Kristalle für deine Krone

Um deinen Geist zu öffnen und innere Vision zu stärken, empfehlen wir dir zunächst ein einfaches Raster, die so genannte Kristallkrone. Für diese erste Übung wählen wir Amethyst, Kryolith und klaren Quarz, weil diese formbar sind und sich sowohl zum Schutz als auch zur Verstärkung energetischer Kombinationen eignen. Außerdem brauchen wir Obsidian oder schwarzen Turmalin.

Sorge für eine ruhige Umgebung. Zünde einige Kerzen an, verbrenne Weihrauch und reibe dich zur Entspannung mit ätherischem Lavendelöl (Entspannung) oder Pfefferminze (Energie) ein. Reinige deine Kristalle, lade sie auf (siehe Seite 88–92) und konzentriere dich dabei auf die Frage oder das Thema, zu dem du Klarheit suchst. Atme tief durch und schalte alle Gedanken aus.

Lege dich aufs Bett. Lege den Amethyst- und Kryolithkristall neben deine beiden Ohren und den klaren Quarz auf deine Stirn. Wenn du dieses Raster verwendest, bringst du die Hemisphären deines Geistes ins Gleichgewicht und der Kristallquarz stabilisiert diese Energien.

Du kannst noch andere Steine nehmen, die dieses Raster ergänzen, zum Beispiel Wüstenrosen-Achat (Intuition und geistige Ruhe) oder Apachentränen-Achat (Erdung, spiritueller Schutz und spirituelle Erholung), und die gesamte Gruppe in einem Halbkreis um deinen Kopf legen.

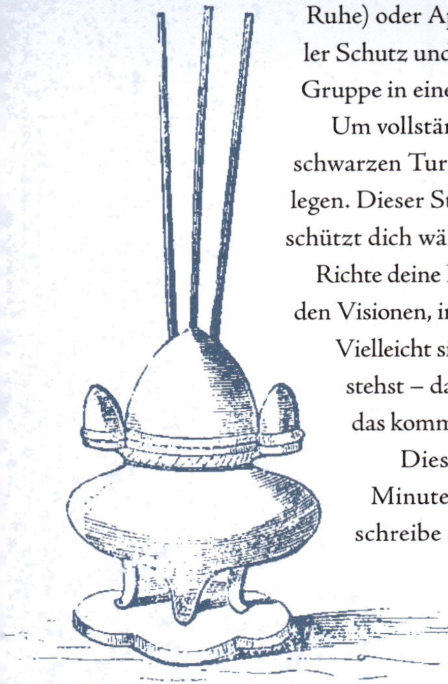

Um vollständig zu erden, solltest du dir einen schwarzen Turmalin oder Obsidian zwischen die Füße legen. Dieser Stein verwurzelt dich in dieser Welt und schützt dich während deiner mystischen Reise.

Richte deine Frage an das Universum und öffne dich den Visionen, in denen sich die Antwort offenbart. Vielleicht siehst du Dinge, die du zunächst nicht verstehst – das ist in Ordnung. Öffne dich jedem Bild, das kommt und geht – ohne Urteil oder Einwand.

Dieser Prozess dauert zehn bis zwanzig Minuten. Wenn die Visionen aufhören, schreibe auf, was du vor deinem geistigen Auge gesehen hast. Auch hier gilt: Einige der Bilder ergeben vielleicht nicht sofort einen Sinn, aber in den nächsten Tagen ergibt sich wahrscheinlich eine (neue) Bedeutung!

Träume einen Kristalltraum

Willst du im Schlaf deine übersinnlichen Kräfte stärken, dann lege deine Kristalle in einer bestimmten Anordnung unter dein Kopfkissen oder, wenn du befürchtest, dass dir das den Schlaf rauben wird, unter dein Bett. Reinige die Kristalle vorher und lade sie auf (siehe Seite 88–92).

Bereite dich auf die Nacht vor, bevor du deine Kristalle aufstellst. Entspanne dich unter der Dusche oder in einem Bad und stelle dir dabei vor, dass die Energie der Steine im Schlaf wirkt und dass du offen bist für die Antworten oder Visionen, die zu dir kommen.

Wenn du die Kristalle unter dein Bett legst, mache das dann sorgfältig und wirf sie nicht einfach darunter – in der Hoffnung auf das Beste. Lege sie ganz bewusst und mit Bedacht direkt unter die Stelle, an der du schläfst. Danke jedem Stein, den du hinlegst für die Arbeit, die er für dich tun wird.

Wenn du die Kristalle unter dein Kopfkissen legst, bedanke dich dann ebenfalls bei jedem Stein, den du hinlegst. Mach das Licht aus, entspanne dich, atme tief durch und lass im Schlaf die Antworten zu dir kommen.

In Kapitel 11 findest du mehr Informationen über Traumdeutung.

Kristall-Schlafmaske

Es kann sein, dass du nach einem magischen Ritual heftig träumst. Manchmal kann man die Energien nicht sofort abschütteln und sie manifestieren sich lebhaft im Schlaf. In diesem Fall könntest du einen Schutzstein unter dein Bett oder Kopfkissen legen oder kleine Splitter eines Schutzkristalls in eine Schlafmaske einarbeiten.

Materialien

Eine normale Schlafmaske mit elastischem Band

Klebstoff

Ein kleines Stück Schutzkristall

Ritual

Reinige den Kristall, lade ihn auf (siehe Seite 88–92) und stelle dir dabei einen friedlichen, ungestörten Schlaf vor. Anschließend klebst du das Kristallstück einfach auf deine Augenmaske, genau dort, wo sich dein drittes Auge befindet, in der Mitte der Stirn. Trage diesen Augenschutz so lange, bis deine seltsamen Träume aufhören.

Kreise und Ovale

Kreisförmige oder ovale Raster lassen sich sehr einfach zusammenstellen. Sie sind dynamischer als quadratische oder rechteckige Raster, da die Form keinen Anfang oder Ende hat, sodass die Energie frei fließen kann, ohne sich zu verlangsamen oder in einer Ecke stecken zu bleiben. Die Raster können groß oder klein sein, je nachdem, ob du dich in den Kreis setzen oder legen willst.

Für ein kreisförmiges Raster brauchst du nicht viele Steine, nur so viele, dass es für einen vollständigen Kreis ausreicht.

Reinige zunächst die Kristalle, und lade sie auf (siehe Seite 88–92), konzentriere dich dabei auf das, was du erreichen willst. Lege deine Kristalle in der gewünschten Form auf den Boden oder dein Bett. Überprüfe anschließend, ob du mit dem Raster und der Anordnung der Steine zufrieden bist. Schließlich ist dies dein magisches Kraftfeld und es soll deinen Ansprüchen genügen!

Ein ovales Gitter sollte aus etwa sechs relativ großen Quarzsteinen bestehen. Lege sie so hin, dass sie mit den Chakren übereinstimmen: einen über dem Kopf, einen unter den Füßen, zwei an den Hüften und zwei an den Armen.

Lege dich in die Mitte des Ovals und konzentriere dich auf das Thema, über das du Klarheit suchst. Öffne Geist und Herz um die Antworten zu bekommen.

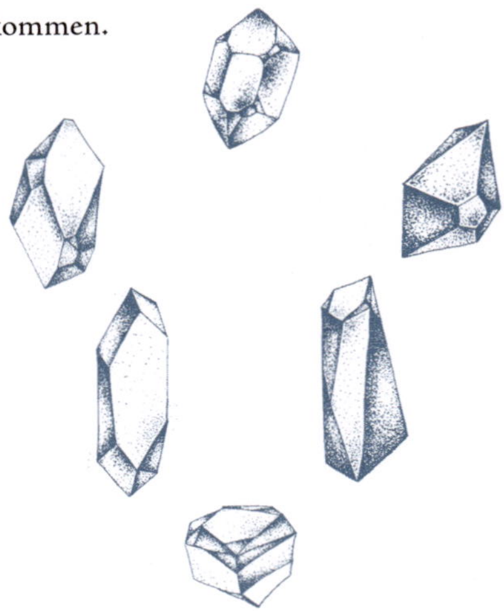

Spiralen und Sterne

Du kannst mit deinen Rastern kreativ umgehen – lege zum Beispiel eine Spirale, eine unendliche Form, einen Regenbogen oder einen Stern. Das kannst du auf einer Tischplatte machen, denn du brauchst dich dann nicht in die Mitte zu stellen.

Befolge das gleiche Ritual wie bei den anderen Rastern. Reinige zunächst die Kristalle, lade sie auf (siehe Seite 88–92) und lege dann jeden Stein genau auf seinen Platz, wobei du dich bei jedem einzelnen Stein bedankst.

Wenn du dein Raster auf einen Tisch legst, kannst du deinen Wunsch oder deine Frage auf einen Zettel schreiben und in die Mitte des Steinrasters legen. Du kannst auch Kerzen oder andere Gegenstände, die für dich eine besondere Bedeutung haben, in das Raster stellen. Das Raster kannst du solange auf dem Tisch stehen lassen wie du willst. Es ist wohl wichtig, dass du dich täglich darauf und auf das, was du erreichen willst, konzentrierst.

Kristall-Pyramiden

Du kannst deine übersinnlichen Fähigkeiten auch mithilfe einer Kristallpyramide steigern. Eine Kristallpyramide ist ein Kristall oder Stein, der in Form einer Pyramide geschnitzt wird. Kleinere Pyramiden sind meistens nicht teuer, abhängig von der Art des verwendeten Steins. Große Pyramiden können aber sehr teuer sein. Kristallpyramiden sind eigentlich keine Raster, aber ihre Form zieht ebenfalls spirituelle Energie an und intensiviert sie, sodass man sie in konzentrierter Form nutzen kann. Es spielt keine Rolle, ob du eine große oder kleine Kristallpyramide benutzt. Kleinere kannst du in der Hand halten, während größere als Fokuspunkt dienen. Wenn du eine kleine Pyramide festhältst, schließe dann die Augen und konzentriere dich darauf, deinen Geist auszuschalten, damit sich deine übersinnlichen Fähigkeiten erweitern. Wenn du eine große Pyramide verwendest, lass deinen Blick verschwimmen, während du den Stein betrachtest, und öffne dich der Weisheit und dem Wissen, das du suchst.

Kristallraster-Ritual für die Allsichtigkeit

Kristallraster sind sehr geeignet, Energiefelder zu konsolidieren und zu stärken. Diese Energie kannst du für viele Dinge nutzen – für Heilung, Meditation, Reinigung und natürlich auch für übersinnliches Sehen. Inzwischen weißt du, wie man Kristalle so anordnet, dass ein maximaler Energiefluss entsteht. Wir wenden uns deswegen einem speziellen Ritual zu, das deine übersinnlichen Fähigkeiten in Verbindung mit deinen Steinen stärken und erweitern wird.

Praktizierende Magier wissen, dass Rituale nur für positive Absichten verwendet werden dürfen und dass alles, was ins Universum projiziert wird, erhalten bleibt, sobald die Bestätigung zu dir zurückkommt. Dieses Ritual für die Allsicht ist ein magisches Ritual, das etwas Zeit und Engagement erfordert.

Materialien

Kristallraster mit Kristallen deiner Wahl (siehe die Liste auf den Seiten 83–87 zur Inspiration).

Bittersalz

Einige weiße Votiv- oder Teelichtkerzen

Ein Kristallstab aus Kyanit oder klarem Quarz

Ein Kristallstück deiner Wahl

Ritual

Reinige deine Kristalle, lade sie auf (siehe Seite 88–92) und lege dann ganz nach eigenen Vorstellungen ein Kristallraster. Dann formuliere deinen Wunsch. Setze dich ruhig hin und sage dir: *„Ich führe dieses Ritual durch, damit ich sehen kann, was unsichtbar ist."* Wenn es ein bestimmtes Thema gibt, über das du etwas wissen willst, ergänze dann zum Beispiel:

> *„Ich möchte die Person sehen, mit der ich mein Leben verbringen werde."*

Nimm jetzt ein reinigendes Bad mit Bittersalz und meditiere währenddessen über deinen Wunsch. So kannst du deinen Geist abschalten und alle vorgefassten Meinungen beseitigen. Konzentriere dich auf die Reinheit deines Geistes und bleibe mindestens zwanzig Minuten im Bad. Spüle dann deinen Körper unter der Dusche oder mit sauberem Leitungswasser ab und trockne dich mit einem sauberen Handtuch.

Du kannst das Ritual im Freien oder zu Hause durchführen, je nachdem was dir angenehmer ist und dich mehr inspiriert. Zünde die Kerzen an, um Energie zu beseitigen, die dich belastet.

Halte den Kristallstab in deiner dominanten Hand und den anderen Kristall in der anderen Hand.

Richte den Stab auf das Raster und ziehe eine Linie von einem Kristall zum nächsten, um die Energie des Rasters zu aktivieren. Schließe deine Augen und atme tief durch, konzentriere dich wieder auf die Reinheit des Sehens und die Energie der Kristalle.

Sage nun folgenden Zauberspruch auf (oder eine eigene Beschwörungsformel):

„Kristallkraft, stärke meine Sicht,
damit ich erkennen kann, was richtig und wahr ist.
Löse die Fesseln, die mein Wissen behindern,
erlaube den Botschaften, sicher durchzukommen.
Zeige mir meine Zukunft vor meinen Augen,
damit ich sehen kann, bitte sei mein Führer.
So soll es sein“.

Bedanke dich bei den Kristallen für ihre Hilfe und lass das Kristallraster unberührt. Du kannst, wenn du willst, den Zauberstab in die Mitte der Steinformation legen. Der Zauber wird sich wahrscheinlich erst in den nächsten Tagen manifestieren. Versuche also während der Zeit, auf alle Visionen zu achten, die dir kommen.

Dieses Ritual ist am wirkungsvollsten bei Vollmond im Freien.

KRISTALLE TRAGEN

Wenn du deine magischen Kristalle immer bei dir haben willst, kannst du sie einfach am Körper tragen. Sie werden funkeln und glänzen – und außerdem kannst du jederzeit die Energie abrufen, die du gerade brauchst. Magische Steine lassen sich in allen möglichen Formen in tragbaren Accessoires einarbeiten, zum Beispiel in Armbänder, Halsketten, Ohrringe, Ringe, Haarschmuck, Broschen oder Gürtel.

Viele Wahrsager tragen Schmuck, der einen Schutzstein enthält. Die besten Schutzsteine sind:

- **Schwarzer Turmalin**
- **Fluorit**
- **Hämatit**
- **Kyanit**
- **Onyx**
- **Pyrit**

Tragbare Kristalle kannst du in allen möglichen Formen in New-Age-Läden, aber auch in normalen Geschäften kaufen. Du kannst natürlich auch deine eigenen anfertigen.

Kapitel 5

Die Magie von Tarot

TAROT ZU LERNEN KOSTET ZEIT, ABER WENN DU DIE Kunst einmal beherrschst, ist es eine fantastische Möglichkeit, in die Zukunft zu blicken – und vielleicht kannst du mit Tarotkarten sogar einmal Geld verdienen! Die Tarot-Magie ist relativ neu, aber dank ihrer Zuverlässigkeit ist sie schnell populär geworden.

Die Kombination von Kristallen und Tarot verstärkt die magischen Prozesse. Labradorit verbessert deine übersinnlichen Fähigkeiten und schwarzer Obsidian schützt dich während Ritualen. Klarer Quarz verstärkt die Kraft einer Lesung. Es ist also wichtig, dass du immer Kristalle in deiner Nähe hast.

Eine erfolgreiche Art, Tarot in deine Magie mit einzubeziehen sind Karten, die deine gegenwärtige Situation darstellen. Wenn es dir zum Beispiel um die Verbesserung deiner finanziellen Situation geht, kannst du das Ass der Münzen (die beste Geldkarte im Deck) auf den Altar legen, während dein Zauberspruch wirkt. Oder du legst, wenn du Zaubersprüche für Glück und Zufriedenheit sprichst, die beiden besten Karten (die Sonne und das Ass der Kelche) auf den Altar unter deine Kristalle.

Das klassische Tarotdeck hat achtundsiebzig Karten in vier Farben: Stab, Schwert, Kelch und Münze. Die kleinen Arkana bestehen aus 4x14 Karten, entsprechend den vier Farben. Jede Farbe besteht aus 4 Hofkarten (Könige, Königinnen, Ritter und Buben). Insgesamt gibt es also sechsundfünfzig Karten. Die übrigen zweiundzwanzig Karten werden als die Großen Arkana bezeichnet.

TAROTKARTEN-LESUNGEN

Wenn bei einer Tarotkarten-Lesung kein bestimmtes Thema angesprochen wird, spricht man von einer „kalten" Lesung. Der Tarot-Leser kann sich aber auch auf eine bestimmte Frage konzentrieren und gezielt vorgehen. Wenn du die Kunst des Tarot-Lesens einmal beherrschst, kannst du die Karten für dich selbst, aber auch für andere lesen.

Es ist wichtig zu wissen, dass jede Karte zwar eine bestimmte Bedeutung hat, aber in einer bestimmten Kartenkonstellation auch etwas ganz anderes bedeuten kann.

Manche Tarot-Leser haben sich ihre Fähigkeiten über das Studium von Büchern angeeignet, während andere sich ganz auf ihre Intuition verlassen.

Bevor du deine Karten legst, solltest du deinen Arbeitsbereich mithilfe von Kristallen vorbereiten. Du kannst Kristalle nehmen, mit denen du schon gute Erfahrungen gemacht hast, oder du lässt dich von der Liste am Anfang dieses Kapitels inspirieren. Lege die Steine um den Bereich der Lesung herum. Vor Beginn der Lesung sollst du dein Kartenspiel etwa drei Minuten lang mischen und dich dabei – wenn es sich um eine Lesung für dich selbst handelt – auf deine Fragen konzentrieren. Da jede Karte mehrere Bedeutungen hat (je nachdem, ob sie aufrecht oder umgedreht gezogen wird), kannst du die Karten willkürlich mischen. Teile dann den Stapel mit der linken Hand in drei gleich große Stapel auf und wähle einen aus. Die anderen beiden Stapel legst du zur Seite. Lege den Kristall oder die Kristalle auf die Arbeitsfläche. Mache einen Fächer (egal in welcher Hand) und ziehe deine Karten! Probiere zunächst einmal dieses einfache Legesystem:

3-Karten-Legen: Dies ist zwar die einfachste Art, kann dir aber trotzdem nützliche Informationen liefern. Die drei Karten stehen (von links nach rechts) für die Vergangenheit und deren Einfluss auf deine jetzige Situation und die Zukunft.

5-Karten-Legen: Identisch mit der 3-Karten-Legung, jedoch mit zwei zusätzlichen Karten: eine oben und eine unten, sodass das Legesystem einem Kreuz ähnelt. Die untere Karte steht für die Ursachen der aktuellen Situation, die obere für die Mittel zur Lösung deiner Probleme.

Hufeisen-Legen: Hierzu legt man sieben Karten in die Form eines Halbkreises. Von links nach rechts stehen die Karten für:

- **Vergangenheit**
- **Gegenwart**
- **Verborgene Einflüsse**
- **Die fragende Person, oder die Person, die liest**
- **Das Verhalten der Menschen im Umfeld der fragenden Person**
- **Was die fragende Person tun sollte**
- **Das Ergebnis**

Nachdem du die Karten gelegt hast, nimm einen Kristall in eine oder beide Hände. Nachdem du für jemanden gelesen hast, solltest du dich mit einem Kyanit- oder Selenit-Stab reinigen. Du schwenkst dabei den Stab von oben nach unten, wobei du dir ein weißes Licht vorstellst, das dich von allen verbleibenden Energien reinigt. Die Karten kannst du zusammen mit den Kristallen reinigen und aufladen. Lege einen großen Kristall wie Quarz, Mondstein, Amethyst oder Kyanit auf das Deck und stelle dieses über Nacht in den Mondschein.

WIE WÄHLT MAN DAS RICHTIGE DECK?

Ich [Leanna] habe im Laufe der Jahre festgestellt, dass man die Grundlagen des Tarotkarten-Lesens am besten mit einem traditionellen Tarotdeck lernt. Bist du erfahrener, kannst du spezifische Decks auswählen, abhängig von deiner Stimmung. Es gibt sehr viele unterschiedliche Wicca-Decks, die meisten Hexen besitzen sechs oder sieben.

Es kann schwierig sein, sich für ein Tarotdeck zu entscheiden. Sie liegen verpackt im Geschäft und man kann sie sich nicht anschauen oder in die Hand nehmen. Es ist am besten, die Bilder der verschiedenen Spiele miteinander zu vergleichen und das Deck, das dir am besten gefällt, online zu bestellen. Fast alle Spiele enthalten eine Anleitung.

Nachdem du dein Deck gekauft hast, bestreiche die Karten mit weißem Salbei und mische sie mindestens fünfzehn Minuten lang. Verteile die Karten auf einer sauberen Fläche und lege Kristalle um sie herum. Wickle das Kartenspiel dann in einen seidenen Schal und lege es vor dem Schlafengehen unter dein Kopfkissen. Es gibt auch spezielle Boxen für Tarotkarten. Du kannst die Karten in einer solchen Box auf das Fensterbrett stellen, damit sie aufgeladen bleiben.

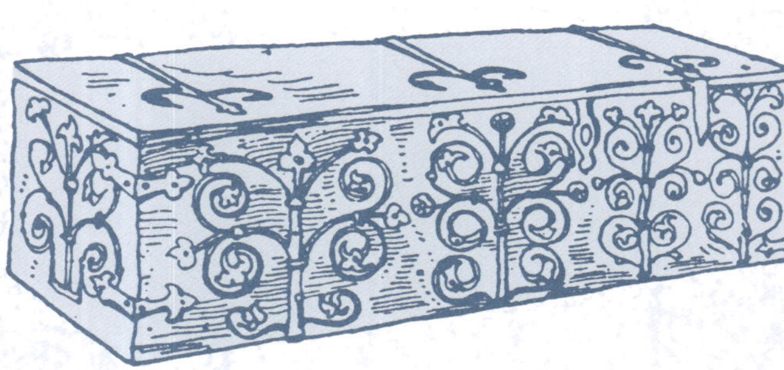

Dos und Don'ts — Schlüssel zu einer erfolgreichen Lesung:

DON'TS

- Zwinge niemanden zu einer Lesung.
- Erlaube niemandem, deine Tarotkarten zu benutzen.
- Lass deine Kinder nicht mit den Karten spielen.
- Mache keine dramatischen Vorhersagen.
- Trink und iss nicht während einer Lesung.
- Gib deine Lesungen nicht öffentlich bekannt (manche Leute halten sie für „Teufelswerk").
- Sorge dafür, dass du nicht allein bist, wenn du für Fremde liest.
- Lass dich nicht von deinen Tarot-Vorhersagen ängstigen.
- Sei kein Party-Entertainer.

DOS

- Lade deine Karten draußen im Mondschein auf.
- Halte deine Karten sauber.
- Meditiere vor jeder Lesung.
- Lass dicht nicht überreden, wenn du keine Lust hast zu lesen.
- Lade die Karten mit Kristallkraft auf.
- Gib Hoffnung in deinen Lesungen.
- Experimentiere mit verschiedenen Decks.
- Entwickle eigene Legesysteme.
- Schreibe deine Vorhersagen auf.

DIE DEUTUNG VON TAROTKARTEN

Oft fällt dir beim Lesen etwas an einer Karte auf, was du vorher nicht bemerkt hast. Das ist ein gutes Zeichen, denn das bedeutet, dass deine übersinnliche Energie erwacht. Nimm es ernst, denn dies kann sich als wichtig herausstellen. Wenn dir zum Beispiel bei der Bubenkarte auffällt, dass dem Buben eine Träne herunterläuft, dann bezieht sich dies vielleicht auf ein trauriges und unglückliches Kind, das Aufmerksamkeit braucht. Siehst du im Hintergrund der Ritterkarte eine lauernde Frau, kann dies auf eine unerlaubte Romanze hindeuten. Achte auf die Mimik der Tiere in den Karten: sind sie glücklich oder geht es ihnen nicht gut?

Schwierige Karten lesen

Es gibt einige Karten, die beim Lesen sehr schwer zu deuten sind und den Tarot-Leser oft vor Rätsel stellen. Deswegen ist es wichtig, dich beim Tarot-Lernen schnell mit diesen Karten vertraut zu machen und möglichst viel über sie zu lernen.

KARTENNUMMER 0 ODER 22:

Der Narr

Der Narr ist die Karte der Unschuld und Naivität. Er sollte deswegen gut aufpassen, dass er nicht von der Klippe stürzt. Ist die Kartenkonstellation positiv, steht dir ein neues Abenteuer bevor und du solltest auf das Schicksal vertrauen, da dein Leben sich ändern wird. Bei negativen Karten muss der Narr aufpassen, dass er sich nicht in die Irre führen lässt, denn falsche Entscheidungen könnten ihm zum Verhängnis werden.

KARTE NUMMER 1:
Der Magier

Diese Karte bedeutet reine Magie und verbessert in jeder Tarot-Konstellation die Lesung. Moderne Hexen betrachten ihn als mächtigen Führer, der ihnen auf ihrer Reise nach Entdeckungen und Seelenweisheit hilft.

KARTE NUMMER 2:
Die Hohepriesterin

Viele moderne Tarot-Leser nutzen sie als Muse oder Ratgeberin, insbesondere bei Traumvorhersagen. Sie ist schließlich die Göttin des Mondes, die Seherin, die Tempeljungfrau. Sie hat viele verschiedene Namen. Sie sorgt für magische Offenbarungen und bringt Segen über jede Lesung, da sie die übersinnlichen Fähigkeiten weckt.

KARTE NUMMER 6:

Die Liebenden, „Zwillinge“

Hier sehen wir ein verliebtes Paar, das sich entscheiden muss. Bleiben sie zusammen oder trennen sie sich? Schau dir die Karten daneben an. Handelt es sich um Kelche und Münzen, wird alles gut ausgehen. Wenn Stäbe oder Schwerter dominieren, könnte eine stürmische Beziehung alles kaputtmachen. Liegt diese Karte mit der Drei der Schwerter-Karte oder dem Teufel in der gleichen Konstellation, dann ist Untreue vorprogrammiert.

KARTE NUMMER 9:

Der Eremit, „Jungfrau“

Diese sanfte, aber kraftvolle Leitkarte bringt ebenfalls Schutz und repräsentiert das Zeichen der Jungfrau. Deswegen kannst du deinen Kunden sagen, dass die in der Legung vorhergesagten Ereignisse um August und September herum stattfinden werden. Der Einsiedler ist der Wohltäter des Traumschlafs, verzaubere ihn, damit er in deinen Träumen anwesend ist, besonders wenn du über dein Leben zweifelst. Nimm seine Karte und lege sie neben dein Bett oder noch besser unter das Kopfkissen.

KARTE NUMMER 12:

Der Gehängte

Diese Karte sieht unheimlich aus, denn sie zeigt einen Mann, der kopfüber mit einem Fuß in der Schlinge in einem Baum hängt. Diese Karte deutet auf Blockaden im Leben. Wenn diese Karte bei einer Lesung auftaucht, könnte das bedeuten, dass es ein ganzes Jahr dauern kann, bis sich die Dinge wieder zum Besseren wenden. Sage der fragenden Person, dass sie die Hoffnung nicht aufgeben und einfach Geduld üben soll.

KARTE NUMMER 13:

Tod, „Skorpion"

Der Sensenmann ist skelettartig, er bildet den Stoff, aus dem die Albträume sind. Und wenn auch die Neun oder die Zehn der Schwerter in der Konstellation liegen, kann das den Tod bedeuten. In einer Konstellation ohne Schwerter bedeutet die Karte, dass eine Zeit des Neubeginns bevorsteht. Da die Karte mit dem Sternzeichen „Skorpion" verbunden ist, kann man sie auch zur Datierung verwenden. Das heißt, dass die Vorhersagen in den Monaten Oktober oder November eintreten.

KARTE NUMMER 15:

Der Teufel, „Steinbock“

Mit der Darstellung eines halb Mensch und halb Ziege-Wesens repräsentiert diese Karte das Sternzeichen des Steinbocks. Die Karte kann auf die Versuchung zu weltlichem Vergnügen oder Süchten hinweisen, wie Drogen, Alkohol oder Sex. Sie kann aber auch signalisieren, dass eine Person blockiert und nicht bereit ist, sich zu ändern. In einer Konstellation mit positiven Karten um sie herum besteht die Hoffnung, dass die Person sich befreien kann.

KARTE NUMMER 16:

Der Turm

Der Turm ist die komplizierteste Karte im Deck und es ist schwer, sie mit etwas Positivem zu verbinden. Sie hat viele Bedeutungen: Selbstmord, gespaltene Persönlichkeit, Wutanfälle, Drogen und Verderb. Aber wenn eine positive Karte, wie die Sonne oder das Ass der Kelche, neben ihr liegt, bedeutet das, dass brillante Lösungen gefunden werden. Liegt sie neben den Liebenden, bedeutet das, dass eine gewalttätige Beziehung das Leben eines Menschen zerstören kann.

KARTE NUMMER 18:
Der Mond, „Fische“

Eine geheimnisvolle Karte; sie zeigt an, dass der fragenden Person bestimmte Sachen verheimlicht werden, insbesondere wenn plötzlich Gegenstände oder Geld verschwinden. Traue niemandem – sage der fragenden Person, sie soll bei Vollmond nach draußen gehen und die Karte bitten, die Dinge zu klären. Es ist nicht alles so, wie es scheint.

KARTE NUMMER 20:
Das Gericht

Dies ist die Karma-Karte: Was kommt, das muss kommen. Das Gericht fordert Suchende auf, weise zu sein und das Wissen ihrer Seele zu vertiefen. Wenn eine Person sich anderen gegenüber respektlos verhält oder schlechte Angewohnheiten hat, wie Rauchen oder Trinken, muss sie an sich selbst arbeiten – besonders wenn sie an Reinkarnation glaubt. Die meisten Hexen gehen davon aus, dass schlechte Angewohnheiten dazu führen, dass man auf die Erde zurückkehren muss, um sie sich abzugewöhnen. Es ist besser, dies gleich zu tun.

Die Albtraum-Fünfer

Als Tarot-Leserin mit 30 Jahren Erfahrung habe ich [Leanna] die Fünfer in den kleinen Arkana immer als schwierig empfunden. Es sind lästige kleine Karten, die Traurigkeit und Unruhe bringen können. Wenn sie alle in einer Lesung auftauchen, könnte der fragenden Person eine schwere Zeit bevorstehen.

FÜNF DER SCHWERTER: Gesundheitsprobleme und schlechtes Blut, außerdem Streit und Wut.

FÜNF DER KELCHE: Familien- und Ehekonflikte, Rivalität unter Geschwistern.

FÜNF DER STÄBE: Im Beruf könnte es zu Konflikten mit anspruchsvollen Chefs oder Kollegen kommen.

FÜNF DER MÜNZEN: Geldmangel und Geldsorgen, Sorgen um ältere oder kranke Menschen.

Da mit den Fünfer-Karten oft Reibereien verbunden sind, empfiehlt es sich, alle Türen und Fenster zu öffnen, um frische Luft hereinzulassen. Sollte es wehen, umso besser! Zünde dann einen weißen Salbeistab an und reinige das Haus, auch die Toiletten und Schränke, um alle Negativität zu vertreiben. Wiederhole immer wieder: ***„Ich reinige und segne diesen Raum."***

Zwei verschiedene Decks in einer Konstellation verwenden

Sobald du das Tarot besser beherrschst, kannst du folgendes Experiment ausprobieren. Nimm ein traditionelles Deck, wie Morgan Greer. Mische die Karten und lege sie in einen großen Kreis, die sogenannte amerikanische Sonnenuhr. Dann mische den zweiten Satz und bilde einen weiteren Kreis innerhalb des ersten. Zur Unterstützung der Lesung legst du Kristalle und deine Lieblingskräuter in die Mitte des Kreises.

Wenn alle Karten an ihrem Platz sind, läutest du tibetanische Glocken oder eine kleine Handglocke über den Karten und räucherst den Raum leicht mit weißem Salbei-Weihrauch. Beginne die Lesung am oberen Ende des großen Kreises und fahre im Uhrzeigersinn fort. Der innere Kreis repräsentiert die Erleuchtung der Seele, die Verbesserung der eigenen magischen Fähigkeiten und den Erwerb von Lebensweisheit. Es empfiehlt sich, die gesamte Lesung in dein Buch der Schatten zu schreiben oder auf deinem Smartphone aufzuzeichnen, damit du sie später nachlesen kannst.

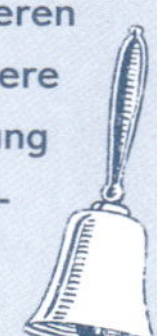

Kapitel 6

Wahrsagen mit dem Pendel

FRAGEN ÜBER FRAGEN! WIR WERDEN ALLE IMMER WIEder von Unsicherheit gequält. Soll ich diesen Job annehmen oder auf ein besseres Angebot warten? Soll ich den Mietvertrag unterschreiben oder noch weitersuchen? Hat diese Beziehung Zukunft, oder mache ich mir etwas vor? Soll ich Montag versuchen noch ein Stand-By-Ticket zu ergattern, oder besser Dienstag ... oder erst am Donnerstag?

Fast jeder hat ab und zu das unangenehme Gefühl, dass das, was er macht, oder machen will, nicht richtig ist. Vielleicht weißt du gar nicht, warum du an einem bestimmten Tag nicht verreisen willst, aber die Idee fühlt sich einfach nicht gut an. Vielleicht weil du während deines letzten Fluges neben einem unangenehmen Typen sitzen musstest, oder es ist einfach deine Fantasie, die mit dir durchgeht. Aber meistens ist es unsere Intuition, die uns vorsichtig am Ärmel zupft, als wollte sie sagen: „Pass auf, ich muss dir etwas sagen!"

Menschen, die ihrer Intuition folgen, können mit einem einfachen Pendel tiefer in ihr Inneres vordringen, um sich von ihrer inneren Stimme leiten zu lassen. Die Verwendung von Pendeln ist eigentlich eine Form der *Wünschelrutesuche*, oder Wahrsagen. Wenn du dich in dieser Materie ein bisschen auskennst, stellst du dir als Wünschelrutensucher vielleicht jemanden vor, der mit einem gegabelten Stock in Death Valley herumirrt und nach Wasser sucht – eine Assoziation, die viele Menschen dazu haben. In Wirklichkeit ist die Wünschelrutesuche mit Pendel jedoch viel beliebter als mit einem Stock oder einer Wünschelrute, und daneben gibt es noch andere Methoden. Obwohl man mit dem Pendel tatsächlich nach Wasser suchen kann, wird es meistens benutzt, um die Zukunft vorherzusagen, Energien auszugleichen, die Chakren zu reinigen oder überhaupt Kontakt mit der spirituellen Ebene aufzunehmen.

Die Wünschelrutesuche ist nicht mehr als ein Mittel, mithilfe deiner Intuition und Reflexe zu verstehen, was in deinem Leben und in deiner Umgebung passiert und die Dinge auf eine neue Weise zu sehen – eine Art und Weise, die schon immer in dir schlummerte, aber die du vorher nicht aktiv genutzt hast.

DAS PENDEL, FRÜHER UND HEUTE

Wünschelrutesuchen existiert seit alters her. Es wurde schon vor Jahrhunderten praktiziert, um die Götter zu besänftigen, die Zukunft vorherzusagen, einen günstigen Zeitpunkt für Saat und Ernte zu erfahren, oder um als Richter und Jury über Schuld oder Unschuld eines Verdächtigen zu entscheiden.

Der Papst hielt Wahrsager für Ketzer und Teufelsanbeter und befahl im Jahre 1326, dass sie verfolgt werden sollten. Man weiß nicht, wie viele Katholiken weiterhin insgeheim Wünschelruten-Rituale durchführten, aber da die Praxis bis heute überlebt hat, waren es wahrscheinlich viele. (Man weiß auch nicht, warum der Papst eigentlich glaubte, der Teufel würde seine Zeit mit der Beantwortung von Fragen über den besten Erntezeitpunkt verschwenden.)

Ein altes Ammenmärchen besagt, dass das Pendel das Geschlecht eines ungeborenen Babys vorhersagen kann. Ein Wünschelrutengänger oder Hellseher ließ dann den Ehering der schwangeren Frau an einer Schnur über ihrem Bauch baumeln. Die Bewegungsrichtung des Rings zeigte das Geschlecht an: Schwang das Pendel nach links, war es ein Junge, schwang es nach rechts, ein Mädchen. In Großbritannien gibt es diesen Brauch noch immer, wenn auch der Ring inzwischen durch eine Nadel mit Gewinde ersetzt wurde. Mehr zur Interpretation der Schwingungen von Pendeln findest du später in diesem Kapitel.

AUF DER SUCHE NACH DEM PERFEKTEN PENDEL

Ein Pendel ist ein Gegenstand, der an einer Schnur oder Kette hängt. Der Gegenstand kann aus Holz, Metall oder Kunststoff oder sogar eine Schnur sein. Ab und zu wird er (mit Kristallen) verziert. Pendel haben also ein sehr unterschiedliches Gewicht, aber es spielt keine Rolle wie schwer sie sind – am wichtigsten ist, dass du ein Pendel benutzt, bei dem du dich wohlfühlst.

Manche Pendel werden an einer langen Schnur geliefert, sodass es für Menschen mit kürzeren Armen zu tief hängt und sie es nicht richtig sehen können. In diesem Fall sollte die Schnur so weit gekürzt werden, dass die Pendelbewegungen gut sichtbar sind.

Pendel sind in allen New-Age-Läden in vielen Preisklassen erhältlich, für weniger als 10 Euro bis über 100 Euro. Entscheide dich für ein Pendel, wie für einen weisen Freund, den du immer um Rat und Hilfe bitten kannst. Die Anschaffung eines Pendels ist keine einfache Entscheidung. Es ist genau wie bei der Auswahl eines Kristalls: Du musst eine echte Verbindung spüren, damit es für dich wirkt.

Eigenschaften von Pendeln

Und dann betrittst du einen New-Age-Laden, um das perfekte Pendel zu kaufen – und stellst fest, dass über fünfzig Pendel zur Auswahl stehen: in sämtlichen Farben und Größen. Wie soll man sich da entscheiden?

Frage zunächst den Ladenbesitzer. Die meisten Menschen, die in diesen Läden arbeiten, kennen sich gut aus und teilen ihre Erfahrungen gern mit dir. Lass dich informieren, aber bedenke, dass ein Pendel eine sehr persönliche Sache ist. Das, was für die eine Person gut funktioniert, funktioniert bei dir vielleicht nicht.

Pendel gibt es in allen Gewichten, Formen und Ausführungen. Anfänger fangen am besten mit einem mittelschweren Pendel an. Ein zu leichtes Pendel fängt zu viele Energien auf und gibt undeutliche Botschaften. Ein zu schweres Pendel braucht länger, um in Schwung zu kommen und reagiert langsamer, was für Anfänger frustrierend sein kann. Die Form hängt davon ab, wofür du das Pendel verwenden willst:

- **SPIRALFORM:** Ein spitz zulaufendes, spiralförmiges Gewicht: zur Beantwortung allgemeiner Lebensfragen.
- **TRIANGULAR:** Diese Art Pendel fängt Zahlenschwingungen auf und eignet sich hervorragend für Zahlensymbolik oder Lottozahlen.
- **SEPHOROTON:** Dieses Pendel ist in der Mitte rund und an den Enden spitz. Die besondere Form soll falsche Schwingungen dämpfen und gibt klare Antworten auf Fragen zu Gesundheit, Liebe und Geld.
- **MERKABA:** Ein sternförmiges Pendel, das nach den Gesetzen der heiligen Geometrie gestaltet ist, um Körper, Seele und Geist miteinander in Einklang zu bringen. So entsteht ein energetisches Feld: der Merkaba-Effekt.

- **CHAKRA:** Die Schnur an diesem Steinpendel enthält sieben Steine, die die sieben Chakren (die Energiezentren des Körpers) verkörpern. Dieses Pendel registriert und behebt Disharmonien in einem oder mehreren Chakren.
- **OSIRIS:** Ein langes Pendel mit vier übereinandergestapelten „Halbkugeln". Diese Konstruktion erhöht die Empfindlichkeit und Wirksamkeit des Pendels. Ein Osiris-Pendel wird zur Registration elektromagnetischer Felder benutzt und ermöglicht Einblicke in astrologische Horoskope.
- **CHAMBERED:** Ein hohles Pendel, das man mit energetischen Kristallen füllen kann, um mehr Kraft und Klarheit zu bekommen. Willst du über eine spezifische Person etwas fragen, kannst du eine Haarsträhne dieser Person in das Pendel legen.

Die verschiedenen Materialien, aus denen Pendel bestehen, haben alle ihre eigenen Eigenschaften. Wenn du besser über die energetischen Qualitäten der verschiedenen Steine und Kristalle Bescheid weißt, wird dir das bei deiner Entscheidung helfen (mehr Informationen über Kristalle und Steine findest du in Kapitel 4, „Wahrsagen mit Kristallen"):

AMETHYST Wird in der Meditation, beim Channeling und zur Stimulierung übersinnlicher Fähigkeiten verwendet. Er vermittelt ein Gefühl von Frieden und verbindet dich mit deiner spirituellen Seite.

BLUTSTEIN Ein Stein der Harmonie, Erdung, Ausgeglichenheit und des Mutes. Er hat eine positive Wirkung bei Angstzuständen oder emotionalem Stress.

FLUORIT Fördert Stabilität, Ordnung, Gleichgewicht und Heilung. Fluorit ist ein großartiger Stein, wenn es um Klarheit und Objektivität geht. Fluorit absorbiert Energie auf eine andere Weise wie andere Steine und gibt daher ziemlich zuverlässige Antworten

HÄMATIT Hat erdende Eigenschaften, schützt vor negativen Energien.

HONIGCALCIT Stimuliert positive Energie für persönliche Ziele.

LAPISLAZULI Verbindet die physischen und himmlischen Ebenen, fördert Weisheit und jenseitiges Wissen, Bewusstsein und Intuition. Lapislazuli ist ein Schutzstein.

MONDSTEIN Strahlt weibliche Energie aus und fördert Harmonie, Intuition und Urteilsvermögen. Der Mondstein fördert das Gleichgewicht im weiblichen Fortpflanzungssystem und schützt Reisende.

QUARZ Ein universeller Stein, der sich für jeden Zweck eignet. Quarz zieht alle Arten energetische Kräfte an und aktiviert, speichert, überträgt und vervielfältigt sie. Egal, wofür du ein Quarzpendel verwendest – Liebe, Finanzen, Freundschaft, Forschung – du kannst nichts falsch machen!

ROSENQUARZ Verfügt über besondere Schwingungen, die sich positiv auf die weibliche Energie auswirken und wird deshalb oft Frauen empfohlen. Rosenquarz strahlt Liebe, Mitgefühl und Verzeihung aus, fördert Kreativität und Vertrauen und heilt emotionale und sexuelle Probleme.

RAUCHQUARZ Schützt vor negativer Energie und wirkt sich positiv auf Erdung und Wohlstand aus.

RUBIN Verstärkt die positive Energie für persönliche Ziele.

SELENIT Unterstützt die übersinnliche Energie und geistige Klarheit.

ZITRIN Reinigt sehr effektiv negative Energie. Ein Zitrin macht optimistischer, energischer, konzentrierter und selbstbewusster. Weil Zitrin auch Fülle und Überfluss anzieht, macht er optimistischer und sicherer.

Für welches Pendel auch immer du dich entscheidest – im Prinzip funktioniert ein preiswertes Pendel genauso gut wie ein teureres. Das Entscheidende ist, dass du lernst, deine Energie zu fokussieren und dich zu konzentrieren. Puristen meinen, dass die Form oder das Material eines Pendels genau auf den Zweck abgestimmt sein sollten, aber im Grunde genommen ist die Entscheidung für ein bestimmtes Pendel vor allem eine persönliche Angelegenheit. Wenn ein Pendel gut auf dich anspricht, solltest du dir also nicht zu viele Gedanken über Material, Form oder Preis machen. Wie bei allen spirituellen Dingen ist es am besten, das Richtige einfach geschehen zu lassen.

LERNE DEIN PENDEL KENNEN

Das Pendel reagiert auf dein Energiefeld, aber es ist gleichzeitig ein Stück Stein, Kristall, Metall oder Holz, das an einer Schnur hängt und auf die Schwerkraft und deine Reflexe reagiert. Wenn du den Stein also versehentlich durch eine unwillkürliche Bewegung in Schwingung bringst, kann das Pendel falsche Aussagen geben und du verlierst dein Vertrauen. Falle dadurch aber bloß nicht auf den Glauben der Skeptiker herein, es gäbe nichts jenseits dieser irdischen Welt und alles andere sei frei erfunden. Das ätherische Reich ist real, und du kannst es anzapfen.

Es ist also sehr wichtig zu wissen, wie man ein Pendel festhält: zwischen Daumen und Zeigefinger und das Gewicht einfach baumeln lassen. Eine lange Schnur solltest du kürzen, damit du sie näher am Pendel festhalten kannst – bei einer kürzeren Schnur kommen die Antworten schneller durch. Auch wenn sich dein Pendel gut anfühlt, erfordert eine Pendel-Sitzung viel Konzentration und Respekt. Sorge für einen ruhigen,

stillen Raum und mache den Geist frei. Bitte deine Geistführer und Engel, dich zu begleiten und zu unterstützen und stelle dir dabei vor, dass du von einem weißen Licht umgeben bist. Sprich ein einfaches, stilles Gebet, in dem du um ihren Schutz bittest.

Dann setze dich an einen Tisch und stütze deine Ellenbogen auf die Tischplatte. Lass dein Pendel vor und zurück schwingen. Pass auf, dass du das Pendel nicht drängst, es reagiert nur auf deine Energie. Negative, skeptische Energie führt zu negativen Resultaten. Du bekommst die besten Resultate, wenn du positive, entspannte Energie ausstrahlst.

Wenn du entspannt bist und dein Geist klar und konzentriert ist, stelle deinem Pendel dann einige einfache Fragen, die es mit „Ja" beantworten kann. Zum Beispiel „Regnet es heute?" oder „Ist mein Hemd rosa?". Beobachte genau, wie dein Pendel diese einfachen Fragen beantwortet, denn das ist die „Ja"-Bewegung. Sobald es sich bewegt, bitte das Pendel, dir ein noch stärkeres „Ja" zu zeigen, indem du zum Beispiel fragst: „Ist mein Name_______?". Mache dir aber keine Sorgen, wenn die Bewegung nicht stärker wird.

Stelle dem Pendel nun einige „Nein"-Fragen, zum Beispiel. „Sind meine Haare rot?" (wenn du blond bist) oder „Ist heute Samstag?" (wenn heute Montag ist). Dann stelle ihm eine „Vielleicht"-Frage, zum Beispiel „Werde ich Michael heute noch treffen?" Achte darauf, wie dein Pendel auch auf diese Fragen reagiert.

Die Schwingungen des Pendels sind natürlich durch physikalische Faktoren begrenzt, aber du kannst verschiedene Arten Bewegungen erkennen. Während du auf seine Antwort wartest, solltest du auf Folgendes achten:

- **Ein seitliches Schwingen**
- **Ein diagonales Schwingen**
- **Eine Drehung im oder gegen den Uhrzeigersinn**
- **Ein „Sprung"**

Überprüfe, ob die „Ja"-Bewegung von Anfang bis Ende der Sitzung die gleiche ist. Weil die Schwingungen sich von Zeit zu Zeit ändern, musst du das Pendel ab und zu mittels einfacher Fragen testen, um sicherzugehen, dass du immer die gleichen Ergebnisse erhältst. Wenn du mehrere Pendel besitzt, darfst du nicht davon ausgehen, dass jedes Pendel gleich funktioniert. Du musst die Ja- und Nein-Bewegungen bei jedem Pendel selbst entdecken.

Wenn du eine eher visuelle Antwort bekommen willst, kannst du das Pendel auf eine Matte oder ein Brett mit aufgedruckten Antworten stellen. Man kann sie kaufen oder selbst basteln, aber achte dann darauf, dass zwischen den Antwortfeldern genügend Platz ist, sodass du die Pendelbewegungen richtig interpretieren kannst. Auf einer einfachen Matte steht oben und unten JA, an beiden Seiten NEIN und in den diagonalen Ecken MÖGLICHKEIT. Diese Anordnung wird das Pendel dazu anregen, sich den Antworten entsprechend in bestimmte Richtungen zu bewegen.

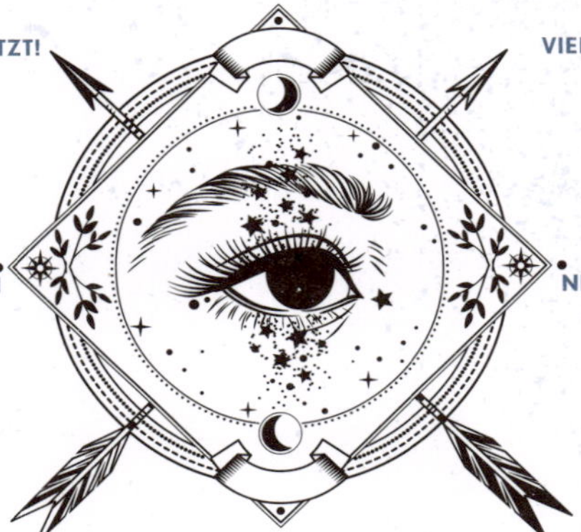

Du kannst alles fragen (aber auf die richtige Art)

Du kannst dein Pendel fast alles fragen, aber die Formulierung deiner Frage ist wichtig, da das Pendel nur mit „Ja" und „Nein" antworten kann. Langatmige oder komplizierte Fragen sind also sinnlos und führen nur zu Verwirrung.

Wenn du zum Beispiel fragst: „Soll ich mir jetzt ein Haus kaufen?" und die Antwort lautet „Nein", gib dann nicht auf. Vielleicht erfährst du mehr, wenn du deine Frage anders formulierst. Versuche es mit „Soll ich mir im Winter ein Haus kaufen?" und warte ab, was dann passiert. Wenn es nötig ist, nenne jede Jahreszeit und warte, auf welche das Pendel positiv reagiert.

Manchmal schwingt das Pendel überhaupt nicht, sondern hängt einfach herunter und zeigt keinerlei Bewegung. Wahrscheinlich weiß es dann die Antwort auf deine Frage nicht oder du sollst die Antwort – aus welchem Grund auch immer – nicht erfahren. Das musst du dann einfach respektieren und etwas anderes fragen.

Wenn du deine Fragen möglichst klar und prägnant formulierst, beantwortet das Pendel dir Fragen aus allen Lebensbereichen:

- **Über Personen, die dir wichtig sind**
- **Wohin du in Urlaub fährst**
- **Welches Outfit du zu einem Vorstellungsgespräch anziehst**
- **Wie viel Geld du investieren sollst**
- **Wann du am besten Kinder bekommst**
- **Welches Haustier du nehmen sollst**
- **Welche Karriere für dich geeignet ist**
- **Ob du dieses Jahr heiraten wirst**

Du kannst sogar fragen, an welchem Tag du am besten Golf spielst oder welchen Film du dir ansehen solltest. *Es gibt keine Tabus!*

Befolge folgende Tipps:

- **Stelle immer nur eine Frage auf einmal.** Frage nicht: „Soll ich einen Hund oder eine Katze adoptieren?“, sondern mache zwei Fragen daraus.
- **Mache es nicht zu kompliziert.** Frage nicht „Soll ich heute Abend einen Mantel mitnehmen, weil es regnen könnte“, sondern frage entweder „Soll ich heute Abend einen Mantel mitnehmen“ oder „Wird es heute Abend regnen?“
- **Versuche, deine Fragen positiv zu formulieren.** Frage nicht „Ist das Auto, das ich gerade gekauft habe, eine falsche Entscheidung gewesen“ sondern „Habe ich mit dem Kauf meines neuen Autos die richtige Entscheidung getroffen“.

- **Wenn du weißt, was die Pendelbewegungen bedeuten,** solltest du keine Fragen mehr stellen, deren Antworten du bereits kennst. Das ist Spielerei und kann zu verwirrenden Ergebnissen führen, weil deine eigene Energie durcheinandergerät.

Engelschutz

Wenn du mit dem Pendel arbeitest, zapfst du meistens keine niederen Schwingungen an, sodass die Gefahr klein ist, dass du unerwünschte Geister beschwörst. Trotzdem empfiehlt es sich – wie bei allen anderen Formen von Wahrsagerei – die spirituelle Sitzung mit einem stillen Schutzgebet zu beginnen. Dazu schließe die Augen und bitte deinen Engel, dich vor allem Negativen zu schützen und dich mit einem positiven Licht zu umgeben.

WIE GEHT ES WEITER?

Bei komplizierteren Fragen empfiehlt es sich, vorher ein Diagramm mit möglichen Antworten zu erstellen. Kreisdiagramme mit einem zentralen Ausgangspunkt und einfachem Zugang zu den Antwortfeldern eignen sich hierfür am besten. Wenn du zum Beispiel wissen willst, welches von drei Jobangeboten am besten zu dir passt, zeichnest du ein Kreisdiagramm mit drei gleich großen Antwortfeldern und, als Ausgangspunkt, einem kleinen Kreis in der Mitte.

Entscheide dann, welche Informationen du brauchst.

- **Welchen Job sollst du annehmen?**
- **Welches Unternehmen bietet die besten Karrieremöglichkeiten?**
- **Welches Unternehmen hat die entspannteste Atmosphäre?**
- **Welcher Job wird dich am meisten erfüllen?**

Wenn du ein Diagramm benutzt, kannst du alle möglichen Fragen stellen, denn ein Diagramm hat so viele Antwortmöglichkeiten wie du willst. Möchtest du zum Beispiel wissen, welche Pflanzen du im Garten anpflanzen sollst? Dann kannst du dein Diagramm in zwanzig Fächer aufteilen. Achte nur darauf, dass jede Option genügend Platz hat.

PENDLE DICH GESUND

Mit dem Pendel lassen sich auch gesundheitliche und emotionale Probleme aufspüren. Oft werden diese dadurch verursacht, dass sich bestimmte Chakren nicht im Gleichgewicht befinden. Die Pendelenergie spürt diese Ungleichgewichte auf und versucht sie zu beheben.

Chakra ist ein Begriff aus dem Sanskrit und bedeutet „Rad“ oder „Drehung“. Sowohl die yogische Hindu-Philosophie als auch die tantrische buddhistische Philosophie lehren, dass sich diese Energieräder bei jedem Menschen an sieben bestimmten Körperpunkten befinden: auf einer geraden Linie von der Basis der Wirbelsäule bis zum Scheitel des Kopfes.

ERSTES CHAKRA:

Basis- oder Wurzelchakra

Befindet sich an der Basis der Wirbelsäule und steht in Verbindung mit Überlebens-, Zugehörigkeits- und Erdungsgefühlen. Ein Ungleichgewicht führt zum Gefühl, ums Überleben kämpfen zu müssen und nicht richtig geerdet zu sein.

ZWEITES CHAKRA:

Sakralchakra

Befindet sich bei Frauen in der Nähe der Eierstöcke, bei Männern in der Nähe der Prostata. Es wird mit der sexuellen Gesundheit in Verbindung gebracht. Eine Blockade führt zu emotionalen Problemen oder sexuellen Schuldgefühlen.

DRITTES CHAKRA:

Solarplexus-Chakra

Befindet sich im Bereich von Nabel und unterem Rumpf und steht in Verbindung mit dem Gefühl, die Welt unter Kontrolle zu haben. Bei einem Ungleichgewicht fühlt man sich als Opfer, wütend und machtlos.

VIERTES CHAKRA:

Herzchakra

Befindet sich genau am Herzen. Es steht in Verbindung mit dem Gefühl, geliebt zu werden und in Frieden zu leben. Ein Ungleichgewicht kann zu Herz- oder Immunproblemen oder zu mangelnder Empathiefähigkeit führen.

FÜNFTES CHAKRA:
Halschakra

Befindet sich im Hals- und Nackenbereich und steht in Verbindung mit Kreativität und Kommunikation. Ein Ungleichgewicht kann dazu führen, dass man sich ungehört fühlt und entsprechende Probleme entstehen.

SECHSTES CHAKRA:
Stirnchakra oder Drittes Auge

Befindet sich in der Mitte der Stirn (Zirbeldrüse oder Drittes Auge) und steht u. a. in Verbindung mit übersinnlichen Fähigkeiten. Ein Ungleichgewicht kann zu einem allgemeinen Ideenmangel und dem Ausbleiben von Visionen führen.

SIEBTES CHAKRA:
Kronenchakra

Befindet sich oben auf dem Kopf und steht in Verbindung mit Spiritualität, Verständnis und Glückseligkeit. Ein Ungleichgewicht führt zu Zweifel und Unsicherheit oder zum Gefühl, nicht zu wissen, woran man glauben soll.

Die Chakren sind die Punkte, an denen Körperenergie gesammelt und weitergeleitet wird. Wenn sie offen und ausgeglichen sind, fühlst auch *du* dich offen und ausgeglichen. Wenn ein Chakra ins Ungleichgewicht gerät oder durch negative Energie blockiert ist, hat das körperliche (zum Beispiel bei einem blockierten Halschakra) oder emotionale (zum Beispiel bei einem blockierten Kronenchakra) Folgen. Aber auch hier kann das Pendel dir helfen, die Probleme zu beseitigen – und du wirst so ausgeglichen wie ein olympischer Turner auf dem Schwebebalken!

Wie kannst du jetzt feststellen, welche Chakren rein und welche blockiert sind? Für folgende Übung brauchst du einen Partner, der sich nicht zu schade dafür ist, sich für dich auf den Rücken zu legen. Bitte ihn zunächst darum, sich mit dem Gesicht nach oben auf ein Bett oder den Boden zu legen und setze dich neben ihn. Schließt beide eure Augen und atmet tief durch, damit sich eure Energien bündeln und euer Geist von Ablenkungen befreit wird. Wenn ihr beide bereit seid, dann halte das Pendel über das Wurzelchakra deines Freundes. Es befindet sich eigentlich am Gesäß, aber du kannst auch auf diese Energie zugreifen, indem du das Pendel über seinen Genitalbereich hältst (deshalb solltest du für dieses Experiment keinen allzu schüchternen Partner wählen …). Dann fragst du: „Ist dieses Chakra im Gleichgewicht?“ Diese Frage wiederholst du, bis die Antwort deutlich ist. Schreibe sie auf, gehe dann den Körper hinauf und stelle die gleiche Frage für alle anderen sechs Chakren. Anhand der Chakrenliste auf den Seiten 134–135 kannst du analysieren, wie es um die Chakren deines Freundes steht.

Stellst du fest, dass ein Chakra aus dem Gleichgewicht ist, nimm dann dein Pendel und bewege es im Uhrzeigersinn über den jeweiligen Bereich. Dadurch wird das Chakra „angeregt“, sodass es in Bewegung gerät und das Ungleichgewicht hoffentlich behoben wird.

Bitte nun deinen Freund, auch deine Chakren zu untersuchen, damit du über ihren Zustand Bescheid weißt.

DIE PFLEGE DEINES PENDELS

Es ist wichtig, dein Pendel sauber zu halten, vor allem wenn es aus Kristall ist. In der Regel reicht es aus, wenn du es einmal im Monat reinigst, aber wenn du es zur Balancierung der Chakren verwendest, solltest du nach jeder Sitzung ein Reinigungsritual durchführen.

Ein Pendel reinigt man nicht in der Spülmaschine oder in der Waschmaschine. Flecken und Staub kannst du mit einem weichen Tuch abwischen, aber die energetischen Kräfte sind die hartnäckigsten „Flecken" – du kannst sie nur mit den stärksten Naturelementen beseitigen.

- **ERDE:** Vergrabe dein Pendel einfach in der Erde, Sand oder Meersalz und lass es dort einige Stunden lang ruhen. (Es geht auch zu Hause in einer Schale. Auf Seite 89 wird beschrieben, bei welchen Steinen du kein Salz verwenden darfst) Die negativen Energien werden dann freigesetzt und vom irdenen Element absorbiert. Vergräbst du das Pendel in einer Schale, solltest du sie anschließend im Freien leeren.
- **FEUER:** Lege dein Pendel frühmorgens in die Sonne und lass es bis Sonnenuntergang stehen, damit sich die positive Energie entfalten kann.
- **WASSER:** Für diese Methode brauchst du ein Glas Wasser, das durch einen Kristall aufgeladen wurde (Zum Aufladen legst du einen Quarzkristall etwa 12 Stunden in ein Gefäß mit Wasser). Lege dein Pendel dann in das aufgeladene Wasser und lass es einige Stunden darin ruhen.

- **LUFT:** Zünde ein Sandelholz-Räucherstäbchen an und führe das Pendel dreimal durch den Rauch. Konzentriere dich während dieses Rituals und sprich ein Reinigungsgebet oder einen Segen – oder sage einfach, was deine Absicht ist. Wenn sich das Pendel wieder leicht und fest anfühlt (und nicht mehr schwer oder „verschwommen"), ist die Reinigung abgeschlossen.

DEINE ZUKUNFT IST IN BEWEGUNG

Wenn du regelmäßig mithilfe deines Pendels Entscheidungen triffst, wirst du bald das angenehme Gefühl bekommen, dass du dein Leben unter Kontrolle hast. Wie lässt sich aber erklären, dass ein Stein oder Kristall einem das Gefühl gibt, dass man die Dinge nicht nur sieht wie sie sind, sondern auch wie sie sein können? Ganz einfach: Weil das Pendel nur ein Mittel ist, um dich mit dem in Kontakt zu bringen, was du bereits weißt. Verbinde dich also mit diesem Wissen, lass es frei, nutze es! Und wenn die Leute zum Beispiel sagen „Mary ist so klug, so in Kontakt mit ihren Gefühlen, so zuversichtlich über ihren Lebensweg", kannst du entweder dein kleines Geheimnis verraten … oder einfach still vor dich hinlächeln.

Kapitel 7

Handlesen

DIE KUNST DES HANDLESENS (CHIROMANTIE) HAT IHRE Wurzeln in vielen Kulturen, unter anderem in der hinduistischen. Deshalb wird das Handlesen auf viele unterschiedliche Weisen praktiziert. Am Anfang des zwanzigsten Jahrhunderts verhalf der irische Astrologe William John Warner, der unter dem Namen Cheiro ein Handbuch über die Handlesekunst veröffentlichte, der Handlesekunst in Westeuropa zu neuer Popularität. Cheiro hatte das Handlesen bei den Magiern in Indien gelernt und viele Elemente der modernen Handlesekunst gehen auf sein Werk zurück. Die Handlesekunst ist eine umfangreiche, technische Disziplin, die ein eigenes Buch füllen würde. Sie ist so komplex, dass das Lesen von Handflächen mithilfe von Fotokopien oder Drucken viele Stunden in Anspruch nimmt.

Die Linien auf einer Handfläche sind wie eine Landkarte des Lebens – und da das Leben eines jeden Menschen anders ist, gleicht keine Handfläche der anderen. Im Folgenden werden die Ausgangspunkte der westlichen und vedischen Handlesetradition, auf denen das Handlesen der meisten modernen Hexen basiert, dargestellt.

Achtung: Für eine zuverlässige Handlesung braucht man einen Handabdruck. Zur Not reicht auch eine gute, am liebsten farbige Fotokopie, weil sie die Hautbeschaffenheit und Linien am deutlichsten sichtbar macht – bei der Analyse von Handabdrücken oder Buchstaben ist auch die kleinste Nuance von Bedeutung!

HÄNDE

Es ist zunächst wichtig, die Handgröße im Verhältnis zum Körperbau zu beurteilen.

GROßE HÄNDE Menschen mit großen Händen sind sensibel, kreativ und von Natur aus wissbegierig. Sie haben ein Auge für Details, die Menschen mit kleinen Händen vielleicht übersehen. Sie eignen sich für die Fertigung von Schmuck, Reparatur von Uhren und das Herstellen von Werkzeugen.

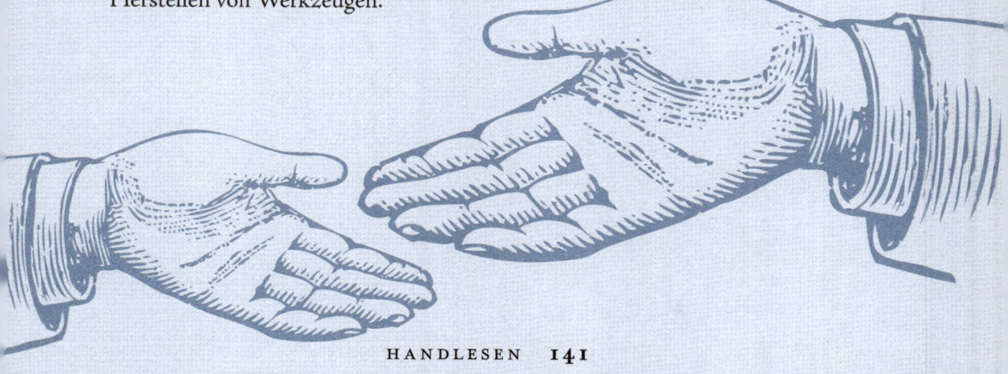

In der Liebe: Menschen mit großen Händen sind angenehme Ehepartner, denn sie sind ruhig und sorgsam. Sie machen wenig Worte, aber sind loyal und empfinden tiefe Liebe.

MITTELGROßE HÄNDE Menschen mit mittelgroßen Händen nehmen das Leben wie es kommt. Sie regen sich nicht auf, sind nicht streitsüchtig und leiden nicht unter Stimmungsschwankungen. Sie wünschen sich ein harmonisches Leben und suchen intensiv danach.

In der Liebe: Menschen mit mittelgroßen Händen sind entspannt, vermeiden Konflikte und streben nach harmonischen Beziehungen. Bei schwierigen Familienangelegenheiten sind sie eine starke Stütze.

KLEINE HÄNDE Das Zusammenleben mit Menschen mit kleinen Händen kann mühsam sein, denn sie neigen dazu, sich leicht aufzuregen. Sie sind ungeduldig und verabscheuen Unordnung und Chaos. Da sie großen Wert auf Ordnung legen, könnte ihr Motto „Füße abputzen!" sein.

Positiv ist allerdings, dass sie zielgerichtet und entschlossen sind.

In der Liebe: Menschen mit kleinen Händen sind manchmal anspruchsvoll und verlangen viel von ihrem Partner.

Schauen wir uns jetzt die Handformen an:

BREITE, FLACHE HÄNDE Menschen mit breiten, flachen Händen sind meistens Arbeitstiere und keine großen Philosophen. Sie sind praktisch veranlagt und tiefgründige Gedanken liegen ihnen fern. Sie sind nüchtern und besonnen, ernähren ihre Familie und sind sorgsame Eltern. Flache Hände gehören meistens zu praktischen Menschen, die gerne im Freien arbeiten.

DÜNNE, SCHMALE HÄNDE Menschen mit dünnen, schmalen Händen sind oft etwas engstirnig und brauchen Zeit, sich geistig umzustellen. Sie geben gerne Geld für sich selbst aus, sind aber anderen gegenüber oft knauserig. Sie neigen dazu, lange über Sachen nachzudenken und haben ein gutes Gedächtnis, was sie nachtragend macht. Manchmal sind sie launisch und unfreundlich. Sie können aber gut logisch denken und handeln und finden oft Lösungen für praktische Probleme.

FINGER

Als Nächstes sehen wir uns die Fingerlänge an:

MITTELGROẞE FINGER Sie stehen für Ausgeglichenheit.

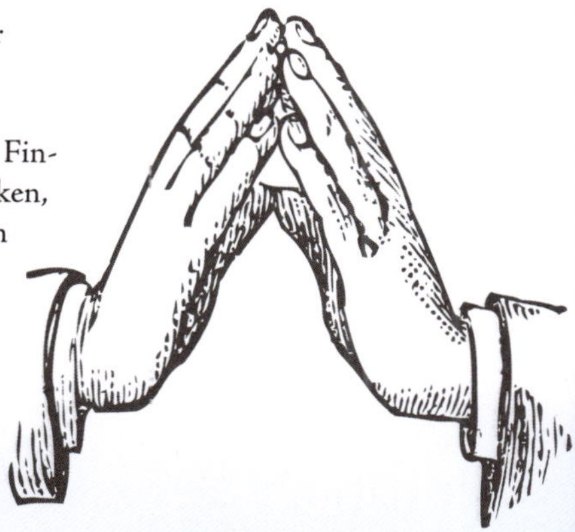

LANGE FINGER Menschen mit langen Fingern neigen dazu, nicht lange nachzudenken, sodass sie leicht in schwierige Situationen geraten. Bei Entscheidungen lassen sie sich oft von Emotionen leiten und übersehen die Fakten.

KURZE FINGER Flinke Menschen haben meistens kurze Finger. Sie haben ein gutes Urteils- und Handelsvermögen.

Fingernamen

Es folgt die Beschreibung der einzelnen Finger, außer dem Daumen:

ZEIGEFINGER ODER INDEX-JUPITER Jupiter steht für Karriere und Idealismus. Wenn dieser Finger lang ist, hat sein Besitzer meistens unternehmerische Qualitäten. Ist der Jupiterfinger kürzer, deutet dies auf mangelnden Ehrgeiz und fehlendes Selbstvertrauen hin.

MITTELFINGER-SATURN Saturn symbolisiert die Psychologie. Wenn dieser Finger lang ist, liebt sein Besitzer das Private und die Abgeschiedenheit, er liest gerne und will sich bilden. Menschen mit kurzem Mittelfinger gelten als etwas uninteressiert und unbekümmert.

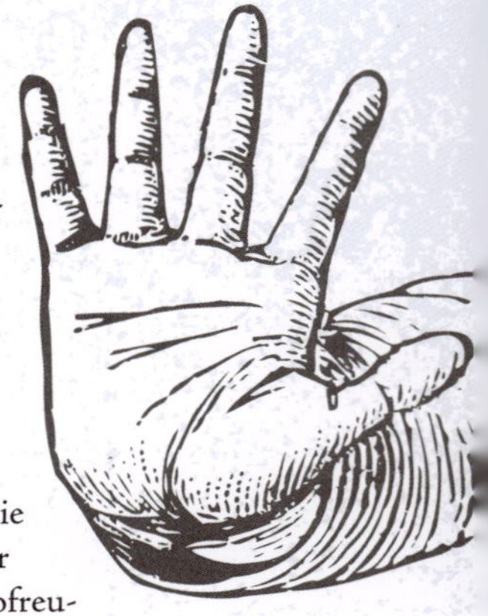

RINGFINGER-APOLLO Wenn der Apollo-Finger lang ist, liebt sein Besitzer Schönheit und strebt Ruhm und Reichtum an. Menschen mit einem langen Ringfinger sind oft gebildet und interessieren sich für Geschichte und Kunst. Es sind liebevolle Menschen, die sich gerne mit Kindern beschäftigen. Ist der Ringfinger extrem lang, deutet dies auf ein kleines Ego und Risikofreudigkeit hin. Obwohl gebildet und klug, sind Menschen mit extrem langem Ringfinger vor allem an Geld interessiert, sodass sie zu Glücksspielen neigen.

KLEINER FINGER-MERKUR Ein langer Merkur-Finger weist auf gute kommunikative Fähigkeiten hin, während ein kurzer oder stämmiger Finger das Gegenteil signalisiert. Seinem Besitzer fallen soziale Kontakte schwer. Ist der Finger gekrümmt, hat sein Besitzer Interesse für das Nichtsichtbare. Wenn er besonders spitz ist, handelt es sich um einen Menschen mit übersinnlichen Fähigkeiten.

Fingernägel

Ein durchschnittlicher Nagel braucht zwölf Wochen, um von der Nagelhaut bis zur Fingerspitze zu wachsen. Dieser Prozess besagt einiges über die Gesundheit einer Person. Auch die Größe und Form der Nägel kann viel verraten. Gesunde Nägel sind in der Regel glatt und geschmeidig, die unterliegende Haut ist rosafarben und an der Basis der Nägel befindet sich ein kleiner weißlicher Mond oder Halbkreis. Pockennägel, Rillen und Risse deuten darauf hin, dass etwas mit der Gesundheit nicht stimmt. Wenn der Nagel außerdem gerötet ist, leidet der Besitzer vielleicht unter psychischen oder emotionalen Problemen, die oft auf eine Suchtkrankheit zurückzuführen sind.

Die Grundformen der Nägel lassen sich folgendermaßen lesen:

KLEINE NÄGEL Menschen mit kleinen Nägeln sind in der Regel energisch, können aber auch jähzornig oder impulsiv sein. Sie sind pingelig, anspruchsvoll und streben nach Perfektion. Alles um sie herum hat seinen Platz und seinen Zweck. Sie haben Humor, aber sind oft etwas rechthaberisch. Diese Nägel zeigen uns auch, ob die Person ein nervöser oder angespannter Typ ist.

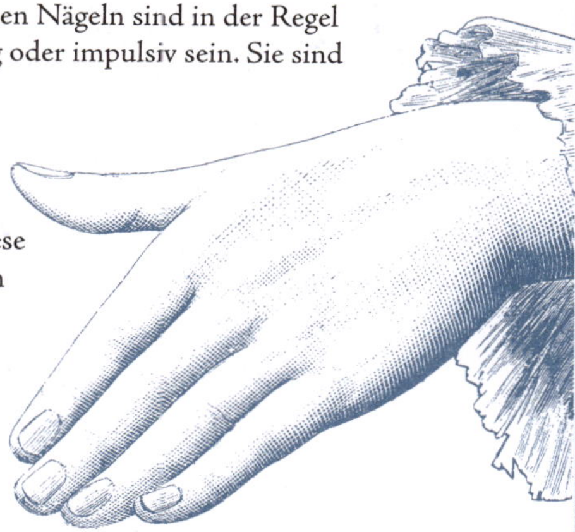

GROßE oder FLACHE NÄGEL Dieser Nageltyp deutet oft hart arbeitende, selbstbewusste Menschen hin, die sich meistens einer ausgezeichneten Gesundheit erfreuen. Menschen mit großen und flachen Nägeln sind ausdauernd und entschlossen, aber manchmal dickköpfig oder zappelig und unruhig, sie können nicht stillsitzen. Besitzern dieser Art Nägel passiert leicht ein Missgeschick. Sie neigen außerdem zu Rückenproblemen und Problemen im Schulter- und Nackenbereich.

OVALE- oder MANDELFÖRMIGE NÄGEL Mandelförmige Nägel sind besonders hübsch. Menschen mit ovalen, mandelförmigen Nägeln sind freundlich, offenherzig und sanft. Sie stehen der Welt offen gegenüber und unterstützen gern ihre stressgeplagten Mitmenschen. Sie scheuen Konfrontationen und haben ein großes Bedürfnis nach Harmonie. Menschen mit dieser Nagelform neigen zu Diabetes oder Allergien.

BREITE oder FÄCHERFÖRMIGE NÄGEL Menschen mit dieser Nagelform sind oft nervös, ihre Energie ist schnell verbraucht. Sie sind verträumt, extrem loyal und wünschen sich im Leben Stabilität, Struktur und Routine. Veränderungen stehen sie grundsätzlich negativ gegenüber und sie vertragen keine Kritik.

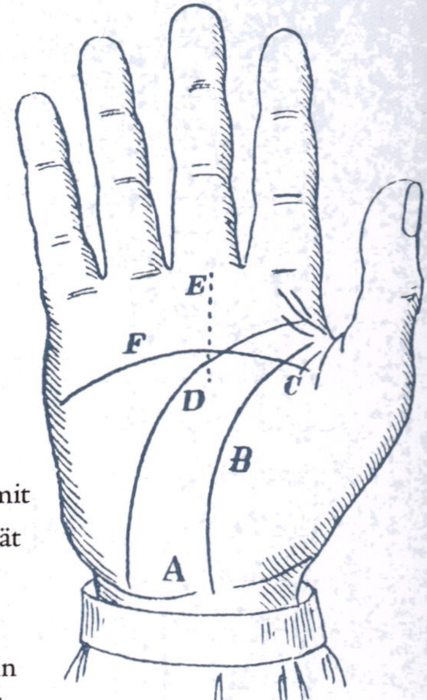

HANDLINIEN LESEN

Die Handfläche hat vier Hauptlinien: **die Herzlinie, die Kopflinie, die Lebenslinie** und **die Schicksalslinie.**

Herzlinie

Die markante Herzlinie läuft direkt unter den Fingern zwischen der Handkante und dem Merkurfinger. Die Herzlinie steht für alles, was mit dem Herzen zu tun hat, von emotionaler Stabilität bis hin zu romantischen Abenteuern. Eine tiefe Herzlinie charakterisiert Menschen, die kreativ, künstlerisch und fürsorglich veranlagt sind. Wenn sich die Herzlinie mit Bindungslinien verbindet, hat die betreffende Person einen dominanten Charakter. Eine kurze Herzlinie bedeutet, dass der Besitzer in punkto Beziehungen kurzentschlossen und zielstrebig ist. Eine schwache oder gebrochene Herzlinie kann bedeuten, dass es Liebeskummer gab, aber auch auf mögliche Untreue oder mangelnde Loyalität hinweisen. Solche Personen haben die Neigung, sich in Menschen zu verlieben, die bereits verheiratet sind oder eine andere Beziehung haben, wovon sie dann selbst das Opfer werden.

Eine *verkettete Linie* oder eine Linie, die häufig von anderen Linien gekreuzt wird, deutet auf Menschen mit tiefen Gefühlen hin, über die sie gerne – manchmal vielleicht zu gerne – sprechen. Sie steht auch für Personen, die sich gerne verlieben und (zu) oft ihr Herz verlieren. Kreise auf dieser Linie bedeuten, dass der Besitzer auf seine Gesundheit achten muss, um ernsthaften gesundheitlichen Problemen vorzubeugen. Violette Punkte und Striche können Herzprobleme anzeigen, besonders wenn die Person übergewichtig ist.

Heutzutage sieht man am Anfang der Herzlinie direkt unter dem Saturn- oder Mittelfinger oft eine kurze Vergabelung oder Verzweigung. Dies deutet auf Ehescheidung oder Trennung nach einer langjährigen Beziehung hin. Wenn die Verzweigung mehrere Äste hat, steht dies für mehrere Trennungen.

Kopflinie

Die Kopflinie befindet sich unterhalb der Herzlinie und verläuft quer über die Handfläche in Richtung der äußeren Handkante. Diese Linie steht für Wissbegierde und Lernen. Eine lange Kopflinie bedeutet, dass jemand nicht nur neugierig, sondern auch scharfsinnig, intelligent und witzig ist. Eine kurze oder abgekürzte Linie deutet auf eine kurze Aufmerksamkeitsspanne hin. Dieser Person fällt es schwer, Aktivitäten zu Ende zu bringen und sich zu konzentrieren. Eine lange, schräg verlaufende Kopflinie ist typisch für Personen, die stark an ihrer Familie hängen und sich nicht trauen, das Elternhaus zu verlassen und unabhängig zu werden. Wenn die Kopflinie nicht mit der Lebenslinie verbunden ist, bedeutet das Unabhängigkeit. Eine solche Person wird schon früh ihre Flügel ausschlagen und sich selbstständig machen. Ketten auf der Kopflinie sind kein gutes Zeichen. Sie stehen für Menschen, die zu Clusterkopfschmerzen und anderen Problemen im Kopfbereich neigen, wie

Nacken- und Schulterverspannungen. Diese Menschen leiden auch oft unter Schlafstörungen, sind müde und haben wenig Energie. Eine Unterbrechung der Kopflinie sagt uns, dass die Person sich vor Unfällen in Acht nehmen muss, besonders wenn es ein Kreuz auf der Linie gibt. Wenn sie sich unter dem ersten Finger verzweigt oder vergabelt, deutet das auf eine Trennung hin. In der vedischen Handlesekunst bedeutet eine lange und schräge Kopflinie, dass die Person spirituell auf der Suche ist, von Hexerei fasziniert ist und Meditation und Heilung praktiziert. Wahrscheinlich handelt es sich um eine alte Seele, die reinkarniert ist, um anderen zu helfen.

Lebenslinie

Die Lebenslinie umrundet die Basis des Daumens, den Venusberg, in einem Halbkreis. Sie deutet auf das Energieniveau, die körperliche Gesundheit und die Lebenseinstellung hin. Oft wird mithilfe der Lebenslinie vorhergesagt, wie lange jemand zu leben hat. Das ist tatsächlich bis zu einem gewissen Grad möglich, aber die Linien in unseren Händen können mit zunehmendem Alter wachsen, sodass sich eine kurze, schwache Linie zu einer stärkeren, längeren Linie entwickeln kann. Je tiefer die Linie, desto höher das Energieniveau und desto glücklicher das Leben. Ist die Linie dünn oder schwach, ist die Person wahrscheinlich unglücklich und apathisch.

Schau dir immer beide Hände an! Es heißt, dass die linke Hand das zeigt, was die Götter einem gegeben haben, und die rechte Hand das, was man aus seinem Leben macht. Bei Linkshändern ist es umgekehrt. Wenn du also stark rauchst, trinkst oder Drogen nimmst, ist die Lebenslinie deiner rechten Hand kürzer als die deiner linken (oder umgekehrt, wenn du Linkshänder bist). Eine Verwandte von Leanna, Rechtshänderin, hatte an der linken Hand eine lange Lebenslinie, aber an der rechten Hand war sie deutlich kürzer. Sie war allerdings Alkoholikerin und rauchte seit ihrer Pubertät, was ihre Lebenslinie an der rechten Hand deutlich verkürzt hatte.

Ist die Lebenslinie einer Person unterbrochen oder endet sie abrupt, bedeutet das nicht, dass diese Person zu einem kurzen Leben verurteilt ist. Es kann auch ein Hinweis auf ein Leben voller Sorgen und Ängste sein. Eine unterbrochene Linie kann für Veränderungen im Leben stehen, wie eine große Reise oder eine Trennung. Eine tiefe, rote Linie ist typisch für erotische, leidenschaftliche Menschen mit kräftiger Libido.

Schicksalslinie

Diese Linie verläuft direkt vom Saturn- oder Mittelfinger in der Mitte der Hand bis zum Übergang des Handgelenks, wo sich die sogenannten Rascetten-Linien befinden. Die Schicksalslinie kann in verschiedene Richtungen verlaufen und nach links oder rechts abbiegen. Sie verrät uns viel über den Charakter und das Schicksal eines Menschen. Eine lange, ungebrochene Schicksalslinie steht für eine lebenstüchtige Person mit hoher Arbeitsmoral. In der vedischen Handlesekunst prophezeit man anhand der Lebenslinie auch, wie lange jemand lebt.

Läuft die Lebenslinie in die Richtung des Jupiter- oder Zeigefingers, bedeutet das beruflichen Erfolg – allerdings oft auf Kosten der Beziehung. Neigt sie sich mehr zu Saturn, dem Mittelfinger, wird die Person nach einer Zeit harter Arbeit und Anstrengung mit Erfolg belohnt. Linien, die die Schicksalslinie horizontal kreuzen, deuten auf ein schwieriges Leben mit vielen Enttäuschungen und Pech hin. Manche meinen allerdings, dass dies errungene Weisheit dank harter Lebenslektionen bedeutet.

Mystisches Kreuz

Der Bereich zwischen Herz- und Kopflinie wird als *Viereck* bezeichnet. Es ähnelt einer kleinen Landebahn. Wenn zwischen diesen beiden Linien ein kleines Kreuz erscheint, deutet dies auf eine Person mit stark ausgeprägten übersinnlichen Fähigkeiten hin. Dieses Kreuz, das *mystische Kreuz*, ist vollkommen, wenn es sich direkt in der Mitte des Vierecks befindet, ohne dass einer seiner vier Punkte die Herz- oder Kopflinie berührt. Bei nicht vollkommenen Kreuzen sind die übersinnlichen Fähigkeiten zwar auch vorhanden, aber weniger stark ausgeprägt. Wenn du deinen Finger von der Spitze des Saturn- oder Mittelfingers bis zum Übergang zum Handgelenk hinunterführst, überquerst du mit dem Finger das Kreuz. Mystische Kreuze sind ziemlich selten, sie finden sich jedoch häufig bei Hexen und deuten auf deren Begabung für esoterische Praktiken hin!

Da die Kunst des Handlesens überall in der Welt praktiziert wird, gibt es unterschiedliche Interpretationen der Handlinien. Am besten ist es, wenn du dich ruhig einarbeitest und übst, und dich dann auf deinen eigenen Instinkt verlässt.

In der Geschichte der Handlesekunst waren die Kinderlinien sehr wichtig – und umstritten. Die Kinderlinien befinden sich unterhalb des kleinen Fingers auf dem Merkurberg. Sie können winzig und gerade sein, aber auch schräg, mit tieferer oder schwächerer Ausprägung. Gerade, aufrechte Linien stehen für Jungen, schräge Linien für Mädchen. Die Zuverlässigkeit ist jedoch problematisch, denn an manchen Tagen funktioniert das Handlesen der Kinderlinien, an anderen Tagen nicht. Je mehr Linien vorhanden sind, desto mehr Kinder soll eine Person bekommen.

Deannas Einhörner

Beim Handlesen geht es darum, die spezifische Persönlichkeit eines Menschen zu entdecken und ihn zu beraten, was er erreichen kann. Ich habe einmal einer Frau gesagt, deren Hand ich gelesen hatte, sie sei kreativ und sollte mal einen Bildhauerkurs besuchen – ihr Apollo-Finger zeigte dies an. Sie schaute mich verwundert an und rief aus: „Was, kreativ? Ich habe keinen kreativen Funken im Körper!" Später besuchte sie aber tatsächlich einen Bildhauerkurs, und als der Lehrer sie fragte: „Was wollen Sie zuerst tun?" antwortete sie, sie habe keine Ahnung, eine Handleserin habe ihr empfohlen, den Kurs zu besuchen. Man einigte sich darauf, dass ein Pferdekopf ein guter Anfang sei. Sobald die Frau aber den Ton in den Händen hielt, wurde sie zu einem wunderbaren Einhorn inspiriert. Inzwischen stehen zwei ihrer Einhornbüsten in meinem Wintergarten, und ich bin dankbar dafür. Die Frau machte schließlich aus der Bildhauerei ihren Beruf, erhielt Aufträge und veranstaltete Ausstellungen ihrer Werke.

Liebeslinie

Die Liebeslinie befindet sich auf der Außenseite der Hand unterhalb des Merkurfingers auf dem Merkurberg in der Nähe der Kinderlinie.

Reiselinien

Diese Linien befinden sich ebenfalls an der Außenseite der Hand. Jede Linie steht für ein anderes Land. Je mehr Linien du hast, umso reisefreudiger bist du.

Krankheiten erkennen

Anhand der Farbe, Beschaffenheit und des Aussehens von Händen kann ein Handleser einiges über die Gesundheit eines Menschen aussagen. Sei dir aber immer dessen bewusst, dass du *kein Arzt bist* und sei deshalb vorsichtig mit dem was du sagst!

ROTE HANDFLÄCHEN Eine leuchtend rote Handfläche deutet darauf, dass jemand viel Alkohol trinkt oder eine Allergie hat. Diese Person sollte mehr Wasser trinken und auf seine Leber achten. Bei Frauen können rote Handflächen auch auf eine Hormonstörung und starke Regelschmerzen und -blutungen deuten.

FARBLOSE HANDFLÄCHEN Farblose Handflächen bedeuten oft, dass jemand anämisch ist. Es ist dann wichtig, besser auf die Ernährung zu achten und einen gesunden Ernährungsplan aufzustellen.

ORANGE ODER GELBE HANDFLÄCHEN Leanna erlebte einmal einen Schock, als eine junge Frau orangefarbene Hände hatte. Sie dachte zunächst, die Frau hätte irgendwelche Kleidung gefärbt. Es stellte sich aber heraus, dass die Farbe durch eine Diät mit Unmengen von Karotten verursacht wurde! Ihr Beta-Carotin-Spiegel muss Spitzenwerte erreicht haben.

KALTE BLAUE HANDFLÄCHEN Kalte blaue Handflächen sind in der Regel ein zuverlässiges Anzeichen dafür, dass jemand unter Kreislauf- oder Herzproblemen leidet.

SCHWIELIGE HANDFLÄCHEN Schwielige Handflächen sind typisch für Menschen, die schwere körperliche Arbeit verrichten. Die Hände sind hart, knochig und trocken.

GELBE HANDFLÄCHEN Gelbe Handflächen können auf Gelbsucht hindeuten.

Handlese-Ritual

Wenn sich eine Hexe auf eine Handlesung vorbereitet, führt sie folgendes Ritual durch. Sie vernebelt den Raum mit weißem Salbei und legt einige Gegenstände auf den Tisch. Je nachdem, was für eine Art Hexe sie ist, fleht sie ihre Lieblingsgöttin, einen Engel oder eine Muse an, ihr zu helfen.

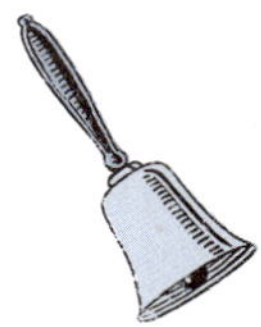

Materialien

- Eine weiße Kerze
- Ein kleiner Zauberstab
- Ein weißer Salbei-Räucherstab
- Kristalle nach eigener Wahl
- Eine kleine Vase mit frischen Blumen
- Ein Pentagramm
- Handcreme
- Eine silberne Handglocke
- Eine kleine Taschenlampe
- Eine große Lupe

RITUAL

Zünde eine weiße Kerze an und flehe die von dir bevorzugte Gottheit an (auf deine eigene Weise), dir zu helfen.

Schwenke den Zauberstab zur Reinigung ein paar Mal über den Tisch und lege alle Kristalle neben die Kerze.

Stelle als Schutz eine kleine Vase mit frischen Blumen und ein Pentagramm auf den Tisch. Wenn dein Klient sehr trockene Hände hat, bitte ihn darum, sie einzucremen, damit die Linien besser sichtbar sind.

Läute eine kleine Handglocke über deinem Klienten, um seine Negativität zu vertreiben und Aura zu reinigen. Nimm seine Hände in deine Hände, halte sie eine Minute lang fest und versuche, dich auf seine Schwingungen einzustimmen. Untersuche mit einer Taschenlampe und Lupe den Handrücken, die Nägel, die Finger und die Hautbeschaffenheit.

Wenn du eingestimmt bist, solltest du wahrnehmen können, ob dein Klient glücklich, aufgeregt oder traurig ist. Wenn er sehr nervös ist, musst du geduldig sein und ihn beruhigen. Sorge für Augenkontakt.

Wenn du dir die Handfläche anschaust, nimmst du deinen kleinen Zauberstab und zeigst deinem Klienten seine Linien. Er wird staunen über die Geheimnisse, die du ihm offenbarst.

BUCHSTABEN UND BILDER

Manchmal sieht man bei einer Handlesung Buchstaben oder sogar Bilder erscheinen. Dies hat immer etwas zu bedeuten. Wenn du zum Beispiel auf einer bestimmten Linie die Buchstaben A oder T siehst, frage dann deinen Klienten, ob diese Initialen zu Menschen gehören, die ihm wichtig sind. Vielleicht heißt seine Mutter Anna und sein Sohn Thomas. Bei den Bildern funktioniert es ähnlich. Vielleicht siehst du einen schwachen Umriss eines Vogels oder einer anderen Kreatur – es kann sich dann herausstellen, dass dein Kunde begeistert ist von Papageien.

GITTER Dies ähnelt einem Viereck aus winzigen Quadraten, oder den Rasterlinien beim Tic-Tac-Toe-Spiel. Ein Gitter steht für Schwierigkeiten und Unruhe. Wenn du es auf der Herzlinie siehst, kann dies auf Beziehungsprobleme hinweisen, auf der Lebenslinie deutet es auf andere Probleme und Obstakel hin. Auf der Kopflinie steht ein Gitter für mentale oder gesundheitliche Probleme im Kopfbereich.

PENTAGRAMM Ein Pentagramm kommt selten vor. Es bedeutet, dass jemand über magische Kräfte verfügt, die sich bald manifestieren werden. Ein Pentagramm steht auch für spirituellen Schutz.

KREUZ Ein Kreuz deutet meistens auf Unfälle, Pech oder Hindernisse hin, oder sogar auf eine Operation. In welchem Körperbereich ist aber sehr schwierig zu sehen, dies erfordert viel Geschicklichkeit. Sei also vorsichtig, wenn du dies erwähnst.

QUADRAT Wenn sich auf einer Handfläche ein von einem Quadrat umgebenes Kreuz zeigt (wie ein Kreuz in einem Kasten), bedeutet dies meistens optimalen Schutz. Im Allgemeinen haben Quadrate zwei Bedeutungen: Beschränkung und Schutz.

STERN In der vedischen Handlesekunst ist der Stern ein spirituelles Zeichen, vor allem, wenn er sich in der Mitte des Vierecks befindet (der Bereich zwischen Kopf- und Herzlinie). In der traditionellen Handlesekunst deutet ein Stern jedoch darauf, dass jemand kürzlich einen heftigen Schock oder eine Erschütterung erlitten hat.

KREIS Die Anhänger der vedischen Handlesekunst halten den Kreis für ein gutes Omen, die westliche Handlesekunst für das Gegenteil.

Buchstaben und Bilder Lesen – Leanna

Ich habe einmal auf der Handfläche einer Frau eine Kirche gesehen – und sie dann gefragt, ob sie gerade geheiratet habe. Sie war erstaunt, denn das war tatsächlich gerade vor einem Monat der Fall gewesen. Ein anderes Mal erschien auf der Hand eines Mannes auf dramatische Weise die Initiale T – und der Name Tim erschien mir. Der Mann mir gegenüber war fassungslos, denn sein Sohn Tim war im Jahr zuvor gestorben. Ich konnte ihm versichern, dass es ihm gut geht. Das bei Weitem netteste Erlebnis war, dass mir auf der Handfläche einer jungen Frau der Kopf eines deutschen Schäferhundes erschien. Sie erzählte mir aufgeregt, dass sie Ende der Woche einen Hundewelpen abholen würden.

SEI GEDULDIG

Die Handlesekunst ist ein komplexes Thema, über das viele Bücher geschrieben wurden. Besorge dir also ein Heft oder Notizbuch, in dem du alles aufschreibst. Versuche, deine Notizen in eine logische Reihenfolge zu bringen. Finger und Nägel gehören zusammen, die Hauptlinien auch.

Oft lernst du etwas und vergisst es wieder – mach dir keine Sorgen. Konzentriere dich pro Woche auf ein bestimmtes Thema, bis du es verinnerlicht hast. Ich [Leanna] warne immer meine Handlese-Schüler, sich nicht durch allzu viele Informationen zu überfordern – und auch ich muss immer wieder Sachen in meinem Notizheft nachlesen. Als meine Mutter mich in jungen Jahren zu unterrichten begann, ärgerte ich mich oft, dass so vieles zum einen Ohr rein und zum anderen wieder raus ging. Irgendwann gab sie es sogar auf und ließ mich ein paar Monate in Ruhe. Danach ging es besser. Mach dir also keine Sorgen, wenn du manchmal ein bisschen vergesslich bist. Das ist ganz normal.

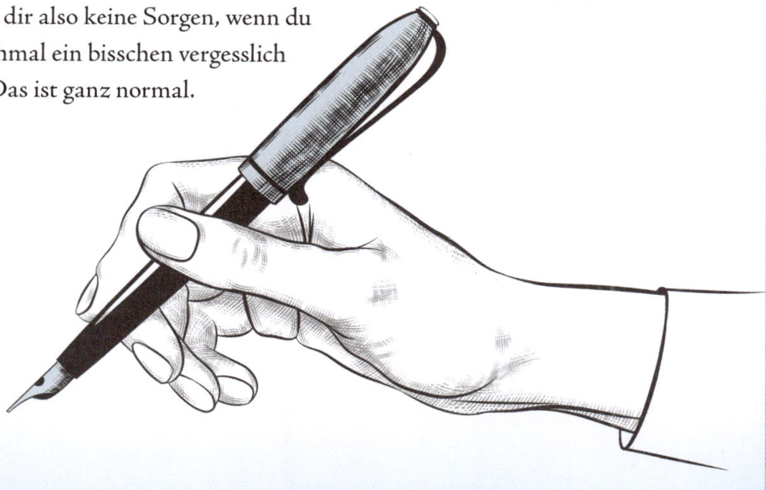

Kapitel 8

Botanomantie: Die magische Pflanzenkraft

FÜR GÄRTNER UND NATURFREUNDE GIBT ES NICHTS Natürlicheres als Wahrsagen mithilfe von Pflanzen, Kräutern, Rinde, Zweigen, Ästen, Samen oder was immer man in der Natur findet. Pflanzen haben alle ihre eigene magische Energie, sodass sich natürliche Materialen auf vielerlei Weise in magischen Ritualen verwenden lassen. Diese uralte Praxis wird *Botanomantie* genannt.

In diesem Kapitel wird erläutert, wie man durch die Verbrennung von Blumen und Pflanzen die Zukunft vorhersagen kann und wie du dich mithilfe der Aromatherapie in den optimalen Geisteszustand für magische Rituale versetzen kannst.

Es empfiehlt sich, ein Buch über Botanik anzuschaffen, wenn du das erste Mal Pflanzen bestimmst,

VERBRENNEN UND LERNEN

Beim Wahrsagen mittels Pflanzen verwendet man meistens die Asche. In der Antike wurden dafür am liebsten Jakobskreuzkraut und Feigenblätter verwendet, weil ihre Asche wertvolle Botschaften offenbart. Im Prinzip kannst du jedoch alles Grüne verwenden, was du gerade zur Hand hast. Manche Blumen haben allerdings eine spezifische Bedeutung. Überlege dir also immer, auf welche Frage du eine Antwort suchst, damit du zum Verbrennen und Deuten die richtigen Blumen oder Pflanzen nimmst.

Hast du zum Beispiel Trockenblumen nach einer Hochzeit oder Beerdigung, dann überlege dir einmal, auf welche Fragen sie dir interessante Antworten geben könnten. Gibt es bei dir im Garten einen Baum, Strauch oder eine Pflanze, mit der du dich besonders verbunden fühlst? Hast du dich schon immer mit einer bestimmten Frucht oder einem bestimmten Kraut verbunden gefühlt?

Achte beim Wahrsagen auf die spezifischen Eigenschaften der Pflanzen:

AMARYLLIS *(Hippaestrum)* Stolz

AZALEE *(Rhododendron)* Dankbarkeit

BLAUREGEN *(Wisteria sinensis)* Heimkehr oder Willkommen

EDELWICKE *(Lathyrus odoratus)* Dankbarkeit

GÄNSEBLÜMCHEN *(Bellis perennis)* Geduld, Unschuld

GARTEN-STIEFMÜTTERCHEN *(Viola tricolor var. hortensis)* Liebevolle Gedanken

HAHNENFUSS *(Ranunculus L.)* Reichtum

IRIS Positive Nachrichten

LANDNELKE, ROT Leidenschaftliche Liebe

LANDNELKE, VIOLETT *(Dianthus caryophyllus)* Mutterliebe

LANDNELKE, WEIß Reinheit und Liebe

LILIE, ORANGE *(Lilium)* Leidenschaft (positiv oder negativ)

LILIE, VIOLETT *(Syringa)* Liebe

LILIE, WEIß Erinnerungen, Unschuld, Reinheit

MAGNOLIE *(Magnolia grandiflora)* Bewunderung der Natur

MAIGLÖCKCHEN *(Convallaria majalis)* Demut, Rückkehr guter alter Zeiten

NARZISSE *(Amaryllidaceae)* Vergebliche Liebe, Ego

NARZISSE *(Narcissus)* Neuanfang

ORCHIDEE *(Orchidaceae)* Ätherische Schönheit

PFINGSTROSE *(Paeonia)* Scham, Zorn, Schüchternheit

PRIMEL *(Primula vulgaris)* Ewige Anbetung

PRUNKWINDE *(Ipomoea)* Unerwiderte Liebe

ROSE, ROT Wahre Liebe

ROSE, VIOLETT *(Rosa)* Jugend, Freundschaft

ROSE, WEIß Unschuld

SCHLAFMOHN, ROT *(Papaver somniferum)* Erinnerung

SCHLAFMOHN, WEIß Frieden

SCHLEIERKRAUT *(Gypsophila)* Unschuld

SCHNEEGLÖCKCHEN *(Galanthus)* Hoffnung

SONNENBLUME *(Helianthus)* Reinheit

TULPE, GELB Unerwiderte Liebe

TULPE, ROT *(Tulipa)* Ewige Liebe

TULPE, WEIß Sinnlose Liebe

VEILCHEN, VIOLETT *(Viola)* Hohe Ansprüche oder Träume

VEILCHEN, WEIß Bescheidenheit

Auch die Eigenschaften folgender Kräuter und Pflanzen sind interessant:

BAMBUS *(Bambusoideae)* Stärke, Anmut

ECHTER LORBEER *(Laurus nobilis)* Ambition, Erfolg

EICHENBLÄTTER *(Quercus)* Kraft

FENCHELL *(Foeniculum vulgare)* Kraft

FLEIßIGES LIESCHEN *(Impatiens)* Leidenschaftliche Liebe

GEWÜRZNELKE *(Syzygium aromaticum)* Wahre, unendliche Liebe

KORIANDER *(Coriandrum sativum)* Lust

KRATZDISTEL *(Cirsium vulgare)* Vorsicht

LAVENDEL *(Lavandula)* Hingabe

MINZE *(Mentha)* Misstrauen

ROSMARIN *(Rosmarinus officinalis)* Erinnerung

WEIZEN *(Triticum)* Wohlstand

WEIDE *(Salix)* Unbeantwortete Liebe

Fruchtschalen haben ebenfalls bestimmte Eigenschaften:

APFEL Versuchung, Lust, Sünde, Leiden

KIWI Hindernisse

MANGO Liebe, Reichtum, Unsterblichkeit

ORANGE Freude, Wohlstand

WEINTRAUBE, WEINREBE Wohlstand, Fruchtbarkeit

Ob du jetzt Rosenblätter, Apfelschalen, Blätter oder die Rinde eines Eichenbaums nimmst – alles, was brennen kann, ist geeignet! Du solltest aber das Material zum Verbrennen auf deine spezifische Frage auswählen und deine Frage klar formulieren. Wenn du zum Beispiel wissen willst, ob dein jetziger Partner „der Richtige" ist, dann verbrennst du am besten eine rote Rose. Wenn du wissen willst, ob dein Vorstellungsgespräch erfolgreich war, dann verbrenne violette Veilchen. Wenn du wissen willst, ob ein geliebter Mensch wieder gesund wird, verbrenne Schneeglöckchen.

Was auch immer du verbrennst – bereite dich entsprechend vor. Suche einen ruhigen, friedlichen Ort, an dem du dich ungestört konzentrieren kannst. Wie bei anderen Formen der Wahrsagerei versuche auch jetzt deine Frage so klar wie möglich zu formulieren, damit du deutliche Antworten bekommst. Überlege dir also genau, wie du deine Fragen stellst.

Die Antwort auf eine Frage wie „Welche Freunde kommen zu meiner Geburtstagsparty?“ lässt sich wahrscheinlich schwer deuten. Aber fragst du „Wie viele Leute kommen zu meiner Party?“ oder sogar „Was machen wir während meiner Party?“ ist die Antwort wahrscheinlich deutlicher, da sie in Form von Zahlen oder als Ereignis oder Aktivität erscheinen wird.

Zauberritual zum Wahrsagen mit Pflanzen

Das folgende Ritual kann dir als Leitfaden für die Verbrennung dienen. Pass auf: Damit deine Pflanzen oder Blumen gut brennen, ist es wichtig, dass sie gut getrocknet sind. Feuchte Blumen oder Pflanzen schwelen und können die Ergebnisse beeinträchtigen.

Materialien

Pflanzen, Blumen, Obstschalen oder Kräuter deiner Wahl, getrocknet

Feuerfeste Schale, Behälter oder Unterlage

Feuerzeug und etwas Schnur oder Garn

Wasser, Sand oder Feuerlöscher für Notfälle

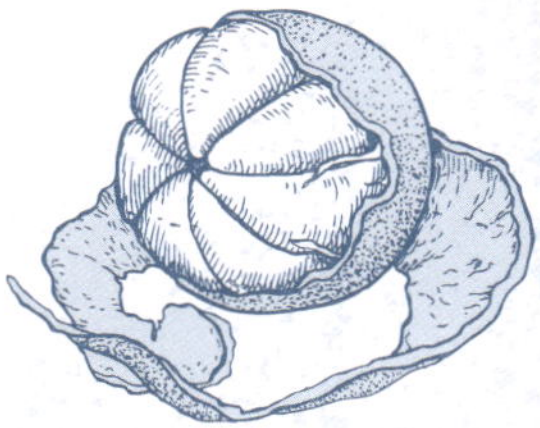

Ritual

Binde alles mit einer Schnur zusammen und lege das Bündel in einen feuerfesten Behälter. Wenn du unterschiedliche Arten Pflanzen nimmst, brennt das Feuer besser und du bekommst eine deutlichere Antwort.

Konzentriere dich auf deine Frage. Nimm dir Zeit, dich auf das zu konzentrieren, was du wissen willst. Schließe die Augen und atme einige Male tief ein und aus, damit dein Geist offen ist und die Antwort empfängt – wie auch immer sie lauten mag.

Zünde das Bündel mit einem Feuerzeug an. Lasse es zu Asche verbrennen und pass auf, dass das Feuer nicht außer Kontrolle gerät.

Wenn alles zu Asche verbrannt ist, kannst du das Ergebnis lesen. Sei vorsichtig, dass du die Asche nicht mit deinem Atem aufwirbelst und lass sie nicht vom Wind verwehen.

Was siehst du? Kannst du Figuren, Zahlen oder Muster in der Asche erkennen? Bedeuten sie etwas für dich? Wenn du dir über die Bedeutung eines bestimmten Symbols unsicher bist, versuche dann dahinterzukommen, was es bedeuten kann.

AROMATHERAPIE FÖRDERT KLARHEIT

Die Verwendung pflanzlicher ätherischer Öle trägt zur Stärkung deiner übersinnlichen Kräfte bei. Die Aromatherapie hilft, deinen Geist zu öffnen. Du kannst verschiedene Öle oder Kombinationen davon verwenden, je nach den Fragen, die du stellst und abhängig von deinem aktuellen Energiezustand. Minze ist zum Beispiel ein anregender Duft, der dir hilft, wenn deine Energie nachlässt oder wenn es dir nicht gelingt, eine Antwort auf eine Frage zu empfangen. Orange dagegen ist ein beruhigender Duft, der hilft, wenn du dir über irgendetwas Sorgen machst. Hier unten werden einige Öle und ihre Eigenschaften beschrieben:

BALSAM Intuition, Erdung, Stressbewältigung

BASILIKUM Klärt den Geist

BERGAMOTTE Beruhigend, stimmungserhellend

EUKALYPTUS Anregend

GERANIUM Fördert Gefühle von Sicherheit und Geborgenheit

GRAPEFRUIT Fördert das Wohlbefinden

KAMILLE Fördert Akzeptanz und beruhigt

LAVENDEL Beruhigend, angstlösend

LIMONE Fördert die Konzentration

LORBEERBLATT Fördert Einsicht und Mut

MUSKAT Wirkt erdend und beseitigt Ängste

ROSMARIN Regt Klarheit an

SALBEI Verbessert meditative Konzentration, lindert Ängste

SANDELHOLZ Macht mutig

TEEBAUMÖL Verleiht Kraft, lindert Ängste und Stress

VETIVERÖL Fördert Erdung, Klarheit

YLANG-YLANG macht optimistisch und lindert Ängste

ZEDERNÖL Stärkt, besänftigt Ärger

ZYPRESSE Wirkt stabilisierend, hilft bei Verlust

Ätherische Öle lassen sich auf verschiedene Weise verwenden – in einem Bad oder in einem Diffusor. Wenn du ein Öl direkt auf die Haut auftragen willst, sollte es zunächst mit einem Trägeröl, wie Mandel- oder Kokosnussöl, verdünnt werden. Als Faustregel gilt: drei bis fünf Tropfen ätherisches Öl auf einen Teelöffel Trägeröl. Gieße die Lösungen hinterher weg, da sie schnell ranzig werden. Du kannst auch verschiedene Öle miteinander kombinieren. Wenn du zum Beispiel wissen willst, warum du und dein Geliebter sich kürzlich getrennt haben, empfiehlt sich eine Mischung aus Rosmarin- und Zypressenöl. Der Duft sollte den Raum füllen. Dann konzentriere dich auf deine Frage und lasse deinen sechsten Sinn frei fließen.

HELLSEHEN MIT FRÜCHTEN, BLUMEN, KRÄUTERN UND SAMEN

Auch Obst kann einem helfen, dahinterzukommen, wie es um die Liebe steht. Halte einen Apfel mit einer Hand am Stiel fest, drehe ihn mit der anderen Hand, und sage laut das Alphabet auf. Der Apfel löst sich vom Stiel, sobald du beim Anfangsbuchstaben des Vornamens deiner wahren Liebe angelangt bist. Du kannst hierfür auch Apfelkerne nehmen. (Dazu brauchst du eine Kerze in einem Gefäß oder ein Feuerzeug). Gib jedem der Kerne den Namen eines eventuellen Geliebten und wirf die Kerne nacheinander in die Flamme. Der Samen, der am lautesten knallt, verrät dir den Namen deines zukünftigen Partners. Ein ähnliches Verfahren gibt es für Wassermelonenkernen: Du gibst auch hier jedem Samen den Namen eines möglichen Geliebten und klebst dir dann die einzelnen Samen an die Stirn. Der Samen, der am längsten kleben bleibt, verrät dir den Vornamen deines zukünftigen Partners. Die Blätter von Gänseblümchen sind eine altbewährte Methode, um herauszufinden, ob dich jemand liebt. Denke an die Person, die du liebst, dann zupfe nacheinander die Blütenblätter eines Gänseblümchens ab und sage abwechselnd: „Sie liebt mich, sie liebt mich nicht". Mache so weiter, bis du alle Blütenblätter abgezupft hast. Das letzte Blütenblatt sagt dir, ob es sich um die große Liebe oder um eine flüchtige Beziehung handelt! Schließlich noch ein kleines Projekt, das dir bei einer Frage mit mehreren möglichen Antworten helfen kann: Nimm eine Handvoll Samen und mehrere kleine Blumentöpfe. Klebe auf jeden Topf einen Zettel mit einer möglichen Antwort oder einem möglichen Ergebnis. Pflanze

in jeden Topf einige Samen, während du dich auf deine Frage konzentrierst. Gibt allen Samen gleich viel Wasser. Der Keimling, der zuerst erscheint oder – wenn die Keimlinge gleichzeitig erscheinen – der Keimling, der am stärksten wächst, verrät dir die richtige Antwort.

Der Lorbeer und die Weissagung

Lorbeerblätter sind besonders geeignet, die Zukunft vorhersagen – vor allem, weil sie auf verschiedene Weise verwendet werden. Wenn du zum Beispiel von einer Gruppe Freunde wissen willst, wer dieses Jahr zuerst heiratet, oder am erfolgreichsten sein wird, nimm dann für jeden ein Lorbeerblatt. Du markierst eines der Blätter auf der Unterseite mit einem Punkt oder X und legst alle Blätter mit der Oberseite oben auf einen Stapel. Lass nun jemanden alle Namen auf der Oberseite der Lorbeerblätter schreiben, lege die Blätter in eine Schüssel und lass jede Person ein Blatt ziehen. Wer das Blatt mit der Markierung auf der Unterseite gezogen hat, weiß, wer zuerst heiraten oder Glück haben wird!

Lorbeerblätter helfen dir auch, deinen Wünschen zusätzliche Energie zu verleihen. Schreibe verschiedene Träume auf mehrere Lorbeerblätter, lege sie in eine Schale und verbrenne sie. Deine Wünsche werden kräftiger, wenn du sie auf diese Weise dem Universum anvertraust. Wenn Lorbeerblätter während einer Meditation oder Wahrsagung verbrannt werden, verstärken sie metaphysische Visionen. Mit Lorbeeren gefüllte *Traumkissen* können Visualisierungen verstärken.

Pflanzen zum Zaubern

Magier sammeln ihre Pflanzen für Zaubertränke und Zaubersprüche in der Regel selbst, damit ihre Wünsche kräftiger werden und in Erfüllung gehen. Pflanzen können schützen, Kräfte verleihen oder Visionen verstärken. Vielleicht solltest du beim nächsten Spaziergang anfangen sie zu sammeln. Wenn du für deine Lesungen eine reiche Auswahl an Pflanzen, Blumen und Kräutern brauchst, empfehlen wir dir einen eigenen magischen Garten anzulegen – ein guter Gedanke, wenn du oft Vorhersagen machst oder diese für Freunde und Familie machen willst.

ALOE *(Aloe vera)* Schützt vor bösen Geistern und Unfällen zu Hause.

ANIS *(Pimpinella anisum)* Hält Albträume fern, wenn man sie in ein Kissen oder einen Beutel legt; schützt vor dunklen Energien während Zauberritualen oder Meditationen.

BASILIKUM *(Ocimum basilicum)* Unterstützt Liebeszauber

ECHTE KAMILLE *(Matricaria chamomilla)* Sorgt für Geld, und auch in anderen Lebensbereichen für Überfluss; kann negative Energien beseitigen, wenn man sie in einem Bad einweicht.

ECHTE SCHLÜSSELBLUME *(Primula veris)* Wird in Heilmeditationen und Zaubersprüchen verwendet.

EICHE *(Quercus)* Zweige und Eicheln, die im und um das Haus aufgehängt oder hingelegt werden, schützen vor Stürmen, Blitzeinschlag und Überschwemmungen.

FENCHEL *(Foeniculum vulgare)* Schützt vor dunklen Energien; wird oft in Fenstern und Türöffnungen aufgehängt oder im Garten angepflanzt.

GROßE BRENNNESSEL *(Urtica dioica)* Beseitigt negative Energien oder macht Flüche unschädlich; hat heilende Kräfte.

HIBISKUS *(Hibiscus rosa-sinensis)* Bringt Liebe und Überfluss; verstärkt Liebeszauber.

HOLUNDER *(Sambucus)* Fördert Wohlstand und beseitigt negative Energien; stelle ihn auf den Tisch oder Kaminsims, hänge ihn über eine Türöffnung oder trage einen Zweig bei dir.

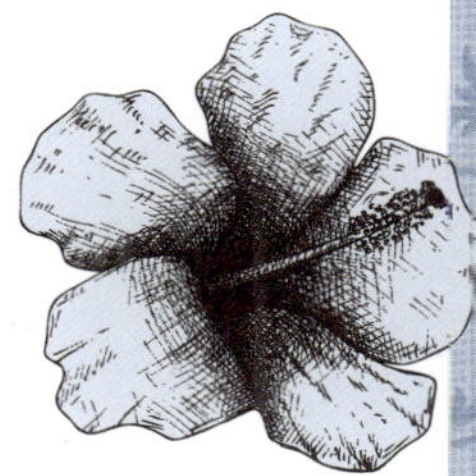

KANADISCHE BLUTWURZEL *(Sanguinaria)* und **KATZENMINZE** *(Nepeta cataria)* Ziehen beide Liebe, Frieden und positive Energie an; zusammen mit Rosenquarz auf den Nachttisch legen.

LAVENDEL *(Lavandula)* Nützlich in Liebeszaubern – Lavendelöl auf der Kleidung oder Haut zieht an.

MINZE *(Mentha)* Zieht Erfolg an und schützt vor negativen Energien; zieht positive Geister während Meditationen oder Zauberritualen an.

ROSE *(Rosa)* Sehr geeignet für Liebeszauber; zieht Frieden und Wohlbefinden an.

SCHWARZBEERE *(Rubus)* Fördert die Gesundheit und wehrt böse Geister ab; generiert Geld und Erfolg.

STECHPALME *(Ilex)* Schützt ebenfalls vor negativen Energien und wird in Liebeszaubern und -tränken verwendet.

STUDENTENBLUME *(Tagetes)* Schützt vor negativen Energien und unerwünschten Besuchern; pflanze sie im Garten an oder halte sie im Haus.

TRAUBENSILBERKERZE *(Actaea racemosa)* Eine weitere Pflanze, die in Liebeszaubern verwendet wird; fördert Selbstachtung, Selbstvertrauen und Selbstsicherheit.

Obwohl du in Büchern und im Internet viele alte Zaubersprüche findest, kannst du auch eigene Sprüche oder Zaubertränke verwenden. Vergewissere dich aber vor der Zubereitung, dass die Kräuter oder Pflanzen ungefährlich sind! Konsultiere einen Arzt, wenn du gegen bestimmte Pflanzen oder Kräuter allergisch bist. Kamille oder Minze sind fast immer

Bist du eine Heckenhexe?

Der Begriff *Heckenhexe* stammt aus alten Zeiten, als noch viele Menschen in der Nähe von Wäldern lebten. Die Wald- oder Gehölzränder wurden „Hecken" genannt. Da Heckenhexen sehr naturverbunden sind, verwenden sie gerne Wildpflanzen in ihren magischen Ritualen – sie kennen sich ausgezeichnet aus in der Botanomantie. Das Handwerk dieser Art Hexen ist vor allem Meditation, Heilung und luzides Träumen. Da Heckenhexen alles über Heilkräuter und -pflanzen wissen, wandte man sich in früheren Zeiten an sie bei Krankheiten. Heckenhexen mischten ihre eigenen Heilmittel im Licht des Mondes.

unbedenklich. Wenn du also eine positive Einstellung und gute Dinge und Menschen anziehen willst, empfiehlt sich das Trinken einer Tasse Minztee, wenn du deinen meditativen Raum öffnest. Während du deinen Tee trinkst, kannst du alte Sorgen und Enttäuschungen loslassen und dir das Leben und die Menschen vorstellen, wie du dir sie wünschst. Du kannst sogar eine Beschwörungsformel rezitieren, etwa so:

***„Ich stelle mir das Leben vor, das sein soll,
Geister, bitte bringt es mir.“***

Du kannst dir auch einen Brombeertrank oder -tee zubereiten und dir dabei einen großen Erfolg vorstellen. Wenn du zum Beispiel Künstler bist und viele Werke verkaufen willst, stell dir dann deine Kunstwerke in allen Einzelheiten vor und auch die Personen, die die Werke kaufen. Stelle dir außerdem das Geld vor, das du verdienst. Wenn du finanziellen Erfolg in irgendeinem Sinne anstrebst, kannst du eine Beschwörungsformel verwenden wie etwa:

***„Das Geld kommt ganz frei hierher,
das weiß ich und das sehe ich.“***

Kapitel 9

Aeromantie bis Teeblättern-Lesen: Andere Formen der Weissagung

VON ÄGYPTEN UND GRIECHENLAND BIS ZU DEN HINDUS und Hebräern. Im Laufe der Geschichte hat jede Kultur ihre eigenen Formen der Weissagung entwickelt – die Kunst, sich mit der universellen Lebenskraft zu verbinden, um Einsicht und Wissen zu erlangen. Es gibt unzählige Methoden zur Wahrsagung, die meisten haben ihren Ursprung in alten Kulturen. Sie variieren vom Deuten von Wolkenformationen, Staublesen und Hahnenopfern bis zur Karromantie oder Ceromantie. Einige Wahrsagetechniken sind wahrscheinlich im Laufe der Zeit verloren gegangen, aber viele magische Praktiken werden schon seit Jahrhunderten ausgeübt.

Hier werden die Grundlagen einiger traditioneller Formen von Wahrsagerei dargestellt, die in diesem Buch noch nicht behandelt wurden: Knochenlesen, Himmelbeobachtung und das Lesen von Muttermalen, Kerzen, Teeblättern und Salz. Eine umfassende Liste esoterischer Praktiken befindet sich am Ende des Kapitels.

KNOCHEN WERFEN

Die Wahrsagetechnik der *Osteomantie* – das Lesen aus Knochen – stammt aus dem alten China. Sie diente den Reichen und Mächtigen bei Fragen über zum Beispiel Kriege, Hungersnöte und Krankheiten. In Asien wurden vor allem Schildkrötenpanzer (die große Bauchdecke), aber auch andere Tierknochen, wie die Schulterblätter von Rindern oder anderen großen Tieren gefunden, die kryptische Zeichen tragen. Dank ihrer relativ flachen Oberfläche sind sie zum Wahrsagen besonders geeignet. Sie wurden zunächst vom Fleisch befreit und dann mit Werkzeugen noch flacher gemacht. Daraufhin bohrte man nach einem bestimmten Schema Löcher in den Knochen. Der Wahrsager ritzte dann eine Frage in die Oberfläche und erhitzte eine Vertiefung oder ein in den Knochen gebohrtes Loch – bis der Knochen zerbrach. Die so entstandenen Stücke wurden gedeutet und die Antwort anschließend in den Knochen eingraviert.

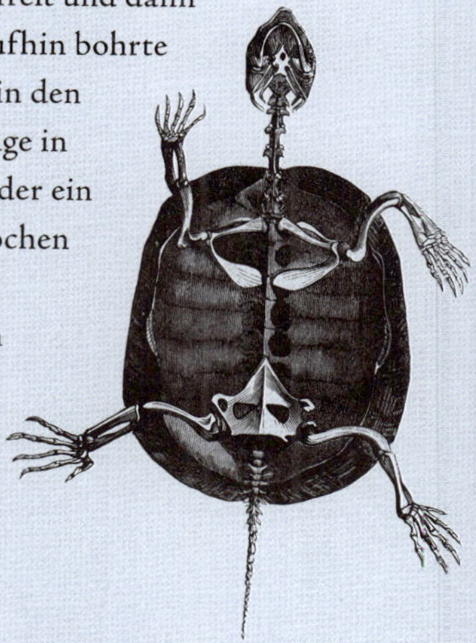

Diese Methode der Knochenwahrsagung unterscheidet sich von der moderneren Praxis, die du vielleicht kennst. Dabei wirft man Knochen in die Luft und deutet nach dem Auftreffen ihre Lage zueinander. Knochenwerfen ist heute weitverbreitet.

Wo man Knochen findet

Moderne Knochenleser verwenden oft Knochen von Beutelratten, um sich mit der spirituellen Ebene zu verbinden und ihre Botschaften zu deuten. Beutelratten wird eine enge Verbindung mit dem Tod nachgesagt, da sie in der Nacht aktiv sind und in der Dunkelheit auf Friedhöfen umherstreifen. In afroamerikanischen Hoodoo- und afrikanischen Voodoo-Ritualen werden für das Knochenlesen oft Hühnerknochen benutzt, weil Hühner eine starke Verbindung zur Ahnenwelt haben. Außerdem sind Hühnerknochen leicht erhältlich.

Wie bei anderen Formen von Weissagung ist auch bei der Osteomantie die Auswahl des Materials sehr persönlich. Du kannst mit Standard Osteomantie-Sets aus dem Internet oder New-Age-Läden anfangen, aber es ist besser, Knochen zu verwenden, zu denen du eine persönliche Verbindung hast.

Einige Knochensammler benutzen nur Knochen überfahrener Tiere, weil sie sich mit ihnen mehr verbunden fühlen und sie:

- **Wissen, woher die Knochen stammen.**
- **Wissen, wie das Tier gestorben ist.**

- **Die Knochen selbst säubern können.**
- **Das Tier ehren und ihm eine schöne Beerdigung geben können.**

Allerdings ist nicht jeder von der Idee begeistert, tote Tiere aufzusammeln, für etwas zimperliche Menschen gibt es auch andere Möglichkeiten. Egal, ob du deine Knochen kaufst oder findest, bewahre sie alle zusammen in einem Beutel oder Tuch auf. Füge einige zusätzliche Objekte hinzu, die für dich eine persönliche Bedeutung haben, wie Muscheln, Federn, Steine, Rindenstücke oder Schmuckstücke (Schlüssel, Ohrring, Münzen). Es spielt keine Rolle, was es ist, solange es nur eine persönliche Bedeutung hat und so klein ist, dass es in den Beutel passt und du es leicht zusammen mit den Knochen werfen kannst.

Knochen lesen

Es gibt, abhängig von den Knochen, die du benutzt, verschiedene Methoden zum Knochenlesen. Ein gekauftes Knochenwurf-Set enthält einige Standardknochen, wie ein Schulterblatt, einen Zahn, einen Waschbärpenisknochen und Hühnerflügelknochen. Dem werden oft noch andere Knochen, die gerade zur Verfügung stehen, hinzugefügt. Ein solches Set ist geeignet für die Mischknochenmethode.

Knochen können Verschiedenes repräsentieren, zum Beispiel:

VERGANGENHEIT – ZUKUNFT

GEGENWART – HINDERNISSE

Oder sie stehen für Zuhause, Karriere, Beziehungen oder Gesundheit. Alle Kombinationen, die dir einfallen, sind gut.

Die Mischknochen-Methode

Früher zeichneten Wahrsager einen in vier Quadranten unterteilten Kreis in die Erde und warfen dort ihre Knochen aus. Heutzutage wird meistens etwas anderes als Wurfunterlage verwendet, ein einfaches Stück Stoff, Tierhaut, oder ein spezielles Tuch mit einem vorgedruckten, in vier Quadranten unterteilten Kreis. Egal, wofür du dich entscheidest, wichtig ist, dass du das Wurffeld in vier Quadranten einteilst. Diese Bereiche kannst du variieren, abhängig von der Lesung, die du durchführen willst.

Wenn du einen einfarbigen Stoff verwendest, dann überlege dir vor dem Werfen, wie du die Lage der Knochen interpretieren willst. Sollen die Knochen, die dir am nächsten liegen, für aktuelle Ereignisse stehen oder für vergangene? Willst du sie überhaupt linear lesen oder verstehst du ihre Lage als Gesamtbild der Ereignisse? Knochen oder Schmuckstücke, die außerhalb des Tuchs landen (oder außerhalb des kreisförmigen Rasters), werden bei der Deutung nicht berücksichtigt.

Hier kommt deine persönliche Verbindung zu den Knochen und anderen Gegenständen ins Spiel. Du verwendest zum Beispiel einen Knochen, den du bei einem Waldspaziergang gefunden hast. Vielleicht warst du vorher etwas melancholisch, aber du fühltest dich nach dem Finden des Knochens ganz mit der Natur um dich herum verbunden. Dieser Knochen könnte dann Erlösung oder Wiedergeburt für dich bedeuten. Auf diese Weise solltest du, bevor du mit der Deutung beginnst, jedem

Objekt und jedem Knochen eine Bedeutung zuweisen, damit du die Lage nachher richtig interpretieren kannst.

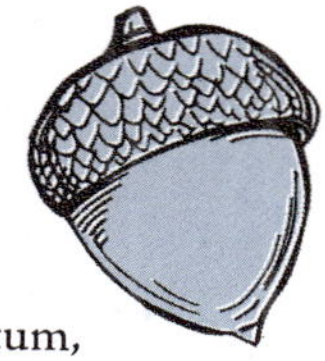

Schreibe in einem Heft auf, was die Gegenstände in deiner Sammlung für dich bedeuten. Dies kann sich auch ändern: Heute steht für dich eine Eichel vielleicht für Wachstum, aber aus Gründen, die du jetzt noch nicht kennst, kann sie nächstes Jahr für etwas ganz anderes stehen. Das ist in Ordnung, solange du dir die Zeit nimmst, dich regelmäßig mit deiner Knochensammlung zu verbinden, um sie mit deiner eigenen Energie zu füllen.

Hühnerknochen werfen

Frühere Wahrsager verbanden Hühnerknochen mit spezifischen Bedeutungen. Du kannst ohne weiteres die Knochen eines Huhns verwenden, dass du gerade gegessen hast. Koche das Huhn, damit du die letzten Fleischreste entfernen kannst und nimm die Knochen heraus, die du verwenden willst. (Du kannst sie eventuell noch ein paar Tage in Spülwasser legen, um sie fettfrei zu machen). Sobald die Knochen gereinigt sind, lege sie einen oder zwei Tage lang in Peroxid (nicht in ein Bleichmittel, da dies die Knochen zersetzt), um sie zu bleichen. Nach dem Trocknen sind sie gebrauchsfertig. Manche Wahrsager bemalen ihre Knochen, andere verwenden sie so, wie sie sind.

Achte darauf, dass du nur sieben Hühnerknochen verwenden darfst. Ihre Bedeutungen findest du hier:

BRUSTKNOCHEN leidenschaftliche Liebe, Beziehungen, Kunst, Leidenschaft im Leben

BEINKNOCHEN, GANZ Reisen, Erfolg, Möglichkeiten

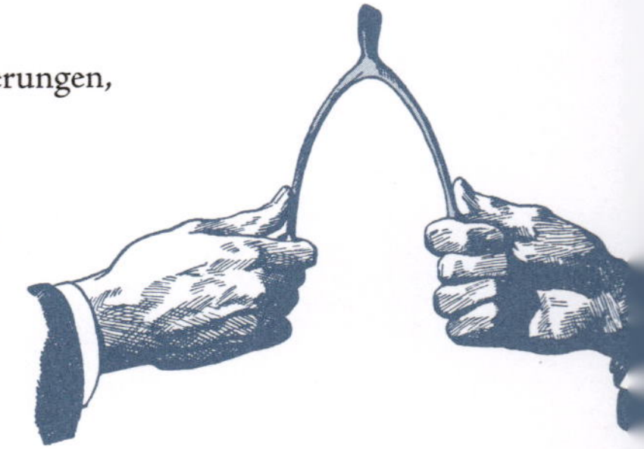

BEINKNOCHEN, GEBROCHEN Verzögerungen, Hindernisse, Isolation, Frustration

FLÜGELKNOCHEN, GANZ Freiheit, Flugreisen, Möglichkeiten, positive Zukunft

FLÜGELKNOCHEN, GEBROCHEN Eingeschränkte Freiheit, Feststecken, Verzögerungen

HALSKNOCHEN Knappheit, Verlust, Angst, schlechte Entscheidungen

OBERSCHENKELKNOCHEN Spiritualität, emotionale Prüfungen, Vorfahren, spirituelle Gaben

RIPPENKNOCHEN Einschränkungen, Hindernisse, Schwierigkeiten die überwunden werden sollen

SCHLÜSSELBEIN Hoffnungen, Ambitionen, Träume, die sich verwirklichen, Glück

Jetzt wirf deine Hühnerknochen und achte darauf, wie sie nach dem Landen zueinander liegen. Es gibt einige Muster, die dir Hinweise geben können:

AUFRECHTES DREIECK positives Wachstum

DIAGONALE LINIE Trennung in Bezug auf die umliegenden Knochen

HORIZONTALE LINIE Steht für weibliche Energie, bedeutet eine negative Antwort

HUFEISEN Steht für Glück, auf dem Kopf steht es für negative Energie

PARALLEL ZUEINANDER Die Energien stimmen überein

T-FORM Ein Knochen blockiert die Energie des anderen

UMGEKEHRTES DREIECK Abnehmende Energie oder abnehmendes Wachstum

VERTIKALE LINIE Steht für männliche Energie, bedeutet eine positive Antwort

X-FORM Zusammenarbeiten oder gegeneinander arbeiten

Wie bei jeder Art von Wahrsagung macht Übung den Meister. Wirf die Knochen regelmäßig, um die Beziehung der Knochen zueinander sowie ihre Verbindung zu deinem Geist und deiner Seele zu verstehen.

MUTTERMALE UND LEBERFLECKEN

Es gibt verschiedene Möglichkeiten, Merkmale am menschlichen Körper zu lesen. Die *Moleosophie* deutet das Schicksal und die Persönlichkeit von Menschen mithilfe von Muttermalen und Leberflecken. Diese aus der Antike stammende Form der Weissagung wird heutzutage nur noch selten praktiziert.

Muttermale werden meistens für wichtiger gehalten als Leberflecken: Ihre Deutung hängt stark von den Quellen und jeweiligen Überzeugungen ab. Ein Muttermal auf der Stirn soll zum Beispiel auf eine hohe Intelligenz und Kreativität hinweisen. Ein Muttermal an der Wade kann bedeuten, dass jemand dazu bestimmt ist, große Entfernungen zurückzulegen. (**Achtung:** Wenn du bei der Untersuchung deines Körpers auf große, unregelmäßige oder asymmetrische Muttermale stößt oder sie sich verändert haben, solltest du einen Hautarzt aufsuchen).

Hier einige andere, weniger wörtliche Deutungen von Muttermalen:

BRUST, LINKS intelligent und sozial ängstlich

BRUST, MITTE durch Geldsorgen geplagt

BRUST, RECHTS bekommt nur Kinder weiblichen Geschlechts

FUẞ, LINKS schlechte Ehe und familiäre Probleme

FUẞ, RECHTS gute Ehe, Familiensinn, Respekt vor Höherem

HAND, LINKS bemüht sich sehr, erlebt aber viele Enttäuschungen

HAND, RECHTS tapfer, zäh, entschlossen

HANDGELENK RECHTS ODER LINKS finanzielle Schwierigkeiten in der Jugend, was sich im mittleren Lebensalter umkehrt

KINN, LINKS nüchtern, großzügig

KINN, MITTE adliger oder königlicher Herkunft, respektheischend

KINN, RECHTS analytisch, ausgeglichen, weise

NASE, LINKS unehrlich und dekadent

NASE, MITTE ungesund

NASE, RECHTS verdient auf einfache Weise viel Geld, Reichtum

OBERER BAUCH unzufrieden mit dem Äußeren und/oder der Persönlichkeit

OBERLIPPE überdurchschnittlicher Sexualtrieb

OBERSCHENKEL, LINKS künstlerisch begabt

OBERSCHENKEL RECHTS tapfer, reiselustig

RÜCKEN, IN DER NÄHE DER WIRBELSÄULE wahrhaftig und aufrichtig, geschätzt und beliebt

RÜCKEN, LINKS wagemutig, mutig, entschlossen

RÜCKEN, RECHTS taktvoll, diskret, auf Harmonie bedacht

UNTERER BAUCH unzuverlässig

WADE, LINKS reiselustig und kontaktfreudig

WADE, RECHTS ehrgeizig, leistungsorientiert

WANGE, LINKS egoistisch, distanziert, überheblich

WANGE, RECHTS sympathisch, loyal, pflichtbewusst

Bestimmte astrologische Schulen gehen davon aus, dass die Stelle, eines Muttermals oder Leberflecks, Aufschluss über den Stand und Einfluss der Planeten gibt, als die Person sich noch im Mutterleib befand. Muttermale auf der linken Körperseite deuten auf einen weiblichen, Muttermale auf der rechten Körperseite auf einen männlichen Einfluss der Planeten hin. Auch die Farbe eines Muttermals besagt etwas. Schwarze Muttermale bringen Unglück, während fast alle anderen Farben Glück bringen (Dein Hautarzt ist bestimmt nicht einverstanden). Manche Hexen glauben, dass Muttermale Wunden oder Zeichen aus einem früheren Leben sind.

MIT DEM KOPF IN DEN WOLKEN

Wer von uns bewundert nicht gerne die großen Cumulus-Wolken am Sommerhimmel oder die herbstlichen Sturmwolken? Aber wusstest du, dass sich aus dem Wetter auch die Zukunft vorhersagen lässt? Diese Form der Weissagung nennt sich *Aeromantie*. Sie befasst sich mit der Interpretation von Wolken, Luftströmungen und dem Himmel. (Genau das Richtige für Leute die schon immer den Kopf in den sprichwörtlichen Wolken hatten).

Durch Aeromantie empfängt der Wahrsager Botschaften aus einer höheren

Quelle. Es ist hier sehr wichtig – noch wichtiger als bei anderen Formen der Wahrsagerei –, dass man den Kopf frei hat, um Botschaften zu empfangen und zu interpretieren. Ein aufgewühlter oder überlasteter Geist kann keine Bilder in Wolken sehen.

Für eine Lesung wähle einen Tag, an dem verschiedene Wolkenformationen zu sehen sind. Obwohl man bei fast jedem Wetter Wolken lesen kann, wird es natürlich schwierig, wenn der Himmel grau bedeckt ist und keine unterschiedlichen Wolkenformen sichtbar sind. Suche dir einen bequemen, ruhigen Platz, wo du dich anlehnen oder flach auf dem Rücken liegen kannst, mit möglichst wenig Ablenkung durch Spaziergänger oder Verkehrslärm. Du kannst auch einen Kopfhörer mit weißem Rauschen oder beruhigender Musik aufsetzen, wenn dir das hilft, den Kopf freizubekommen.

Beginne mit einer Meditation, wobei du ungefähr sagst:

„Ich bitte darum, frei von Urteilen zu sein.
Ich möchte mit einem offenen Geist in diese Sitzung gehen,
einem offenen Herzen und kreativer Einsicht.
Ich bitte darum, dass mir dies gewährt wird.“

Atme tief durch und entspanne dich. Konzentriere dich mit geschlossenen Augen auf das, was du wissen willst. Öffne dann die Augen und lasse deinen Geist die Wolkenformationen sehen, wie er sie sehen will: Gesichter, Buchstaben, Zahlen, Tiere, Wesen aus dem Jenseits – alles ist möglich. Schließe wieder die Augen und meditiere darüber, was diese Bilder für deine Frage bedeuten. Wiederhole die Übung, wenn du dich dazu berufen fühlst. Wenn du das Gefühl hast, eine Antwort gefunden zu haben, schreibe die Bilder auf. Nicht alle Bilder mögen dir gleich sinnvoll erscheinen, aber vielleicht geht dir in ein oder zwei Tagen ein Licht auf.

So einfach ist es. Du hattest Zeit dich zu entspannen und die Schönheit der Natur zu genießen – und hoffentlich hast du auch die Antworten empfangen, die du suchst.

ERLEUCHTE DEINE ZUKUNFT

Viele Menschen zünden täglich Kerzen an, wegen des angenehmen Geruchs und der gemütlichen Atmosphäre. Andere verwenden Kerzen als Opfergaben oder zum Gedenken an einen geliebten Menschen. Man kann mit Kerzen aber auch die Zukunft vorhersagen und sie sogar beeinflussen. Kerzenzauber ist in der wiccanischen Tradition weitverbreitet. Uns geht es hier um die Verwendung von Kerzen zum Wahrsagen (*Ceromantie*), aber in vielen Situationen ist das eine ohne das andere nicht möglich.

Kerzenfarben

Die Kerzenfarbe, für die du dich entscheidest, ist abhängig von dem Zweck, zu dem du deine Kerzen verwenden willst, und von den Informationen, die du suchst. Willst du zum Beispiel mehr über einen bestimmten Wochentag wissen, dann wähle die folgenden Farben:

SONNTAG Gelb

MONTAG Weiß, Silber, Grau

DIENSTAG Rot, Burgunderrot

MITTWOCH Violett

DONNERSTAG Blau

FREITAG Grün

SAMSTAG Schwarz, Violett

Für Weissagungen wählst du folgende Farben, abhängig von dem Lebensbereich, über den du etwas erfahren willst:

BLAU Treue
GELB Gesundheit, Fruchtbarkeit, Finanzen

GRÜN Geld, finanzieller Erfolg

LAVENDEL, SILBER Paranormales (steigert die übersinnliche Energie)

ORANGE Verwirklichung von Plänen

VIOLETT Menschlichkeit, Liebe, Selbstwertgefühl, Freundschaft

WEIß Frieden, Wahrhaftigkeit

WEIß und SCHWARZ Schützt vor und zerstört dunkle Energien.

Wenn du herausgefunden hast, welche Kerzenfarbe geeignet ist, können Zaubersprüche, Intentionen und Kerzenlesen zusammenwirken. Nehmen wir an, dein Nachbar gefällt dir und du möchtest seine Aufmerksamkeit auf dich lenken ... So wird's gemacht:

1. **Nimm eine rote oder rosa Kerze,** sie repräsentiert dein Interessengebiet.

2. **Schreibe oder ritze den Namen der Person und das Datum, an dem du mit ihm oder ihr ein Date haben möchtest** auf die Kerze (oder auf das Glas, wenn die Kerze in einem Behälter steht).

3. **Salbe die Kerze mit Pflanzenöl oder ätherischem Öl,** das für diesen Lebensbereich geeignet ist. (s. S. 164–165).

4. **Stelle dir nun vor, dass du mit dieser Person zusammen bist.** Ihr seid zum ersten Mal verabredet. Wo seid ihr? Wie ist das Wetter? Wie schmeckt das Essen? Was für Gespräche führt ihr? Konzentriere all deine positive Energie auf diese Visualisierung.

5. **Wenn du die Szene vor Augen siehst,** zünde deine Kerze an. Du kannst ein paar Worte sagen, wie: *„Wie ich gesehen habe, so soll es sein"*.

6. **Lasse deine Kerze zu Ende brennen.*** Um zu überprüfen, ob dein Zauber und dein Anliegen vorankommen, kannst du die Kerzentropfen lesen.

(*Anmerkung: Lasse eine brennende Kerze niemals unbeaufsichtigt. Nimm eine kurze Kerze oder ein Teelicht, wenn du Zeit sparen willst).

Kerzenwachs lesen

Bei freistehenden Kerzen (stumpf, spitz, rund oder viereckig) kannst du das schmelzende Wachs deuten. Diese Form der Wahrsagung ähnelt dem Lesen von Teeblättern: Du kannst einfach im schmelzenden Wachs nach Bildern suchen. Während die Kerze brennt, können dir Bilder erscheinen – sie können sich verändern, verharren, wieder auftauchen. Bei einer romantischen Liebeswahrsagung erscheint dir vielleicht ein Herz im schmelzenden Wachs, oder du siehst ein Haus oder eine Braut im von der Kerze heruntertriefenden Wachs. Die Wachstropfen könnten auch die Gestalt einer anderen Person annehmen, deines Rivalen … Wenn du eine brennende Kerze in einen Behälter mit kühlem Wasser stellst, kannst du die sich im Wasser abkühlenden Tropfen lesen. (Achte darauf, dass die Schale eine andere Farbe hat als das tropfende Wachs, damit die Bilder deutlich sichtbar sind). Lass einfach etwas Wachs ins Wasser tröpfeln und beobachte die Formen, die sich jetzt bilden. Wie bei allen Formen der Wahrsagerei kannst du die Ergebnisse als Antworten auf einzelne Fragen oder als Teil einer größeren Erzählung lesen.

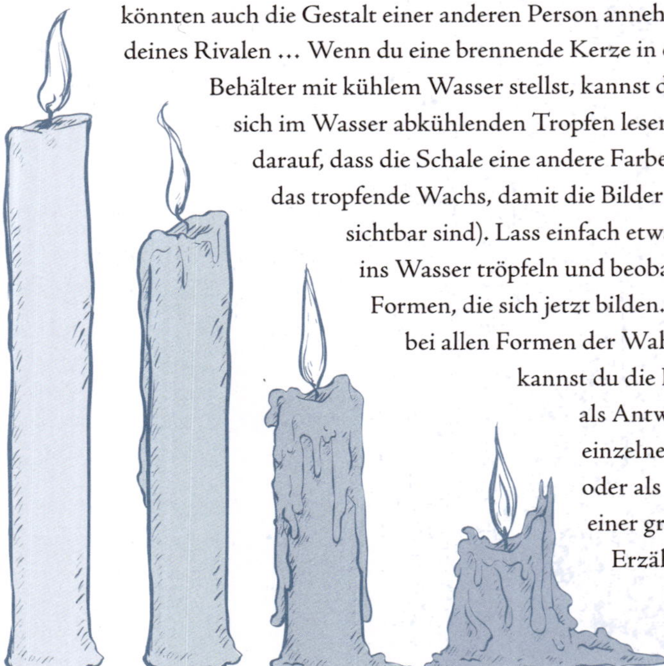

Wie brennt deine Kerze?

Du kannst mit Kerzenwachs in die Zukunft blicken, aber auch mit der Art und Weise wie deine Kerze brennt. Eine brennende Kerze kann dir sagen, ob deine Pläne erfolgreich sein werden oder ob deine Energie blockiert wird. Nehmen wir dasselbe Beispiel von vorhin, zum Thema Liebe, und verwenden wir eine freistehende Kerze für die Deutung.

- **Die Kerze schmilzt gleichmäßig und „öffnet" sich in einer Art Blumenform.**

  Dein Plan wird sich verwirklichen. Deine positive Energie wird ungehindert empfangen und zurückgegeben.

- **Der Docht vergräbt sich im Wachs und erlischt.**

  Dein Plan wird blockiert, entweder durch negative Energie oder durch den Widerstand einer anderen Person.

- **Die gesamte Kerze schmilzt zu einer großen Wachspfütze.**

  Das bedeutet, dass dein Plan sich verwirklichen wird, außerdem hast du viel triefendes Wachs, das du deuten kannst.

Du kannst auch die Flamme selbst lesen, das nennt man *Pyromantie*. Die Flammenformen bedeuten Folgendes:

FLAMME BRENNT HOCH Dein Anliegen wird unterstützt und mit positiver Energie gefüllt.

FLAMME BRENNT NIEDRIG Negative oder entgegengesetzte Energie blockieren dein Anliegen.

FLAMME FLACKERT ÜBERMÄSSIG Geister sind anwesend. Knistern oder knacken bedeutet, dass sie versuchen, mit dir zu sprechen.

FLAMME SPRITZT ODER KNACKT Geister versuchen, mit dir Kontakt aufzunehmen.

FLAMME IST SCHWIERIG ZU LÖSCHEN Die Geister beschäftigen sich noch mit deinem Anliegen. Lass die Flamme noch eine Weile brennen.

Es spricht für sich, dass man Kerzen nie unbeaufsichtigt brennen lassen sollte und vorsichtig sein soll! Wenn du den Raum verlässt, lösche zuerst mit etwas Wasser oder einem Kerzenlöscher deine Kerze, wenn sie noch nicht abgebrannt ist. Dies ist ein Zeichen von Respekt gegenüber den Geistern, die sich versammelt haben und sich noch mit deinem Anliegen beschäftigen. Du kannst das Thema mit derselben Kerze und derselben Visualisierung und Vorbereitung später noch einmal aufgreifen.

TEEBLÄTTER LESEN

Seit Jahrhunderten trinken Menschen auf der ganzen Welt vor allem deshalb Tee, weil sie aus den Teeblättern lesen können, was die Zukunft für sie bereithält. Obwohl man kaum glauben kann, dass sich aus Teeblättern in einer Teetasse die Zukunft vorhersagen lässt, ist diese Art Weissagung erstaunlich genau. Hat man erst einmal den Dreh raus, wie man Muster und Symbole erkennen kann, lässt sich aus Teeblättern viel erfahren.

Wofür verwenden die Wiccas Teeblätter? Für denselben Zweck wie Hellseher

– um einen Blick auf das zu erhaschen, was auf uns zukommt, oder um aktuelle Fragen zu klären. Teeblätter werden oft falsch gedeutet von Menschen, die sich nicht auskennen. Sie glauben dann vielleicht, zu einem Leben voller Mühsal und Qual verdammt zu sein, obwohl das Gegenteil der Fall ist.

Wahrsagen mit Teeblättern oder Kaffeesatz nennt man *Tasseographie*. Das Wort stammt von dem französischen Wort *tasse* (Tasse), das wiederum vom arabischen *tassa* abgeleitet ist. Das Lesen von Teeblättern wurde wahrscheinlich zuerst im alten China und im Nahen Osten praktiziert, dann kam es mit der Teekultur nach Europa und erreichte schließlich Nordamerika.

Das Lesen von Teeblättern wurde in den Vereinigten Staaten lange mit Betrug und sogar Diebstahl in Verbindung gebracht. Im neunzehnten Jahrhundert, während des amerikanischen Bürgerkriegs, wurde das Lesen von Teeblättern aber vor allem in den Südstaaten populär. Soldaten pausierten oft auf einer der vielen Plantagen, um sich auszuruhen, Pferde zu füttern, eine Tasse Tee zu trinken, und – sich die Zukunft vorhersagen zu lassen (in der Regel mit positivem Ergebnis).

Visionen werden gebraut

Um mit Teeblättern Visionen zu bekommen, musst du erst kochen. Aber keine Sorge, dies ist keine „Rocket Science" und auch kein Kochkurs.

Zunächst nimmst du einen ganz normalen Topf zum Wasserkochen. Außerdem brauchst du eine Tasse, am besten hell oder weiß, damit sich die Muster und Bilder im Teerückstand besser erkennen lassen. Die Höhe ist nicht wichtig, wohl aber die Breite: Je breiter der Tassenboden, desto besser kannst du die Teeblätter erkennen. Fülle den Topf mit Wasser, stelle ihn auf den Herd und warte, bis das Wasser kocht. Manche

Menschen nehmen nur Quellwasser aus Flaschen, weil dieses Wasser reiner sei, aber du kannst auch einfach Leitungswasser verwenden. Segne den Topf, indem du dreimal die folgenden Worte sprichst:

„Gereinigt und gesegnet seiest du,
reines Wasser, so soll es sein."

Gib etwa einen halben Teelöffel lose Teeblätter auf den Boden der Tasse. Rühre sie um, während du wartest, bis das Wasser kocht und konzentriere dich gleichzeitig auf die Fragen oder Zweifel, für die du eine Antwort suchst. Konzentriere dich so gut wie möglich und lasse deine Gedanken nicht abschweifen. Wenn das Wasser kocht, gieße es in die Tasse und rühre etwa eine Minute lang um, während du dich weiterhin auf deine Fragen konzentrierst. Lasse den Tee auf eine angenehme Temperatur abkühlen, bevor du ihn trinkst. Trinke nicht zu schnell, damit du keine Blähungen bekommst und dir den Mund nicht verbrennst. Trinke ihn ganz vorsichtig, sodass du die Blätter nicht mittrinkst. (Ein Spucknapf in der Nähe könnte praktisch sein). Es ist nicht ganz einfach, aber am Ende lohnt sich die Mühe! Wenn nur noch eine kleine Menge Flüssigkeit am Boden der Tasse übrig ist, hörst du auf zu trinken. Nimm den Becher und schwenke die restliche Flüssigkeit dreimal im Uhrzeigersinn. Lege deine Hand über den Becher, damit du das letzte bisschen Flüssigkeit, ohne zu kleckern, austrinken kannst. Jetzt kannst du das Ergebnis lesen.

Schlage eine neue Seite auf

In sämtlichen Kulturen basieren Teeblattleser ihre Deutungen auf den Formen, die sich aus den Resten der Teeblätter ergeben. Beim Lesen der Blätter trittst du mit deinem inneren Selbst und deinem Unterbewusstsein in Kontakt. Das Ganze ähnelt dem Lesen von Tintenklecksen in einem Rohrschachtest. Beobachte also die Form, in der die Blätter liegen. Was oder wem ähnelt sie deiner Meinung nach? Verwende deine Vorstellungskraft, um ein Wort damit zu assoziieren.

Nehmen wir an, du fragst die Teeblätter, ob du in deinem Beruf erfolgreich sein wirst. Vielleicht erkennst du ein Auto oder einen Zug. Wie bei Träumen müssen wir auch bei Teeblättern die Symbole deuten, aber mit dem Unterschied, dass Teeblätter statisch sind und keine Bewegung zeigen können. Ein geparktes Fahrzeug im Traum kann zum Beispiel auf eine stagnierende Situation hinweisen, und dein Unterbewusstsein will dir wahrscheinlich sagen, dass du in eine Sackgasse geraten bist. Beim Lesen von Teeblättern kann man jedoch nicht zwischen Bewegung und Nicht-Bewegung unterscheiden. Da die meisten Menschen ein Auto jedoch mit Bewegung assoziieren, wird dein Unterbewusstsein ein Fahrzeugsymbol wahrscheinlich als „weiterfahren" meinen.

Es gibt eine unendliche Anzahl von Begriffen, Bildern und

Assoziationen beim Teeblattlesen. Hier folgt eine kurze und einfache Liste, die dir den Einstieg erleichtern soll:

- **BERG** Eine unerledigte Aufgabe verfolgt dich
- **BLATT** Eine neue Lebensperspektive
- **DECKEL** Es geht gut
- **DREIECK** Gutes Karma
- **HAUS** Repräsentiert das Selbst; wenn das Haus in gutem Zustand ist, bist du es auch
- **HERZ** Eine Belohnung erwartet dich
- **KATZE** Kurze Krankheit
- **KREIS** Erfolg
- **QUADRAT** Vorsicht!
- **SCHARFES OBJEKT** Gefahr
- **SCHLANGE** Weisheit
- **SCHLÜSSEL** Ein neues Abenteuer steht bevor
- **VOGEL** Gutes Vorzeichen
- **ZAHL** Angegebene Zeit in Monaten, Tagen oder Jahren

Es gibt noch Dutzende von Formen, die etwas bedeuten. Ich empfehle im Internet unter zum Beispiel „Lesen von Kaffeesatz und Teeblättern“ zu suchen. Dort findest du sehr viele Informationen.

Beginne deine Deutung immer am Henkel des Bechers (der Henkel steht für die Person, deren Wahrsagung du liest). Hier folgen noch einige Hinweise zur Deutung der Lage der Teeblätter:

- **Die Bilder rechts vom Henkel stehen für Dinge, die in der Zukunft geschehen könnten.** Beispiel: Die Teeblätter bilden die Form eines Paares, das sich an den Händen hält; die fragende Person hat wahrscheinlich bald eine neue Beziehung.

- **Die Bilder auf der linken Seite stehen für Dinge, die in der Vergangenheit geschehen sind.** Beispiel: Das Bild eines Flugzeugs bedeutet wahrscheinlich, dass die Person gerade von einer Reise zurückgekommen ist.

- **Formen in der Nähe des Henkels beziehen sich auf die gegenwärtige Situation der fragenden Person.** Beispiel: Wenn du die Umrisse eines traurigen Gesichts siehst, kann das bedeuten, dass es der fragenden Person eine Weile schlecht gegangen ist.

- **Bilder in der Nähe des oberen Drittels der Tasse zeigen Ereignisse an, die in nächster Zeit stattfinden werden.** Beispiel: Wenn du die Umrisse eines Dollarzeichens siehst, bedeutet das wahrscheinlich, dass die fragende Person unerwartet Geld erhält.

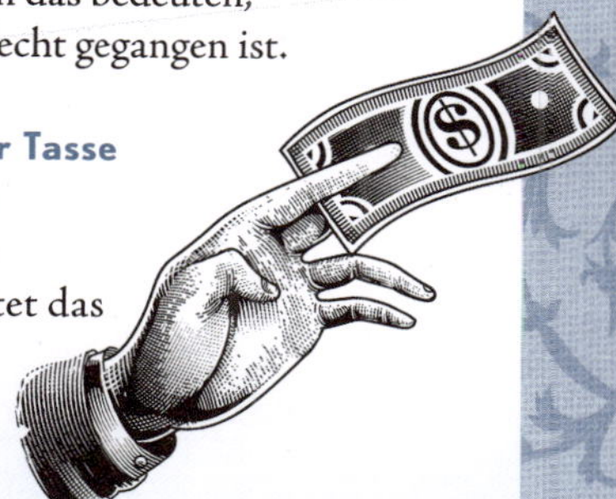

- **Symbole im mittleren Drittel des Gefäßes stehen für Ereignisse, die bald eintreten werden.** Beispiel: Wenn die Teeblätter die Umrisse einer Katze oder eines Hundes zeigen, bereitet ein Haustier dem Besitzer in nächster Zeit wahrscheinlich Sorgen.

- **Die Bilder auf dem Boden der Tasse weisen in der Regel auf Dinge hin, die in den kommenden Monaten eintreten werden.** Beispiel: Wenn du Flügel oder Wolken siehst, deutet dies darauf hin, dass die fragende Person von der Geisterwelt geleitet wird.

Folge deinen Teeblättern

Wenn du deine magischen Teeblätter konsultierst, halte immer dein Tagebuch bereit. Beobachte die Muster der Blätter genau. Wenn du eine Form siehst, die du noch nicht aufgeschrieben hast, meditiere darüber und nutze deine übersinnlichen Fähigkeiten, um für sie die richtigen Worte zu finden. Schon bald wirst du bestimmte Formen mit zukünftigen Ereignissen verbinden und diese mit erstaunlicher Genauigkeit vorhersagen können!

SALZLESUNGEN

Halomantie (oder *Alomantie*) ist die Kunst, aus Salz die Zukunft zu lesen. In der Antike war Salz kostbar, sodass der Aberglaube, dass Salz verschütten Unglück bringt, eigentlich ganz logisch ist. Wollte man das Unglück abwenden, sollte der Betreffende ein wenig Salz über seine linke Schulter werfen, um den dort stehenden Teufel zu blenden. Noch heute sind die alten Traditionen lebendig und Salz wird sowohl für Schutz, Weihe und Reinigung, als auch für die Reinigung von Kristallen und Energiefeldern verwendet. Wenn du vor einem Ritual ein reinigendes Bad nimmst, wirf eine Handvoll Bittersalz hinein, um die negative Energie aus deiner Aura zu ziehen. In fast allen magischen Ritualen wird Salz in die Ecken der Räume gestreut, in denen Zauber und Rituale stattfinden. Dies verhindert das Eindringen negativer Energie. Es gibt mehrere Möglichkeiten, Salz zur Wahrsagung zu verwenden:

1. **Streue Salz auf eine flache Oberfläche, zum Beispiel einen Tisch, und beobachte dann die Muster, die sich bilden.** Rillen im Salz deuten auf schlimme Zeiten hin, während Vertiefungen und Wellen Hindernisse darstellen, die überwunden werden können. Bildet das Salz ein flaches Muster, bedeutet dies, dass alles gut wird.
2. **Salz ins Feuer werfen ist eine besondere Art der Pyromantie,** bei der es darum geht, die Bilder zu deuten, die durch das Auftreffen vom Salz auf die Flammen entstehen.
3. **Eine andere Art des Salzlesens ähnelt ein wenig dem Lesen von Teeblättern.** Stelle eine Salzlösung her (1 Teelöffel Salz auf 1 Esslöffel Flüssigkeit reicht) und wirble sie in einem Behälter herum. Benutze bei einer Salz-Wasser-Lösung eine Teetasse mit dunkler Innenseite, damit die Formen gut sichtbar sind.

Stelle das Gefäß beiseite, lass die Flüssigkeit verdunsten und untersuche dann das darin verbliebene Salz. Die Muster, die du während deiner Halomantie siehst, sind ein Hinweis auf deine unmittelbare Zukunft. Das Ganze ist eine einfache, preiswerte und schnelle Methode, um zu sehen, was in deinem Leben auf dich zukommt!

Aleuromantie

Die Technik, die Zukunft mit Salz zu deuten, geht wahrscheinlich auf eine andere Form der Wahrsagerei zurück: die *Aleuromantie*, das Wahrsagen aus Mehl. Bei diesem Verfahren wird Teig zu Kugeln geformt. Eventuell wird der Mischung Salz beigefügt. Zettel mit heiligen Symbolen werden in die Teigkugeln gesteckt und dann gebacken. Die fragenden Personen wählen jeweils eine Teigkugel aus und der Wahrsager deutet die Zukunft anhand der Größe und Form der Teigkugel in Verbindung mit dem darin eingebackenen Symbol.

WEITERE WAHRSAGUNGEN VON A–Z

Bedenkt, dass das Thema unerschöpflich ist! Wir können nicht alle Praktiken auflisten, aber hier sind einige, die für dich von Interesse sein könnten. Informationen über einige dieser (manchmal etwas obskuren) Praktiken sind im Internet leicht verfügbar.

ACULTOMANTIE Lesen der Schwingungen einer Nadel

ANTHOMANTIE Die Kunst des Blumenlesens

ASTRAGALOMANTIE Wahrsagen mit Würfeln oder kleinen Knochen

AUSTROMANTIE Die Deutung des Windes

BATRAQUOMANTIE Auch *Batrachomantie* genannt; die Deutung der Bewegungen von Fröschen, Molchen oder Kröten

BELOMANTIE Wahrsagerei durch das Balancieren oder Werfen von Pfeilen oder durch Ziehen von Pfeilen aus einem Behälter

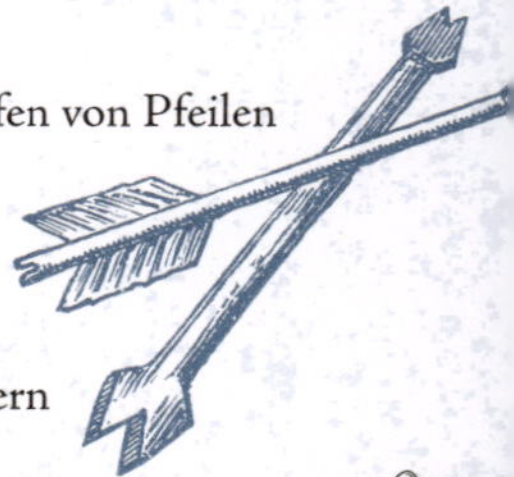

BIBLIOMANTIE Wahrsagerei mit Büchern, vor allem der Bibel

BOTANOMANTIE Wahrsagen durch Verbrennen von Kräutern oder Zweigen von Bäumen

CONCHOMANTIE Wahrsagen mit Muscheln

DACTYLIOMANTIE Wahrsagen mit Ringen

DENDROMANTIE Wahrsagen aus Zweigen und Blättern, vor allem von Eichen oder Misteln

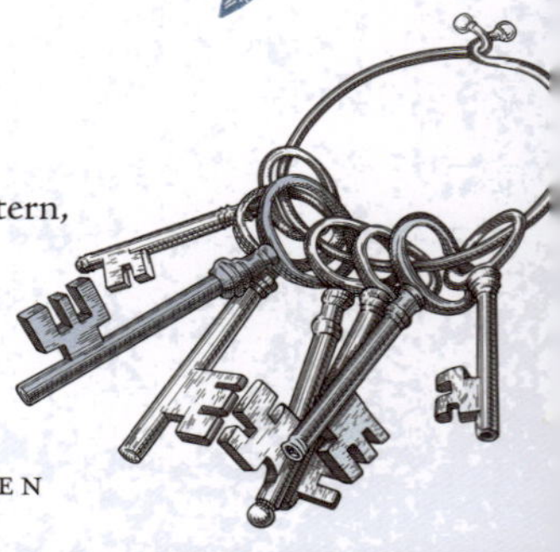

GASTROMANTIE Deutung von Bauchgeräuschen

GELOSKOPIE Deutung des Lachens

HEPATOSKOPIE Wahrsagung durch Untersuchung von Tierlebern

HYPNOMANTIE Wahrsagung mittels Schlaf

ICHNOMANTIE Bestimmung von Eigenschaften und Charakter durch das Lesen von Fußspuren

KAPNOMANTIE Deutung des aufsteigenden Rauchs eines Feuers

KAUSINOMANTIE Botschaften erflehen durch Verbrennen von Gegenständen

KLIDOMANTIE Wahrsagen mit Schlüsseln

LAMPADOMANTIE Wahrsagen mit Öllampe oder Fackel

LITHOMANTIE Deutung von Edelsteinen

MARGARITOMANTIE Deutung von Edelsteinen und Amuletten

METOPOSKOPIE Lesen von Stirnfalten

NOMANTIE Wahrsagen anhand von Namen

ODONTOMANTIE Wahrsagen durch die Form und Struktur von Zähnen

OINOMANTIE Wahrsagen durch die Untersuchung von Mustern in Wein

ONYCHOMANTIE Deutung der Bilder, die auf der Oberfläche von in die Sonne gehaltenen Fingernägel erscheinen

OVOMANTIE Wahrsagen mit Eiern

ORNISKOPIE Deutung von Vogelverhalten, wie Bewegungen, Flugmuster und Gesang

PSYCHOMANTIE Wahrsagen mithilfe von Geistern

SPODOMANTIE Auch Tephramanz; Wahrsagerei durch Deutung von Schlacke, Ruß oder Asche

XYLOMANTIE Wahrsagen durch Deutung der Form oder Beschaffenheit von Holz oder der Art, wie Holz verbrennt

ZYGOMANTIE Wahrsagen mit Gewichten

Kapitel 10

Zahlensymbolik (Numerologie)

MANCHE LEUTE WERDEN SOFORT NERVÖS, WENN SIE Zahlen sehen. Sie schwitzen und zittern, denn plötzlich sitzen sie wieder in der zehnten Klasse im Matheunterricht und verstehen überhaupt nichts …

Geht es dir genauso? Dann glaubst du wahrscheinlich, dass Numerologie nichts für dich ist. Aber mache dir keine Sorgen, Numerologie ist eine der einfachsten Formen der Wahrsagerei. Viele Wiccas glauben an die Mystik der Namensveränderung. Das heißt, dass man mittels einer Änderung seines Namens auch sein Schicksal ändern kann, um einen spirituelleren Lebensweg einzuschlagen (siehe Seiten 208–212 für die Schicksalszahlen). In der Numerologie gibt es keine komplizierten Formeln, die man berechnen muss, keine Theorien und keine Prüfungen. Dieses Zahlenspiel ist so einfach, dass sich bereits aus dem Namen und dem Geburtsdatum einer Person eine Fülle von Informationen ableiten lässt.

PYTHAGORAS LEIDENSCHAFT

Der berühmte griechische Mathematiker Pythagoras entwickelte seine Numerologie im sechsten Jahrhundert vor Christus. Obwohl nur wenig über Pythagoras bekannt ist, gehen wir heute davon aus, dass für ihn und seine Anhänger die Zahlen eine große prophetische Bedeutung hatten. Vom Alphabet ausgehend, weist das pythagoreische System jeder Zahl eine bestimmte Bedeutung zu. Damit lässt sich die Zukunft vorhersagen und können Botschaften aus dem Universum empfangen werden.

Es heißt, dass Pythagoras seine zahlreichen Schüler zur Geheimhaltung verpflichtete, weil seine Theorien von vielen für gefährlich oder verrückt gehalten wurden. Von seinen Kritikern eingeschüchtert, floh Pythagoras zunächst nach Ägypten, wo er seine Numerologie bei den Chaldäern weiterentwickelte. Schließlich zog er nach Italien, wo er eine eigene philosophische Schule gründete. Dort zeigte sich seine wahre Begabung für die Mathematik, und er entwickelte eine Geometrie, die noch heute auf der ganzen Welt unterrichtet wird.

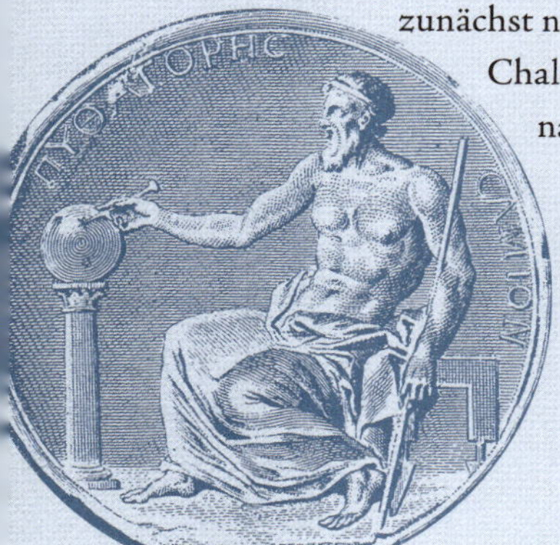

Shawns Geschichte – Zum Rechnen berufen

Als ich in der siebten Klasse war, sah ich – wie Pythagoras – die Zahlen ganz anders als andere. Für mich waren sie pulsierend und lebendig, sie hüpften und tanzten über die Tafel. Es war, als würden sie zu mir sprechen, und jede Ziffer hätte ihre eigene geheime Geschichte zu erzählen.

Wahrscheinlich hatte ich den einzigen Mathelehrer, der mir deswegen eine zusätzliche Aufgabe gab und mich dafür in die örtliche Bibliothek schickte. Ich nenne das Schicksal – aus Gründen, die gleich klar werden. Eingepackt in meine wärmsten Klamotten stapfte ich zwei Meilen durch einen heftigen Schneesturm und wünschte mir im Stillen, ich wäre draußen mit meinen Freunden und würde Schneebälle werfen. Stattdessen vertiefte ich mich stundenlang in Bücher über mathematische Theorien.

Als ich das imposante Gebäude betrat, ging ich direkt auf die Bibliothekarin zu und fragte sie, ob sie Bücher über Zahlen hätte. Vielleicht sah sie etwas in meinen Augen, das mich von den anderen Kindern unterschied, die durch diese massiven Eichentüren gingen. Vielleicht war sie selbst Hellseherin und sah etwas in mir, was sie glauben ließ, dass ich eine viel tiefere Wahrheit suche. Ich werde es nie erfahren, aber ich erinnere mich, dass sie mir ein altes, zerfleddertes Buch über Numerologie in die Hand drückte. Als ich das Buch aufschlug, lief mir ein Schauer über den Rücken. Die Seiten waren gefüllt mit Informationen über eine mir völlig neue Theorie, in der Zahlen Persönlichkeiten und Schwingungen haben! Ich weiß nicht mehr, wie lange ich am Schreibtisch saß und dieses Buch verschlang, aber an diesem schicksalhaften Wintertag änderte sich mein Leben für immer. Ich war im Begriff, eine Reise anzutreten, die mich in die seltsame und geheimnisvolle Welt der Numerologie führen würde.

NAMEN, ZAHLEN UND PERSÖNLICHKEIT

Die alten Lehren der Numerologie sagen uns, dass ein Name mehr ist als nur eine Ansammlung von Buchstaben. Diese Buchstaben sind der Schlüssel zu deiner Zukunft und deinem Schicksal, und sie beeinflussen, wie andere dich wahrnehmen. Die Geheimnisse dieser Kunst sind nicht schwer zu lernen. Du brauchst zunächst nur zwei wichtige Informationen – deinen Namen und dein Geburtsdatum.

Das einfachste Numerologie-Diagramm besteht aus neun Zahlen: 1, 2, 3, 4, 5, 6, 7, 8 und 9. Jeder Buchstabe des Namens entspricht einer Nummer, wie im Folgenden dargestellt wird:

1	2	3	4	5	6	7	8	9
A	B	C	D	E	F	G	H	I
J	K	L	M	N	O	P	Q	R
S	T	U	V	W	X	Y	Z	

Nehmen wir an, dein Name ist Olaf Scholz. Du findest deine Namenszahl, indem du alle Buchstaben deines Namens mit den entsprechenden Zahlen verbindest. In diesem Fall sieht das so aus:

O=6, L=3, A=1, F=6 + S=1, C=3, H=8, O=6, L=3, Z=8,

6 + 3 + 1 + 6 + 1 + 3 + 8 + 6 + 3 + 8 = 45

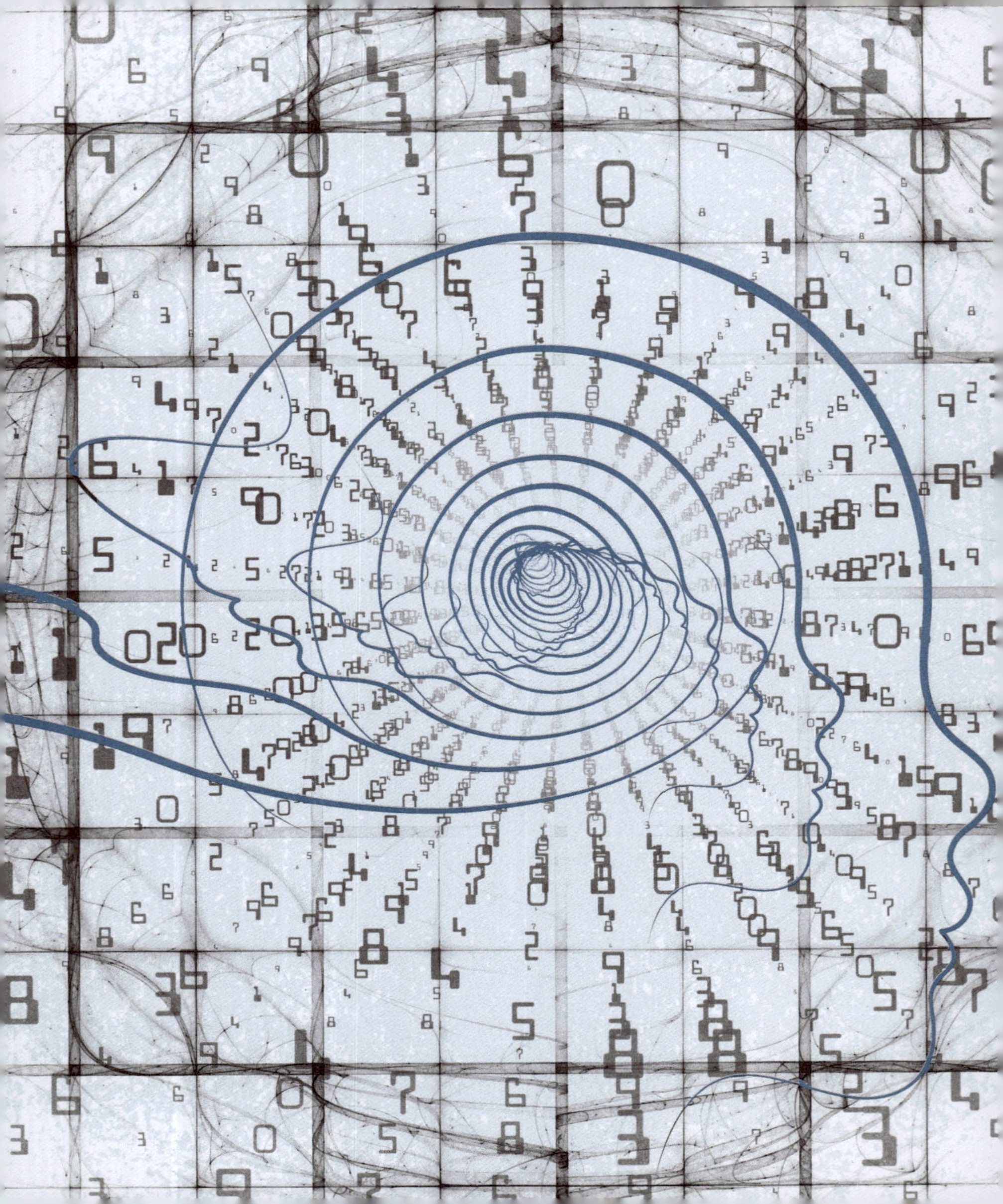

Jetzt schauen wir uns nur die beiden Ziffern an und zählen diese zusammen: 4+ 5 = 9. Der Name Olaf Scholz ergibt also die Namenszahl 9. Und das heißt, Olaf ist ein ernster und mitfühlender Mensch.

Versuche es einmal mit deinem eigenen Namen und du wirst sehen, was diese Zahl über deine Persönlichkeit aussagt. Eine komplette Übersicht der Zahlen und ihrer Bedeutungen findest du im folgenden Abschnitt.

Deine Persönlichkeitszahl

1 Der Lehrer

Wenn deine Namenszahl auf Eins endet, bist du mitfühlend und aufrichtig. Du spürst die Probleme anderer und möchtest ihnen helfen. Du stellst dich gerne Herausforderungen und bist gut darin, Probleme zu lösen. Freunde kommen mit ihren Problemen zu dir und bitten dich um Rat und Hilfe. Du bist ein Denker, der andere durch sein Vorbild inspiriert. Oft bist du tief in Gedanken versunken. Du hast eine phantasievolle und helle Seite, die dich in die Lage versetzt, alles zu erreichen, was du dir vornimmst.

Negativ ist, dass du entweder extrem dominant oder sehr schüchtern bist. Versuche also, da ein Gleichgewicht zu finden. Du neigst auch dazu, voreilig zu handeln. Nimm dir also Zeit und versuche, weniger impulsiv zu sein.

2 Der Betreuer

Du siehst in jedem Menschen das Beste und bist sehr tolerant hinsichtlich der Fehler anderer. Vielleicht fühlst du dich verwandt mit denen, die weniger Glück haben als du selbst und versuchst deshalb, Hoffnung und Optimismus zu verbreiten. Deine Namenszahl bedeutet, dass du weise, verständnisvoll und sensibel bist. Du hast eine harmonische Aura, die auf andere magnetisch wirkt. Du bist selbstlos und fürsorglich und dank deiner Führungsqualitäten können andere von deiner Positivität profitieren.

Manchmal neigst du dazu, selbst in den Hintergrund zu treten. Du solltest also lernen, konfliktbereiter zu werden und deine Interessen besser wahrzunehmen.

3 Der Weise

Alle Menschen wenden sich an Dreier, wenn es um Rat und Hilfe geht. Auf die angeborene Weisheit der Drei ist immer Verlass, sie ist immer da. Dreier laufen nicht weg vor den Problemen und Herausforderungen des Lebens, sondern stellen sich ihnen. Tiere und Natur sind wichtig sie, meistens haben sie irgendwann ein oder zwei Haustiere. Dreier sind charismatisch, charmant, positiv und entschlossen. Außerdem sind sie sanftmütig und weise für ihr Alter, sie verbreiten eine positive Stimmung.

Dreier legen oft großen Wert auf Luxus, gutes Essen und Komfort. Sie hassen anstrengende Routine, sodass ein monotoner Job nichts für sie ist. Sie streben nach einer abwechslungsreichen und flexiblen Karriere.

4 Der Suchende

Vierer haben einen schnellen Verstand. Sie neigen dazu, das Leben gleichsam unter ein Mikroskop zu legen und andere Menschen zu analysieren. Sie erforschen das Leben und suchen nach alternativen und neuen Wegen. Wie Dreier sind auch Vierer soziale Wesen. Sie sind gerne mit anderen zusammen und lieben Tiere. Stabilität und Sicherheit sind ihnen wichtig, sie sind immer bestrebt nach Harmonie. Beim Betreten eines Raumes leuchten sie wie Sterne, da andere ihre Art zu kommunizieren fesselnd und interessant finden.

Negativ ist, dass sie oft etwas materialistisch sind und zu viel Wert auf Besitz legen. Sie sollten sich also bemühen, das, was sie haben, mit anderen zu teilen.

5 Der Magnet

Fünfer sind selbstbewusst und selbstsicher. Sie haben ein ausgeprägtes Gespür für Intuition sowie das Talent, andere durch ihre Berührung oder Stimme zu heilen. Sie träumen gerne und lassen sich von ihren Gedanken gerne an ferne Orte tragen, aber sie setzen ihre Gedanken auch in die Tat um. Sie haben die Fähigkeit, Träume zu verwirklichen und sie zum Erfolg in ihrem Leben zu machen. Obwohl Beständigkeit und Stabilität Fünfern wichtig sind, lieben sie auch Abenteuer und weite Reisen und besuchen gerne interessante Orte.

Oft haben Fünfer etwas Geheimnisvolles an sich, zu dem andere Menschen sich hingezogen fühlen. Diese magnetische Anziehungskraft nützt ihnen im Leben. Da sie jedoch zu Ruhelosigkeit und Langeweile neigen, müssen sie sich ständig geistig fordern und neues erlernen, um zufrieden zu bleiben und mit den irdischen Dingen im Einklang zu leben.

6 Der Realist

Sechser sind willensstark und durchsetzungsfähig! Sie sind hartnäckig, wenn sie sich im Recht fühlen und geben selten nach. Sie sind für alle da, die sie brauchen. Sie sind großzügig und helfen gerne, aber wehe denen, die sie hintergehen! Wenn einer zu weit geht, hört es auf für sie. Sie sind geduldig, aber lassen sich nicht missbrauchen. Harmonie und Ordnung sind ihnen enorm wichtig, deshalb ist es bei ihnen aufgeräumt und sauber. Ab und zu abschalten, ist für ihren Seelenfrieden unerlässlich, sodass sie ab und zu die Tür zumachen und ein gutes Buch lesen müssen. Der Begriff „Scheitern“ ist Sechsen unbekannt. An Herausforderungen gehen sie tatkräftig heran. Bei neuen Projekten sind sie realistisch und sie haben genug Energie, sie zu verwirklichen. Sechsen sollten wohl aufpassen, dass sie nicht zu eigenwillig sind und verstehen, dass jeder im Leben sein eigenes Tempo hat

7 Der Visionär

Siebener haben die außergewöhnliche Fähigkeit, in die Zukunft zu blicken. Außerdem können sie gut kommunizieren und haben deswegen Freude an einem Beruf, in dem sie viel mit anderen zu tun haben.

Sie können sehr gut mit Problemen umgehen, werden aber wütend und gereizt, wenn sich die Dinge ihrer Kontrolle entziehen. Siebener sind Idealisten und müssen aufpassen, nicht die Lasten der ganzen Welt auf ihre Schultern zu nehmen, damit sie sich nicht überfordern. Sie sind sensibel, fürsorglich und gleichgewichtig, können aber durch negative Schwingungen aus dem Gleichgewicht geraten. Sie sind ehrgeizig und scheuen sich nicht davor, unbekannte Wege zu gehen, um ihr Ziel zu erreichen.

Die Schattenseite von Siebenern? Manchmal gelten sie als einzelgängerisch und unnahbar. Wenn einen das stört (manche Menschen mögen es, eine geheimnisolle Aura zu kultivieren, andere nicht), dann hilft lächeln. Ein Lächeln erheitert jeden.

8 Der Prophet

Propheten sind komplizierte und interessante Wesen. Sie sind mit einem sechsten Sinn geboren, den es aber zunächst zu entwickeln gibt, um die Botschaften aus dem Universum zu empfangen. Propheten können über das Geschriebene hinaussehen und dasjenige verstehen, was das menschliche Auge nicht sieht. Propheten sind willensstark und entschlossen und haben das Bedürfnis, die Welt zu ändern. Sie haben nicht nur ein tiefes Verständnis für die Bedürfnisse anderer Menschen, sondern sind selbst zarte Blumen, die gepflegt und geliebt werden wollen.

Ihr Geist ist wie ein Flugzeugpropeller, der ständig in Bewegung ist und neue Ideen hervorbringt. Somit sind sie die Menschen, die Veränderungen in Gang setzen. Ihre Schwächen? Manchmal schieben sie Menschen beiseite, wenn sie ihren Zielen im Weg stehen.

9 Der Analytiker

Analytische Neuner haben keine Zeit, sich zu langweilen. Für sie hat der Tag nicht genügend Stunden, um alles zu erledigen. Sie sind praktisch und methodisch veranlagt, loyal und aufrichtig. Sie lernen schnell und setzen ihre Gedanken immer in die Tat um, damit sie ein geordnetes und produktives Leben führen können.

Ihr Herz ist so groß, dass sie sich nicht nur um ihre Freunde und Familie, sondern auch um Fremde kümmern. Sie sind weise und verständnisvoll gegenüber allen Menschen und (oder gerade) ihren Fehlern. Allerdings sollten sie aufpassen, dass sie manchmal nicht etwas zu vertrauensselig sind. Analytiker haben eine enorme Menschenkenntnis, die ihnen gerade dann nützt, wenn sie es am meisten brauchen – sie irren sich in dieser Hinsicht also nicht oft. Sie sind aufgeschlossen und vielseitig interessiert, sodass sie ein großes Allgemeinwissen haben.

Wenn Analytiker sich nicht wohlfühlen oder unglücklich sind, neigen sie dazu, schlechte Angewohnheiten zu entwickeln. Vor dieser Neigung sollten sie sich hüten und schützen.

Zahlenspiele mit Namen

Eine der häufigsten Fragen an Numerologen lautet: „Was passiert, wenn ich meinen Namen nicht mag?" Das Schöne an der Numerologie ist, dass du dich so nennen kannst, wie du willst. Es ist nicht wie bei einer arrangierten Ehe, wo du dir deinen Partner nicht aussuchen kannst. Wähle den Namen, bei dem du dich am wohlsten fühlst. Nehmen wir zum Beispiel an, der Name auf deiner Geburtsurkunde lautet Sabine Müller, aber du wurdest immer Bine genannt. Deinen Mädchennamen Müller hast du zwar vor vielen Jahren aufgegeben, aber du fühlst dich immer noch mehr mit ihm verbunden als mit dem Namen deines Ehemanns Maier. Um deine Namenszahl zu finden, gehst du also von „Bine Müller" aus. Du hättest Sabine auch in Lerche (oder Morgenstern oder Sonnenschein) ändern können – arbeite mit dem Namen, mit dem du dich am meisten verbunden fühlst. **Pass auf:** Wenn du deinen zweiten Namen nicht regelmäßig verwendest, kannst du ihn in der Formel weglassen.

Addiere dein Schicksal: Dein Schicksal und du

Deine Schicksalszahl ist ein weiterer faszinierender Aspekt der Numerologie. Diese Zahl enthüllt deine Stärken und erklärt dir, wie du dein Schicksal für dich nutzen kannst. Du ermittelst deine Schicksalszahl, indem du die Ziffern des Monats, des Tages und des Jahres deiner Geburt addierst, wie bei der Ermittlung deiner Namenszahl. Nehmen wir an, dein Geburtsdatum ist der 18. März 1984 und du möchtest herausfinden, was deine physischen und spirituellen Aufgaben in diesem Leben sind. Dazu zählst du einfach 1 + 8 + 3 + 1 + 9 + 8 + 4 zusammen. Die Summe ergibt 34. Addiere die beiden Ziffern, um deine Schicksalszahl zu finden, also: 3 + 4 = 7. Schauen wir uns nun die folgende Aufschlüsselung an, um zu sehen, was das Schicksal für dich bereithält.

Schicksalszahl 1

Du verfügst über phänomenale Führungsqualitäten, die sich als nützlich erweisen werden, wenn du die Leiter zum beruflichen Erfolg erklimmst. Lass dich von niemandem von deinen Überzeugungen oder deinem Glauben an deine Träume abbringen. Folge deiner Intuition, und der Lohn wird groß sein.

Schicksalszahl 2

Du hast grenzenlose Energie und bist voller Optimismus und Begeisterung. Diese Veranlagung wird dir im Leben sehr helfen. Deine

Aufgabe ist es, Menschen zu führen, indem du ihnen ein Vorbild bist, und ihnen zu helfen, einen neuen Weg zu finden, wenn sie sich in ihren eigenen Gedanken verloren haben und an ihrer Rolle im Leben zweifeln. Es ist wichtig, dass du dich immer daran erinnerst, dass du anderen viel zu geben hast, sei es durch Kunst, Musik, Literatur oder Unterricht.

Schicksalszahl 3

Du hast ein angeborenes Gespür für die Probleme anderer Menschen, und deine Aufgabe ist es, Zweifelnden zu helfen, ihr wahres inneres Licht zu finden. Dieser Weg kann anspruchsvoll sein. Er erfordert von dir Einfühlungsvermögen, Verständnis und Geduld; aber da du von Natur fürsorglich bist, ist diese Aufgabe genau das Richtige für dich.

Schicksalszahl 4

Du bist ein sehr positiver Mensch, der sich gerne mit anderen lebensfrohen Seelen verbindet. Kümmere dich aber auch um Menschen, die eine persönliche Tragödie erlebt haben und deine helfende Hand brauchen, denn du hast die Fähigkeit, ihre negativen Gedanken in produktive umzuwandeln. Du kannst Geist und Seele heilen, indem du ihnen mit ruhiger und heilender Stimme eine helfende Hand gibst. Nutze jede Gelegenheit, die sich bietet. Scheue dich nicht, aus deiner Komfortzone herauszutreten und nach den Sternen zu greifen. Wenn du zum Megafon greifst und deine Meinung verkündest, kannst du im Leben anderer Menschen etwas bewirken. Du könntest dich zum Beispiel in der Politik oder in Gemeindeangelegenheiten engagieren. Es gibt da draußen eine Welt, die darauf wartet, erkundet zu werden – die einzige Grenze ist deine Vorstellungskraft.

Schicksalszahl 5

Du hast eine starke Willenskraft und Entschlossenheit zum Erfolg. Diese Qualitäten werden dir sehr nützen, wenn du neue Pläne verwirklichen willst oder dich an Projekten beteiligst, mit denen du anderen hilfst. Es wird Zeiten geben, wo du an dir selbst zweifelst und die Last der Welt schwer auf deinen Schultern lastet, aber mache weiter so. Die Welt wartet darauf, dass du deine Träume verwirklichst!

Schicksalszahl 6

Du bist ein großartiger Kommunikator – geradeheraus und ehrlich. Die Welt braucht jemanden wie dich, der ihr die Wahrheit sagt. Du bist außerdem Innovator und Motivator. Dank dieser Fähigkeiten könntest du politisch oder in einer gemeinnützigen Organisation sehr erfolgreich sein und auf diese Weise anderen helfen. Oder du beteiligst dich an „grünen" Projekten und trägst zur Rettung des Planeten bei!

Schicksalszahl 7

Du hast die Kraft und die Qualitäten, anderen Vertrauen einzuflößen. Dies bedeutet, dass du es im Leben weit bringen wirst. Vielleicht wirst du eine berühmte politische Persönlichkeit oder eine andere öffentlich berühmte Person. Auf jeden Fall bist du ein Licht, das die Dunkelheit im Leben anderer Menschen erhellen kann. Deine wahre Mission ist es, andere zu inspirieren, zu ermutigen und zu lehren, die Welt in mehr als nur schwarz und weiß zu sehen.

Schicksalszahl 8

Du hast die visionäre Fähigkeit, weit in die Zukunft zu sehen. Du interessierst dich für Wissenschaft, Medizin oder Literatur, und vielleicht machst du einmal neue Entdeckungen oder veröffentlichst Bücher, in denen du die Geheimnisse des Lebens enträtselst. Im Laufe deines Lebens wirst du deswegen noch weit reisen. Du bist außerdem mit kreativen und kommunikativen Fähigkeiten gesegnet und wirst sie nutzen, um deine Erfahrungen mit anderen zu teilen und auch andere herauszufordern, nach den Sternen zu greifen!

Schicksalszahl 9

Was auch immer du tust im Leben, du wirst erfolgreich sein. Du bist detailorientiert und verfügst über Führungsqualitäten, mit denen du zu den großen Führern der Wirtschaft gehören kannst. Du bist ein Vermittler, dessen Weisheit Menschen mit gegensätzlichen Ansichten zusammenbringt. Du hast eine doppelte Aufgabe im Leben, indem du anderen die Hand reichst. Manchen solltest du das Vertrauen geben, erfolgreich zu sein, andere solltest du ermutigen, das Gute in sich selbst zu finden.

DIE MAGIE DES GEBURTSTAGS

Jeder liebt seinen Geburtstag – obwohl man immer älter wird, macht es trotzdem Freude, diesen besonderen Tag zu feiern.

Geburtstage sind auch symbolisch wichtig. Das Ritual des Kerzenanzündens geht wahrscheinlich auf eine griechische Tradition zu Ehren der Mondgöttin Artemis zurück. Die Kerzen wurden auf einem Altar aufgestellt, und wenn jemand all seine Geburtstagskerzen in einem

Atemzug ausblasen konnte, erfüllte Artemis seinen Geburtstagswunsch. Diese alte Tradition ist heute noch lebendig, wenn auch der Altar inzwischen durch einen Kuchen ersetzt wurde. Auch die modernen Hexen feiern die Geburtstagskuchen-und-Kerzen-Zeremonie, gehen aber noch einen Schritt weiter. Für uns ist ein Geburtstag ein ganz besonderes Ereignis: Es ist der einzige Zeitpunkt im Jahr, an dem die universellen Energien sich perfekt im Gleichgewicht befinden und wir mit wenig Mühe Magie in unser Leben bringen können.

Wie funktioniert diese Magie? Das ist ganz einfach! Nimm das Jahr, in dem du geboren wurdest und addiere die Ziffern, sodass du eine einzige Zahl hast. Dasselbe machst du für das aktuelle Jahr. Wenn du diese beiden Zahlen addierst, erhältst du deine Lebenszahl für das kommende Jahr. Das Schöne an den Lebenszahlen ist, dass sie die Jahre von 1 bis 9 durchlaufen, und dass jedes Jahr seine eigenen kleinen Überraschungen in sich birgt.

Wenn du 1980 geboren wurdest, dann addiere 1 + 9 + 8 + 0 = 18.

Dann addiere 1 + 8 = 9.

Wenn das Jahr 2011 ist, addiere 2 + 0 + 1 + 1 = 4.

Zähle die beiden Zahlen zusammen: 9 + 4 = 13. Reduziere die Ziffern auf eine einzige Ziffer: 1 + 3 = 4. In diesem Beispiel ist deine Lebenszahl also vier. Wenn du deine Lebenszahl ermittelt hast, kannst du an deinem Geburtstag einen Zauber sprechen, um dein Leben zu verbessern. Wie bei den meisten magischen Dingen entsprechen die Lebenszahlen bestimmten Farben. Nimm also eine Kerze, die deiner Lebenszahl entspricht (siehe Seiten 214–218). In diesem Beispiel ist deine Lebenszahl eins, was der Farbe Rot entspricht. Rot symbolisiert das Jahr der Entdeckung. Um deine Kerze mit Energie zu versorgen, musst du sie in einem Abstand von einem Meter zu etwas Elektrischem, wie deinem Computer, anzünden. Stelle sie nicht zu dicht daneben, sonst schmilzt dein Laptop. Stelle auch eine Tasse Wasser neben den Computer. Die Kerze wird seine elektrische Energie absorbieren, was ihre magische Wirkung verstärkt und deine Lebenszahl intensiviert. Lasse die Kerze eine Stunde lang brennen (nicht unbeaufsichtigt lassen!), konzentriere dich dann ein paar Minuten lang auf deinen Wunsch und blase sie aus. Das Wasser wird inzwischen elektrisch aufgeladen sein. Wenn du deinen Wunsch ausgesprochen hast, wasche dann deine Hände in dem magischen Wasser, um den Zauber zu besiegeln.

Kerzen, Farben und das kommende Jahr

Wie versprochen, folgt hier ein kurzer Überblick über das, was du zusammen mit deiner Lebenszahl im kommenden Jahr erwarten kannst. Was hält dieses Jahr für dich bereit?

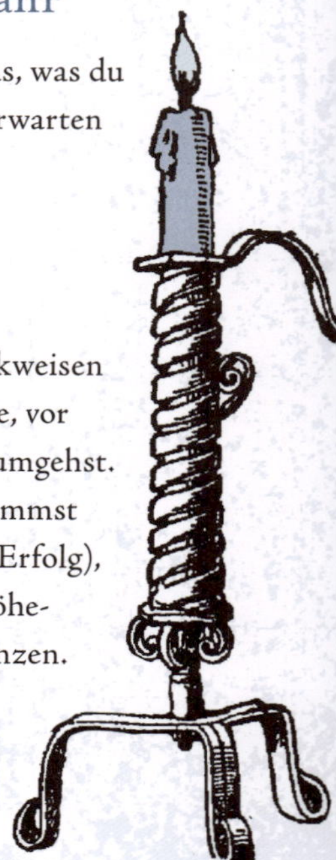

1: Das Jahr der Entdeckungen

KERZENFARBE: ROT

Ein großartiges Jahr, um neue Ideen und alternative Denkweisen auszuprobieren. Beziehungen bedürfen besonderer Pflege, vor allem, wenn du kritisch oder pingelig mit deinen Lieben umgehst. Abenteuer und Belohnungen sind aber angesagt, du bekommst viel Aufmerksamkeit (und höchstwahrscheinlich großen Erfolg), wenn du neue Projekte anfängst. Wenn du nach einem höheren Lebensziel strebst, kennt deine Kreativität keine Grenzen. Pass aber auf, du dich nicht übernimmst. Das Jahr der Entdeckung bringt viele Höhepunkte mit sich, aber du musst tief in dich gehen, um deine innere Wahrheit zu finden.

2: Das Jahr der Erleuchtung

KERZENFARBE: GELB

Volldampf voraus – blicke nicht zurück und halte dich nicht mit vergangenen Misserfolgen auf. Freue dich auf ein Jahr voll endloser Möglichkeiten. Glückspilz! Du wirst so viel zu tun haben, wie schon lange nicht mehr. Dies ist ein phantastisches Jahr, um deinen Geist zu beflügeln und deine Pläne in die Tat umzusetzen.

Wenn du auf der Suche nach der großen Liebe bist, dann schaue nicht weiter als bis zu deiner Nasenspitze. Die für dich perfekte Person kann jeden Moment an die Tür klopfen. Mache dich also hübsch und schön! Auch beruflich gibt es unzählige Möglichkeiten. Wahrscheinlich gibt es Veränderungen, entweder im Beruf oder privat. Übernimm dich aber nicht, sonst könnte dir die Luft ausgehen. Spare deine Kraft und Energie für neue Projekte, es stehen viele Möglichkeiten vor der Tür!

3: Das Jahr des Realisten

KERZENFARBE: WEIß

Dieses Jahr bist du nicht zu bremsen! Du wirst wertvolle Lektionen lernen, was dich dazu veranlassen wird, neue Wege zu beschreiten. Obwohl du mit den Füßen fest auf dem Boden stehst, sollte dein Kopf nicht in den Wolken verschwinden. Dieses Jahr ist es sehr wichtig, dass du auf dem Boden bleibst und dich konzentrierst.

Wenn du neue Projekte in Angriff nimmst, werden deine besten Seiten zum Vorschein kommen. Aber wundere dich nicht, wenn du das Gefühl hast, dein Leben sei eine Achterbahn. Für Realisten ist es normal, die Höhen und Tiefen des Lebens zu erfahren und aus den Fehlern der Vergangenheit zu lernen.

4: *Das Jahr des Weisen*

KERZENFARBE: BLAU

In diesem Jahr werden abgebrannte Brücken repariert und du probierst neue Brücken aus. Es ist auch ein Jahr, in dem sich neue Möglichkeiten für dich öffnen. Während du wächst, reifst und dich änderst, werden sich aufregende neue Dimensionen für dich auftun. Wunderbare Abenteuer werden dich in neue Länder voller Geheimnisse führen.

Dies ist das richtige Jahr, um Dinge in deinem Leben zu verändern und keine Risiken zu scheuen. Du magst ein Träumer sein, aber unterschätze nicht die Kraft deiner Träume – sie können wahr werden! Sei bereit, diejenigen, die dich um Hilfe bitten, zu unterstützen. Deine Führung wird anderen helfen, und du wirst denen, die in Not sind, mit Rat und Tat zur Seite stehen.

5: *Das Jahr des Wahrheitssuchers*

KERZENFARBE: WEIß

In diesem Jahr scheint dir endlich alles so klar zu sein wie seit Langem nicht mehr! Dies ist die Zeit, dir zu überlegen, was für dich richtig ist. Gib dir also Mühe deine Situation zu analysieren und mache in deinem Leben einen großen Frühjahrsputz. (Raus mit dem Alten – und mit allem, was dir nichts mehr bringt). Du sollst lernen, deinem inneren Gefühl zu vertrauen und dich von Menschen oder Situationen, die deinen Geist behindern, zu trennen.

Dieses Jahr wird beruflich viel los sein – mit vielen unerwarteten Ereignissen. Sei wachsam, aber pass auf, dass du bei der Verfolgung deiner Ziele anderen Menschen nicht auf die Zehen trittst. Die Liebe kommt von daher, wo du sie nicht erwartest. Es könnte sein, dass dein Herzblatt einfach vor dir in der Schlange im Supermarkt steht.

6: Das Jahr des Suchers

KERZENFARBE: PINK

In diesem Jahr musst du eine gewisse Zurückhaltung üben, wenn du mit gegenteiligen Ansichten konfrontiert wirst. Wenn du Vertrauen zu dir selbst hast, kannst du beruflich gut vorankommen. Du kannst dich auf deine Lieben und Freunde verlassen, sie werden dir in mehreren schwierigen Situationen beiseitestehen.

Romantik liegt in der Luft, und vielleicht triffst du deinen Traumpartner. (Höre also auf, auf die perfekte Liebe zu warten). Sei auf unerwartete Veränderungen vorbereitet. Wenn du an einen Umzug denkst, ist dies ein gutes Jahr, um mit der Suche nach der perfekten Immobilie zu beginnen. Achte auf deine Gesundheit, ernähre dich vernünftig und sorge dafür, dass du genügend Schlaf bekommst und dich nicht überforderst. Der Hang nach Luxus wird dir in diesem Jahr nur Energie rauben und dich ermüden.

7: Das Jahr des Träumers

KERZENFARBE: LILA

Eines der wichtigsten Merkmale dieses Jahres ist das prophetische Träumen – Träume, die wahr werden! Vielleicht interessierst du dich dieses Jahr mehr für spirituelle Angelegenheiten, führst ein Traumtagebuch oder lernst das Tarot. Du wirst neue Freunde finden, und es kommt mehr Romantik in dein Leben. Dies ist auch das Jahr, in dem du große Veränderungen in deinem Leben vornehmen kannst, zum Beispiel eine neue Ausbildung anfangen. Dein Gedächtnis und deine Konzentration sind möglicherweise nicht optimal, sodass du ein wichtiges Ereignis übersehen oder unterschätzen könntest. Setze dir realistische Ziele und bemühe dich, diese auch zu erreichen!

8: Das Jahr der Kraft

KERZENFARBE: GOLD

Dies ist das Jahr, in dem du aus deinen Fehlern lernst (nicht meckern – Lernen ist immer eine Chance!). Es ist auch das Jahr, in dem unerwartete Probleme im Beruf Takt von dir verlangen.

Vertraue aber darauf, dass die Dinge trotz dieser Herausforderungen gut gehen, solange du nur an dich glaubst.

Familienangelegenheiten sind ebenfalls sehr wichtig, du wirst dazu aufgefordert, jemandem in Not zu helfen. Tiere spielen im kommenden Jahr eine wichtige Rolle.

Das Jahr der Kraft ist auch bedeutsam, weil du dir neue Aufgaben stellen wirst. Du wirst sie alle bewältigen können, weil du belastbar bist und über ein Reservoir an innerer Stärke verfügst.

Dein Liebesleben wird seine Höhen und Tiefen haben. Sei einfach geduldig. Vielleicht bist du im Moment mit der Liebe noch nicht zufrieden, aber ... was lange währt, wird endlich gut!

9: Das Jahr der Zufriedenheit

KERZENFARBE: GRÜN

Das Jahr 9 ist die Vollendung des numerologischen Zyklus und bringt Glück und Freude mit sich. (Das beste Geburtstagsgeschenk von allen!) In diesem Jahr pflanzt du die Samen für deine Zukunft, und was du pflanzt, wirst du ernten. Es ist wichtig, dass deine Gedanken rein und positiv bleiben, denn dein Endziel ist die kosmische Glückseligkeit.

Eine deiner Lektionen in diesem Jahr wird darin bestehen, die Monotonie deines verschlossenen Geistes zu durchbrechen und dich neuen Ideen zu öffnen. Karriere, Zuhause, Liebe und Beziehungen werden in diesem Jahr eine ganz neue Bedeutung für dich bekommen; Entscheidungen, die du dieses Jahr triffst, werden positive Folgen für dich haben, wenn du das numerologische Rad immer wieder drehst! Das Glück ist auf deiner Seite. Teile nicht nur deine Zeit, sondern auch dein Glück, dann wird sich dein karmisches Rad weiter in positiver Weise drehen.

ENGELSZAHLEN

Engel haben eine ganz besondere Form der Kommunikation, wenn sie mit uns sprechen wollen. Sie variieren Pythagoras Credo: „Zahlen regieren das Universum". Bei den Engelszahlen handelt es sich um eine Zahlenfolge, die du vielleicht in Gedanken oder Träumen siehst. Die himmlischen Engel verwenden eine andere Form der Sprache, um mit dir in Kontakt zu treten und eine Botschaft zu übermitteln. Hier findest du eine Übersicht der Engelszahlen und den dazugehörigen Bedeutungen. Mittels ihnen kannst du direkt mit deiner höheren Macht in Verbindung treten und um Rat bitten.

Wer ist mein Engel? Ein wenig Geschichte

Zunächst wollen wir erklären, wer unsere Engel sind. In den jüdisch-christlichen Schriften werden Engeln besondere Kräfte und Aufgaben zugeschrieben, es gibt sogar eine Engelshierarchie. Der Erzengel Michael, der mit einem Drachen gekämpft hat, ist eine der höchsten Wesenheiten. Gabriel ist der Engel, der die bevorstehende Geburt Jesu ankündigte und Raphael ist für die Heilung von Kranken zuständig. *Seraphim* sind engelsgleiche Wesen, die über dem Thron Gottes stehen. Sie haben sechs Flügel, von denen sie nur zwei zum Fliegen benutzen. Die *Cherubim* sitzen um den Gottesthron herum und ehren und preisen Gott.

Engel kommen in vielen Religionen vor. Der Begriff *Schutzengel* wird in der Bibel nicht verwendet, obwohl es Textstellen gibt, die darauf hinweisen, dass diese Beschützer in unserer Nähe sind. Zum Beispiel: „Denn er wird seinen Engeln über dir befehlen, dich zu bewahren auf allen deinen Wegen" (Psalm 91,11).

Viele Menschen glauben, dass wir alle einen Schutzengel haben, der uns bei der Geburt zugewiesen wurde und der uns unser Leben lang begleitet.

Engel sind etwas ganz anderes als menschliche Geister, die auf eine nicht-physische Ebene übergegangen sind. Sie sind unsterbliche Wesenheiten, die die Aufgabe haben, über das Wohlergehen aller irdischen Geschöpfe zu wachen. Wiccas glauben, dass wir von unseren Schutzengeln geführt werden und sie uns mit Weisheit versorgen, wenn wir sie am meisten brauchen. Du brauchst sie nur zu fragen.

Engel sind also nicht das Gleiche wie die Geister verstorbener Menschen. Du hast vielleicht einen geliebten verstorbenen Menschen in deiner Nähe, der mit dir kommunizieren kann. Dies ist aber etwas ganz anderes als ein Engel. Während deine verstorbene Großmutter nicht telepathisch mit dir kommunizieren kann, kann das dein Engel wohl. Am Ende dieses Kapitels wird noch mehr über das Kommunizieren von Engeln erwähnt, jetzt geht es nur um die Unterschiede zwischen verstorbenen Menschen und diesen ätherischen, jenseitigen Wesen und um die Folgen dieses Unterschieds für die Botschaften, die uns übermittelt werden.

Obwohl Engel ihre Wurzeln in den abrahamitischen Religionen haben, vertrauen heutzutage Gläubige vieler Religionen darauf, dass sie von einem oder sogar mehreren Engeln geführt werden. Auch als Wicca oder Ungläubiger kannst du Engel in deiner Magie verwenden, du brauchst nur an die unterschiedlichen Reiche zu glauben, die wir alle bewohnen, und daran, dass die Engelwesen mit Fähigkeiten gesegnet sind, die wir uns nicht einmal vorstellen können! Ein offener Geist ist der Schlüssel zum Lernen.

Verbinde dich mit deinen Engeln durch Zahlen

Dies ist eine einfache Methode, um eine direkte Verbindung mit deinen Engeln herzustellen und jeden Tag mit ihnen zu sprechen. Du benötigest Papierstreifen in Stücken, die gerade groß genug sind, um eine Zahl darauf zu schreiben. Außerdem brauchst du ein Gefäß, in dem du sie aufbewahren kannst, zum Beispiel ein großes Glas, eine Vase oder eine Schale. Wähle ein hübsches Gefäß, das zu deiner Wohnung oder deinem magischen Raum passt, denn du wirst es noch viele Wochen, Monate oder sogar Jahre brauchen.

Schneide einhundert kleine Papierstreifen aus. Schreibe auf die Streifen die Zahlen eins bis einhundert, sodass am Ende auf jedem Zettel eine Zahl steht. Lege die Papierstreifen in das von dir ausgewählte Gefäß, es kann auch ein Schuhkarton sein. Halte außerdem dieses Buch griffbereit und markiere diesen Abschnitt.

Sobald du das Gefühl hast, dass du die Führung eines Engels brauchst, oder wenn du dich mit einer anderen Welt verbinden willst, nimm das Gefäß. Bevor du aber einen Zettel herausnimmst, solltest du deinen Engel begrüßen und um Führung bitten. Konzentriere dich gut. Du kannst einfach die Augen schließen, den Kopf senken und etwas sagen wie: „Ich bitte euch, meine Beschützer, mich zu der Botschaft zu führen, die ich heute erhalten soll. Helft mir zu verstehen, was immer ich empfangen werde. Lasst mich weiterhin auch für andere Botschaften von euch offen sein."

Jetzt wissen deine Hüter, dass du aufmerksam bist. Nimm einen Zettel aus dem Gefäß. Dann nimmst du dieses Buch zur Hand, schlägst die Liste unten und auf den Seiten 223–230 auf und liest die Botschaft, die mit der gezogenen Zahl verbunden ist. Lege den nummerierten Zettel zurück zu den anderen und mische sie erneut. Dies ist die Bedeutung dessen, was die Engel dir sagen wollen:

1. **Öffne dein Herz für jemanden, der kompliziert ist.**
   Nimm dir Zeit, diese Person zu verstehen und sie weise zu führen.
2. **Bereite dich auf grundlegende Änderungen vor.** Eine neue Reise wartet auf dich, sei also mutig und traue dir selbst.
3. **Befreie dich von einem alten Groll.** Es ist nicht richtig, einen Groll zu hegen. Wenn du ihn loslässt, wirst du dich besser fühlen.
4. **Lege deine Hemmungen beiseite und tue etwas Spontanes.**

5. **Bitte einen geliebten Menschen um Hilfe.** Teile deine Ängste mit anderen, wenn du dich niedergeschlagen fühlst.

6. **Schreibe einen längst fälligen Brief.** Jemand aus deiner Vergangenheit vermisst dich. Du wirst ihm viel Freude bereiten.

7. **Entschuldige dich.** Denke über dein Verhalten nach und entschuldige dich für das, was dir nachträglich Leid tut.

8. **Befreie dich von deinen Ängsten.** Wenn du deine Schwächen überwindest, wirst du ähnliche unangenehme Erfahrungen nicht noch einmal machen.

9. **Die Liebe ist unterwegs zu dir.** Jemand Neues wird in dein Leben treten.

10. **Dein Gebet wird erhört und deine Sorgen werden bald vorüber sein.**

11. **Folge deinen Instinkten.** Höre auf deine innere Stimme.

12. **Das Unmögliche ist möglich.** Ergreife die Chance und tue etwas Neues.

13. **Sei dir deiner Stärken bewusst.** Dein Engel ist stolz auf deine Leistungen.

14. **Finanzielles Glück ist unterwegs.** Mache dir keine Sorgen, deine finanzielle Situation wird sich verbessern und alles wird gut werden.

15. **Glaube an deine Träume.** Ich spreche zu dir im Traumschlaf, also höre mir zu.

16. **Deine Feinde werden aufgeben.** Hab die Kraft, denen die Stirn zu bieten, die Böses mit dir im Sinn haben.
17. **Die Familie ist dein Glück.** Schätze deine Liebsten und schließe sie in dein Herz ein.
18. **Halte den Kopf hoch.** Du bist stärker, als du denkst.
19. **Ignoriere deine Kritiker und gib dein Bestes.** Am Ende wirst du siegen.
20. **Überall um dich herum ist Schutz.** Es wird nie etwas gegeben, womit du nicht fertig wirst.
21. **Deine Gesundheit wird sich verbessern.** Iss vernünftig und schlafe lange.
22. **Du wirst die Geduld haben, Probleme zu überwinden.** Vertraue auf dir selbst.
23. **Sei immer hilfsbereit.** Tue heute eine gute Tat für jemand anderen, du wirst dafür belohnt werden.

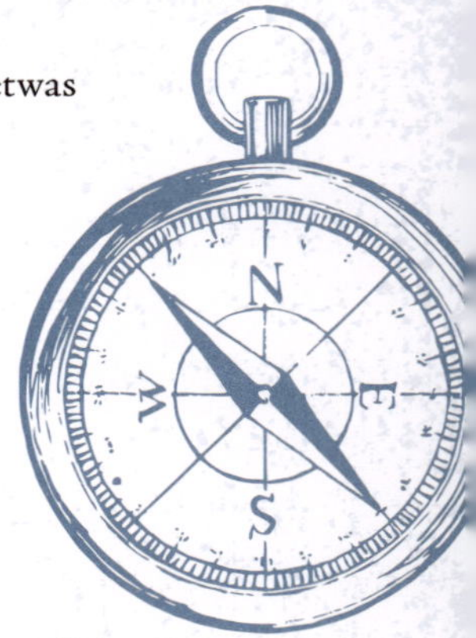

24. **Du bist von Liebe umgeben.** Deine Engel lieben dich so sehr – vergiss das nicht.
25. **Hab keine Angst vor Veränderungen.** Neue Anfänge stehen vor der Tür. Dies ist deine Bestimmung.
26. **Sei sanft zu dir.** Versuche, weniger selbstkritisch zu sein.
27. **Ein neuer Freund ist unterwegs.** Öffne dich neuen Freundschaften und lerne neue Menschen kennen.
28. **Deine Fehler sind verziehen.** Höre auf, dir Vergangenes vorzuwerfen.

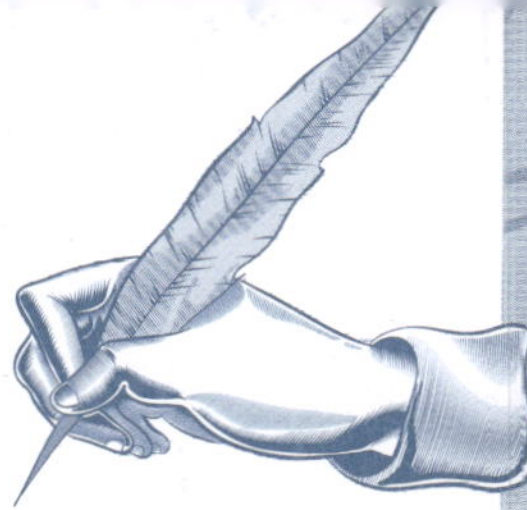

29. **Du hast in letzter Zeit hart gearbeitet, und du wirst dafür belohnt werden.**

30. **Ehre dich selbst.** Nimm dir Zeit zum Meditieren.

31. **Lass die Vergangenheit los.** Denke nur an die Zukunft und an das Gute, das du tun kannst.

32. **Ein alter Freund denkt an dich.** Nimm Kontakt auf zu jemandem aus deiner Vergangenheit. Es ist jetzt die Zeit dafür.

33. **Richte dich auf einen neuen Traum.** Hab keine Angst, neue Dinge auszuprobieren. Du wirst Erfolg haben.

34. **Sei anderen ein Vorbild.** Wenn du immer ehrlich lebst, werden andere dir folgen.

35. **Biete jemandem, der es nicht versteht, Vergebung an.** Er ist vielleicht eine jüngere Seele als du.

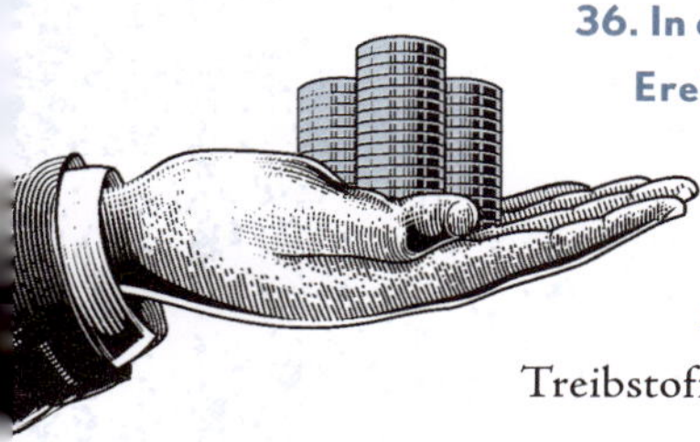

36. **In den nächsten Tagen wird ein unerwartetes Ereignis eintreten.** Gehe weise damit um.

37. **Was du für wahr hältst, ist wahr.** Vertraue deinem Instinkt.

38. **Ernähre dich gesund!** Nahrung ist Treibstoff.

39. **Die Vergangenheit wird sich wiederholen.** Alte Probleme tauchen wieder auf.

40. **Spende heute noch für einen wohltätigen Zweck, auch wenn es nicht viel ist.** Gib wenig und verteile das Glück.

41. **Schaffe Harmonie in deiner Welt.** Sorge für ruhige Momente und höre friedliche Musik.

42. **Ein Freund wird dir Freude bringen.** Bald wird ein Baby geboren werden.

43. **Schwierige Zeiten gehen vorbei.** Der Stress wird bald zu Ende sein.

44. **Probiere ein neues kreatives Hobby aus.** Es wird deine Seele zum Singen bringen.

45. **Nimm dir Zeit für ein Familienmitglied.** Es braucht deine Unterstützung.

46. **Zähle deine Segnungen und schätze, was du hast.**

47. **Behalte einen kühlen Kopf.**

48. **Durch dein Engagement und deine Führung wird ein Kind erfolgreich sein.**

49. **Befreie dich von schlechten Gewohnheiten und fange heute neu an.**

50. **Versuche, dich von Eifersucht zu befreien.** Gönne jemandem die Freiheit, den von ihm gewählten Weg zu gehen.

51. **Die Liebe besiegt alles.** Lade die Verwandten zu einem schönen Essen ein und tauscht euch aus.

52. **Bereite dich auf viel Arbeit vor.** Die nächste Woche wird anstrengend sein.

53. **Kümmere dich um deine Haustiere und andere Tiere.**

54. **Teile deine Erkenntnisse mit einer jüngeren Person.** Sie wird dir zuhören und sich an deine Weisheit erinnern.

55. **Du wirst deinen Wohnsitz wechseln.** Es ist dein Schicksal, in einem anderen Haus zu leben.

56. **Bitte die Engel um das, was du wünschst – sie werden dir helfen, deine Wünsche zu erfüllen.**

57. **Lies heute einige Seiten spirituelle Literatur und versuche, deine Seele weiterzuentwickeln.**

58. **Lerne aus deinen Fehlern.** Versuche, vergangene Fehler nicht zu wiederholen.

59. **Beobachte die Menschen um dich herum.** Halt dich von unangenehmen Menschen fern.

60. **Lass die Traurigkeit los und denke nur an zukünftiges Glück.**

61. **Biete heute jemandem deine Hilfe an.** Eine freundliche Handlung hilft deiner Seele, sich zu entwickeln.

62. **Sage jemandem die Wahrheit, die er hören muss.**

63. **Bewundere die Schönheit um dich herum.** Mache einen Spaziergang in der Natur.

64. **Sei positiv.** Der morgige Tag wird ein guter Tag sein, wenn du in der richtigen Stimmung bist.

65. **Ignoriere Pessimisten.** Entferne dich von denen, die negativ sind.

66. **Lass dich nicht von deinen Ängsten leiten.** Atme das Wesen deines Engels ein, wenn du ängstlich bist.

67. **Umarme den Tag und liebe dein Leben!**

68. Deine Lieben sind in allem sicher und geschützt.

69. Bilde dich. Melde dich für einen Kurs an oder lerne etwas Neues.

70. Mische dich nicht in die Streitereien anderer Leute ein. Bleibe neutral.

71. Kollegen können dir Schwierigkeiten bereiten. Habe Geduld mit ihnen.

72. Einer Person, die du kennst, geht es gerade nicht gut. Hilf ihr.

73. Sprich immer die Wahrheit, aber sei taktvoll.

74. Liebe deine Erinnerungen, aber mach auch Platz für die Zukunft.

75. Deine Schutzengel umsorgen dich. Wir lieben dich und schätzen, wie sehr du dich im Leben bemühst.

76. Glaube an deinen Erfolg, und du wirst erfolgreich sein. Konzentriere deinen Geist.

77. Bald wirst du belohnt. Du hast dein Glück aufgespart.

78. Höre jemandem zu, der ein offenes Ohr braucht. Wenn er seine Sorgen mit dir teilen kann, wird er die Situation klarer sehen.

79. Es ist nie zu spät. Tue etwas, was du schon immer tun wolltest.

80. Sei heute weise bei Entscheidungen. Sei vorsichtig bei Entscheidungen und höre auf dein Herz.

81. Verschiebe keine Sachen auf morgen! Erledige alles, was heute getan werden muss.

82. Diese Welt ist deine Schule. Lerne alles, was du kannst.

83. Sei großzügig. Verschenke, was du nicht mehr brauchst.

84. Gönne dir etwas Besonderes.

85. **Räume deine Schränke aus und schaffe Ordnung in deiner Umgebung.** Es wird dir gut tun, dich von Unordnung zu befreien.

86. **Denke heute an einen anderen Menschen und hilf ihm!**

87. **Sei offen für die Meinung einer anderen Person.** Sie ist vielleicht nicht richtig, aber sie enthält wohl etwas Wahres.

88. **Junge Menschen können etwas aufsässig sein.** Höre ihnen zu.

89. **Sei heute glücklich.** Du hast es verdient.

90. **Investiere mehr in deine Beziehung.** Verbringt Zeit miteinander.

91. **Eine Reise wartet auf dich.** Ich behüte und beschütze dein Herz.

92. **Ruhe dich öfter aus und schlafe mehr.** Die Zukunft wird ereignisreich sein.

93. **Tu, was du für richtig hältst, und lass dich nicht von anderen beirren.**

94. **Einfache Freuden sind die besten.** Gehe in die Natur und erfreue dich an Tieren.

95. **Besuche einen Nachbarn oder Freund.** Deine Anwesenheit wird andere zum Lächeln bringen.

96. **Gehe in die Küche und bereite deinen Nächsten etwas Leckeres.**

97. **Gehe vernünftig mit deinem Geld um.** Kaufe keine Sachen, die du nicht brauchst.

98. **Du kannst nicht lehren, was du nicht gelernt hast.** Andere werden von deinen früheren Erfahrungen profitieren.

99. Iss gesund und trinke weniger Alkohol.

100. Fahre in Urlaub. Du musst dich erholen und entspannen.

Verwirrende Botschaften

Manchmal siehst du die gleiche Zahl oder Zahlenfolge immer wieder vor dir. Viele Menschen finden zum Beispiel 11 Uhr 11 eine wichtige Uhrzeit.

Ignoriere es nicht, wenn dir bei dir auch solche Sachen auffallen – irgendetwas aus dem Universum ist hier im Spiel. Kombinierte Botschaften können dazu beitragen, dass deine Kommunikation mit den Engeln noch besser wird.

Wenn du das Gefühl hast, dass es für dich nützlich sein könnte, mehr als eine Zahl zu ziehen, oder wenn du üben willst, die Botschaft mehrerer Zahlen zu deuten, dann ziehe einfach zwei Zettel.

Beispiel: Du ziehst zwei Zettel mit den Nummern 76 und 92:

- **NUMMER 76 LAUTET:** *Glaube an deinen Erfolg, und du wirst erfolgreich sein. Konzentriere deinen Geist.*
- **NUMMER 92 LAUTET:** *Ruhe dich öfter aus und schlafe mehr. Die Zukunft wird ereignisreich sein.*

Deine Engelsbotschaft: Weil deine Zukunft ereignisreich sein wird, musst du dich öfter ausruhen und mehr schlafen. Vertraue dir selbst, und du wirst Erfolg haben.

Verwirrende Botschaften

Bei jeder Art von Botschaft, die von einer anderen Ebene kommt, können sich die feinstofflichen Drähte kreuzen – zumindest interpretieren wir das so. Deine Engel irren sich natürlich nie, aber manchmal sprechen sie von Ereignissen, die vielleicht erst in einiger Zeit eintreten werden, oder von weit zurückliegenden Ereignissen, die sich auf ein zukünftiges Ereignis beziehen. Sei dir dessen bewusst, dass Zeit auf der anderen Seite nichts bedeutet. Sie ist nur ein Konstrukt, mit dessen Hilfe Menschen Ereignisse organisieren. Wenn du also Botschaften erhältst, die für dich im Moment keinen Sinn ergeben, schreibe sie auf. Es kann sein, dass erst noch alles Mögliche passiert, bevor diese Botschaften Sinn ergeben. Hab Vertrauen. Warte einfach ab und sieh zu, wie sich die Dinge entwickeln.

Vorbereitung auf das Empfangen von Botschaften

Das Ziehen einer Zahl aus dem Glas ist eine praktische Methode, um schnell eine tägliche Botschaft von deinen Engeln zu erhalten. Manchmal wünscht du dir jedoch eine wirkungsvollere Kommunikation, vor allem, wenn dich ein bestimmtes Problem plagt oder wenn deine Sorgen tiefer liegen. In solchen Fällen kann es hilfreich sein zu meditieren, denn dies öffnet deinen Geist für tiefer gehende Informationen. Während der Meditation solltest du dich darauf konzentrieren, die Sorgen des Tages aus deinen Gedanken zu verbannen und dich von nichts ablenken zu lassen. Du kannst deinen heiligen Raum vorbereiten, abhängig davon, ob du eine spezifische Frage hast (nimm dann entsprechend gefärbte Kerzen), oder ob du allgemeine Führung brauchst.

Viele Menschen zünden eine weiße Kerze an, wenn sie versuchen, mit ihren Engeln in Kontakt zu treten, da die Farbe Weiß für Wahrheit und Frieden steht. Dies zieht deinen Engel an und fördert die Kommunikation mit ihm.

Manche Menschen nehmen einen Rosenquarzstein, da dieser positive Energie verstärkt. Quarz hilft außerdem, den Geist zu klären, damit du die Botschaften besser empfangen und verstehen kannst. Wenn dein Raum vorbereitet ist und du eine bequeme Position eingenommen hast, geht es genauso wie bei jeder anderen Meditation: Atme tief durch und schließe die Augen. Erlaube deinem Geist, sich zu öffnen und sich auszudehnen. Konzentriere dich auf deine Absicht. Stelle die Fragen, die dir durch den Kopf gehen, und lass die Antworten kommen. Wenn du die Sitzung mit dem Gefühl verlässt, zu wenig Einsicht erhalten zu haben, solltest du wissen, dass unsere Engel auf sehr subtile Weise kommunizieren, und außerdem nicht nur, wenn wir sie anrufen. Wenn du zum Beispiel einfach weißt, dass etwas wahr oder unwahr ist, trotz aller gegenteiligen Beweise, dann liegt das daran, dass dein Engel dir gesagt hat, dass es so ist. Wenn deine Intuition einsetzt, liegt das meistens daran, dass deine Engel dich in eine bestimmte Richtung führen. Wenn du immer wieder Zeichen siehst, wenn dir immer wieder der Weg gewiesen wird, wenn dir immer wieder die Augen geöffnet werden, rate mal, wer dafür verantwortlich ist. Richtig – die fleißigen, fleißigen Engel! Tatsächlich gibt es bei vielen übersinnlichen Fähigkeiten Überschneidungen mit der Engelskommunikation. Botschaften können in deinen Träumen übermittelt werden. Wenn du also mit einer Vorahnung aufwachst, hast du diese vielleicht aus einer anderen Quelle erhalten: von den Engeln, die dir im Schlaf eine Botschaft ins Ohr geflüstert haben. Wenn du eine plötzliche Eingebung hast, oder auf einmal weißt, wie du eine bestimmte Idee ausführen sollst, ist das auch eine Form der Engelskommunikation. Das soll nicht heißen, dass du selbst nicht kreativ oder klug bist. Es ist nur so, dass du ein ganz besonderes Team hast, das dir hilft!

Dos and Don'ts

Engel sind dazu da, dich zu führen, nicht um dein Leben reibungslos verlaufen zu lassen. Mit anderen Worten: Auch nachdem du dich mit ihnen verbunden hast, werden dir immer noch schwierige Zeiten und Prüfungen bevorstehen. Aber gerade in solchen Zeiten solltest du um ihre Hilfe und Führung bitten.

Es gibt nichts, worüber du mit deinem Engel nicht sprechen könntest. Wenn es für dich wichtig ist, ist es auch für ihn wichtig. Du kannst ihn um Schutz (für dich selbst oder für geliebte Menschen), Klarheit, Kraft, Weisheit oder um ein Eingreifen göttlicher Mächte in deinem Namen bitten.

Manche Menschen bitten jeden Tag um Führung, andere heben sich ihre Bitten für wichtige Angelegenheiten auf. Es gibt Menschen, die ihre Engel immer bei der Gartenarbeit anrufen, andere sprechen immer über familiäre Angelegenheiten mit ihnen. Manche Menschen machen es sich zur Gewohnheit, morgens vor dem Aufstehen oder abends vor dem Einschlafen mit ihren Engeln zu sprechen. Andere kommunizieren mit ihnen nur über die Engelszahlen.

Vielleicht solltest du es dir jedoch angewöhnen, mindestens einmal pro Woche bei deinem Engel vorbeizuschauen und ihm für seine Führung und Unterstützung zu danken. Denke daran, dass dein Engel auf dich achtet und dir Engelszahlen schickt, ob du es nun wahrhaben willst oder nicht. Es wäre schön, zumindest regelmäßig ein kurzes Hallo und Dankeschön zu sagen.

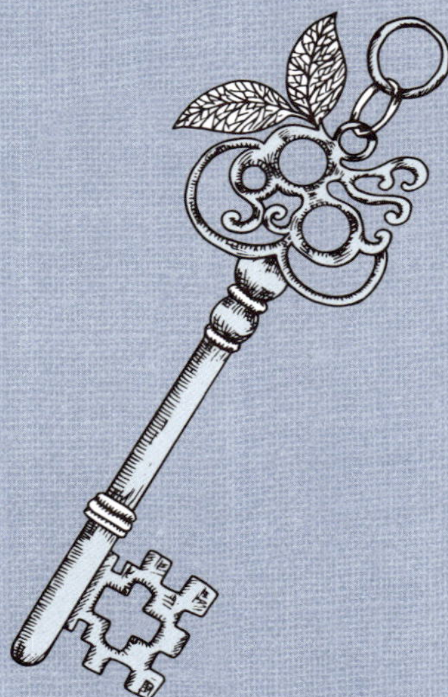

Teil Drei

Tiefer eintauchen

Kapitel 11

Träume und Astralreisen

DIE EINFACHSTE BESCHREIBUNG VON TRÄUMEN IST, dass sie Abfolgen von Bildern und Gefühlen sind, die wir zumeist in tiefem REM (Rapid Eye Movement) -Schlaf erfahren, gewöhnlich tritt die erste REM-Phase etwa neunzig Minuten nach dem Einschlafen ein. Jeder träumt, auch wenn einige Menschen behaupten: „Ich träume nie! Ich schlafe ein und acht Stunden später wache ich auf, ohne geträumt zu haben." Der Unterschied ist, dass sich die einen fast minutiös an ihre Träume erinnern, die anderen überhaupt nicht. Die Wissenschaft beginnt gerade erst, die physiologischen und persönlichen Gründe dafür zu verstehen.

Die meisten Menschen lieben ihre Träume voller Abenteuer und Eskapaden. Vermutlich weißt du bereits, dass deine Träume wie eine Art Spiegel funktionieren, anhand dessen du verstehen kannst, was dich den Tag über beschäftigt – aber wusstest du, dass du deine Träume so manipulieren kannst, dass sie dich in andere Dimensionen versetzen? Diese Dimensionen heißen Zeitschleifen. Du kannst in die Vergangenheit, die Gegenwart und die Zukunft reisen. Vielleicht siehst du sogar „Irrlichter", wie wir es schon häufig erlebt haben, wenn wir verlassene Häuser besuchen. Seit Jahrhunderten kennen die Wicca das Geheimnis, wie man Träume wahr werden lässt.

DREAM-TEAMS

Im alten Ägypten glaubten die Menschen, dass Träume Botschaften der Götter waren. Das konnten Warnungen vor aufziehenden Gefahren oder Ankündigungen positiver Ereignisse sein. Die Ägypter waren so fasziniert von diesen nächtlichen Meldungen, dass sie „Traumbücher" erstellten. Auf Papyrus geschrieben, waren dies Enzyklopädien der Traumsymbole und -deutungen. Die alten Ägypter praktizierten außerdem die spannende „Trauminkubation". Wer Rat oder Anleitung einer bestimmten Gottheit suchte, ging in den jeweiligen Tempel oder zum Schrein, um zu beten und Rituale durchzuführen und blieb über Nacht dort, um im Schlaf göttlichen Rat zu erhalten. Am Morgen fragten die Suchenden einen Priester, was die über Nacht inkubierten Bilder zu bedeuten haben.

Auch die Verfasser der Bibel berichteten über Menschen, die in ihren Träumen von Gott erleuchtet wurden, wie in der Genesis die Geschichte über Jakob, dem Enkel des Abraham und Bruder des Esau. Eines Nachts träumte

Jakob von einer Leiter, die bis hinauf in den Himmel führte, von wo aus Gott zu ihm sprach.

Im sechzehnten Jahrhundert stellten religiöse Kleriker die Theorie auf, der Teufel würde den Menschen im Schlaf erscheinen. Damit verbreiteten sie verständlicherweise Panik unter den Menschen. Im 19. Jahrhundert schließlich formulierte ein französischer Arzt namens Alfred Maury viele Theorien, die die Grundlage der modernen Traumdeutung bildeten. Seine Hypothese war, dass äußere Stimuli Auslöser für Träume sind, einschließlich der Probleme, mit denen wir in unseren wachen Stunden zu tun haben.

Die Zukunft erträumen

In der Schlafforschung gelten Träume als Verarbeitungsprozesse, in denen das Unterbewusstsein versucht, einige der verwirrenderen Dinge, die im Laufe eines Tages geschehen sind, zu ordnen. Wobei es erst einmal unlogisch erscheint, wenn du davon träumst, mit deinen Affenfreunden auf Bananenbäume zu klettern (es sei denn, dass du das im Wachzustand tatsächlich machst). Hier kommen die Symbole zur Traumdeutung ins Spiel. Dazu gibt es später in diesem Kapitel mehr Informationen.

Einige Träume fühlen sich nicht so sehr wie seltsame Abenteuer in der Nacht an, sondern wie das echte Leben. Wenn sich dein Traum auf verstörende Weise mit deinem Alltag beschäftigt, schau ihn dir genau an. Es könnte nämlich sein, dass er ein Blick in die Zukunft ist.

UNTERBEWUSSTE REALITÄT

Schöne Träume sind wunderbar. Ob wir mit einem attraktiven Mann oder einer schönen Frau an einem Strand sitzen, Mode auf einem Laufsteg in Paris vorführen oder ohne Hilfsmittel fliegen können – ein guter Traum fühlt sich wie ein echtes Abenteuer an, ist Inspiration und hebt die Stimmung.

Auf der anderen Seite können uns schlimme Träume völlig verstören. Zunächst verhindern sie einen erholsamen Schlaf, sodass wir am nächsten Tag unleidlich und weniger produktiv sind. Auch können sich die Gefühle in Verbindung mit dem Traum als sehr real anfühlen. Wenn wir träumen, dass unsere bessere Hälfte uns verlassen oder eine wilde Affäre hat, laufen wir am folgenden Tag wie Falschgeld herum. Diese Reaktion basiert zum Teil darauf, dass wir die Emotionen, die an das Traumerlebnis gekoppelt sind, tatsächlich durchlaufen oder sie genau nachempfinden können. Auch, wenn wir das Ereignis nicht in unseren wachen Stunden erlebt haben, reagieren wir emotional auf dieselbe Weise darauf, als wäre es tatsächlich geschehen. Meist liegt die Ursache für solche Träume für einer tiefsitzenden Angst in uns, es könnte allerdings auch sein, dass du eine Vorahnung auf zukünftige Ereignisse hast.

Auch wenn das nicht wirklich stattgefunden hat, solltest du dein Unterbewusstsein erforschen, um herauszufinden, warum du diesen Traum hattest. Kann es sein, dass:

- **du in deiner Beziehung unsicher bist und Angst hast, dein Partner/deine Partnerin könnte sich mit dir langweilen?**
- **du denkst, er oder sie könnte fremdgehen?**
- **du glaubst, er oder sie will sich von dir trennen?**
- **du eigentlich ohne ihn oder sie weitergehen willst, dir das aber noch nicht eingestanden hast?**

Trifft etwas davon auf dich zu, ist der Traum wahrscheinlich ein Ausblick auf das, was kommt. Bist du bereit, das zu akzeptieren, ist jetzt der geeignete Zeitpunkt, um der Sache auf den Grund zu gehen und ein langes Gespräch mit dem Partner/der Partnerin darüber zu führen, wie es um euch beide steht.

Das soll aber nicht heißen, dass alle Vorahnungen schlimm sind. Vielleicht träumst du von einer Beförderung im Job, den Gewinn eines Marathonlaufs oder darüber, eine berühmte Schauspielerin zu sein und findest dich schon bald auf der Straße des Erfolgs wieder.

IN DEINEN WILDESTEN TRÄUMEN

Vorahnungen sind hübsche Päckchen, geschnürt aus zukünftigen Ereignissen, und vom Universum dann geschickt, wenn wir sie am wenigsten erwarten. Wir können unsere Träume allerdings kontrollieren – und vielleicht sogar unsere Zukunft durch positive Visionen gestalten.

Klarträumen ist eine Methode, unsere Träume zu steuern. Du erzählst deinem Geist, was als nächstes geschehen soll. Wenn der Traum in unakzeptable Gefilde abbiegt, holst du ihn wieder dorthin zurück, wo er hinsoll. Normalerweise beginnt der Traum von selbst – gesteh dem Unterbewusstsein ein wenig Kontrolle zu. Wenn dir bewusst ist, dass du träumst, kannst

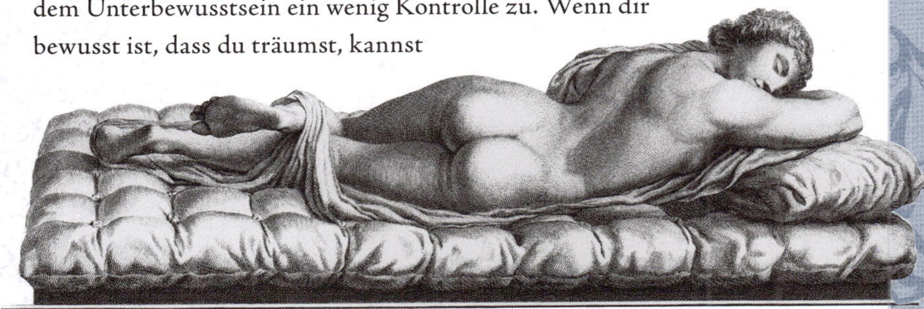

du in deinem Traum anstellen, was immer du möchtest.

Manche Menschen wenden das bewusste Träumen an, um Albträume abzuwenden, andere, um am Selbstwertgefühl zu arbeiten oder um herauszufinden, wie sie mit einer bestimmten Situation umgehen sollen – das kann die Abwehr eines neugierigen Nachbarn sein oder die Kaufverhandlungen für ein neues Auto. Aber auch neue Zaubersprüche lassen sich so erträumen und mit dem eigenen Geist anfüllen. Hier ist eine Schritt-für-Schritt-Anleitung.

1. **Sei dir deines Geistes in den Tagen vor dem Klartraum stärker bewusst.** Halte immer wieder inne und sage dir „Ich bin wach. Dies geschieht gerade." Damit trainierst du deinen Geist darauf, den Moment wahrzunehmen.
2. **Gewöhne dir eine entspannende, beruhigende Routine vor dem Schlafengehen an.** Das kann eine heiße Dusche, gemütliche Nachtwäsche und die Lieblingsdecke sein, alles, was dir das Einschlafen angenehm macht.
3. **Konzentriere dich im Liegen auf das Gefühl, im Bett gut aufgehoben zu sein.** Entspanne jeden Teil deines Körpers. Atme langsam und tief.
4. **Sprich mehrmals zu dir selbst „Ich kann meine Träume kontrollieren.** Ich kann meine Träume kontrollieren." Wenn du weißt, worüber du träumen möchtest, versuche es mit: „Ich werde von ____ träumen."

Diese Entspannungsübungen werden dir hoffentlich dabei helfen, direkt in den Traum zu gleiten. Wenn das Träumen einsetzt, sprich zu dir selbst „Ich habe die Kontrolle und *dies* ist, was geschehen wird." Es gibt dabei keine Grenzen, mach also das Beste daraus! Probiere Dinge aus, die du niemals am Tage machen würdest – oder könntest!

SCHLAF DICH ZUM ERFOLG

Gerade haben wir gelernt, wie das Selbstwertgefühl über bewusstes Träumen gestärkt wird. Trainer und Therapeuten raten ihren Sportlern und Patienten seit Langem, die Technik des Visualisierens einzusetzen, um erfolgreich zu sein. Das Visualisieren ist eine Form der Meditation. Und da Meditation häufig als traumähnlicher Zustand bezeichnet wird, passt das Thema ganz gut in dieses Kapitel.

Nehmen wir einmal an, du hast ein Haus gefunden, das du unbedingt kaufen möchtest und befindest dich mit zwei weiteren Interessenten in einem Bieterkrieg. Du musst einen Weg finden, wie du das Haus bekommst. Mit den folgenden Anweisungen sicherst du dir den Kaufvertrag:

1. **Mache dich für die Meditation bereit.** Setze oder lege dich in einen ruhigen Raum ohne Ablenkungen. Entzünde Räucherwerk, spiele sanfte Musik und schließe deine Augen.

2. **Atme tief –** durch die Nase ein, durch den Mund aus.

3. **Fühle dich in jeden Teil deines Körpers** hinein und gib ihm nach.

4. **Wenn du schlapp wie eine gekochte Nudel bist,** beginne das Visualisieren. Blicke auf das Haus, als ob du am Ende der Auffahrt stehen würdest. Geh die Auffahrt hinauf und schließ die Tür mit dem Schlüssel auf. Geh hinein. Dann gehst du durch alle Räume – sie sind bereits mit deinen Möbeln eingerichtet. Setz dich auf das Sofa. Streif deine Schuhe ab. Sei im Moment und in deinem neuen Zuhause.

Wenn du deine Augen wieder öffnest, gratuliere dir selbst zum Erwerb des perfekten Hauses – sei im Moment. Diesen sollst du bei dir behalten, aber darauf achten, ihn richtig zu verwahren. Lass keinen Zweifel aufkommen. Sei dir sicher, dass sich die Dinge in deinem Sinn entwickeln werden und verhalte dich dementsprechend. Wir ziehen die Energie an, die wir in die Welt hineingeben. Das Visualisieren hilft uns, diese Energie zu festigen, damit sie verfügbar ist, wenn wir sie brauchen.

TRAUMTAGEBÜCHER

Mit einem Traumtagebuch kannst du positive Gefühle aus den Klarträumen hervorragend verstärken. Auch wiederkehrende Träume lassen sich dadurch verfolgen, vor allem solche mit nicht eindeutiger Symbolik, aus der man nicht schlau wird. Durch Tagebücher kannst du Muster der Informationen sortieren, damit du diese Momente erlebst, in denen sich Dinge zusammenfügen und du sagen kannst: „Ach, *darum* träume ich von sprechenden Pinguinen!"

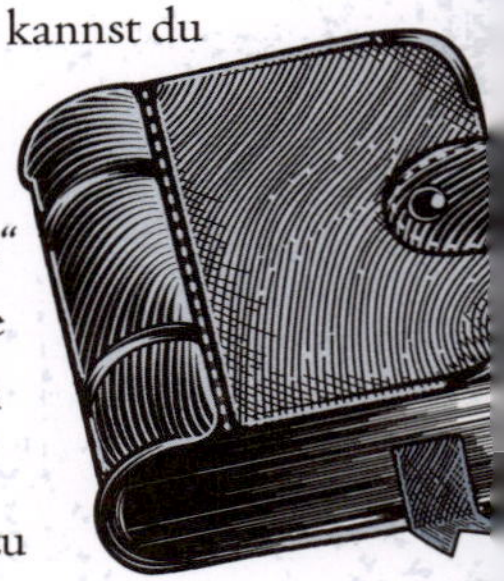

Jede Art Notizbuch eignet sich als Traumtagebuch – die einzige Bedingung ist, dass es auf deinen Nachttisch passen muss. Und es muss auf jeden Fall immer ein Stift daneben liegen, denn wir wissen ja, dass wir nicht aufstehen, um einen zu holen, wenn wir nachts um drei Uhr unseren Traum aufschreiben wollen. Am nächsten Morgen verscheucht der Wecker die Einzelheiten des Traums.

Was schreibe ich ins Traumtagebuch?

Datum, Uhrzeit des Zubettgehens und alles Bemerkenswerte – Gutes, Schlechtes oder Ungewöhnliches –, das während des Tages passiert ist: Das solltest du vermerken, bevor du dich aufs Ohr legst. Außerdem, ob du noch spät etwas gegessen hast oder etwas, das du nicht so gut vertragen hast. Ein unruhiger Magen kann sich verheerend auf den Schlaf und die Traumphasen auswirken, was auch auf bestimmte Medikamente zutrifft, also schreibe alles auf.

Wenn du aufwachst – ob nun mitten in der Nacht oder am Morgen –, bleib ganz ruhig. Je weniger äußerliche Stimulanz stattfindet, umso besser. Schließ deine Augen und versuche, dich daran zu erinnern, wo dein Geist gerade war. Wenn du befürchtest, wieder einzuschlafen und zu spät zur Arbeit zu kommen, stell den Wecker abends ein wenig früher, damit du die Schlummertaste betätigen und deinen Traum zurückverfolgen kannst. Was immer du auch an noch so kleinen Details von deinem Traum erhaschen kannst, halte sie fest. Häufig führt eine Information zur nächsten und manchmal direkt wieder in das nächtliche Abenteuer hinein. Bleib in diesem unfokussierten Zustand und erinnere dich so weit zurück, wie es geht.

Wenn du nicht weiterkommst, öffne deine Augen, nimm dein Tagebuch und schreib alles auf. Es muss keine zusammenhängende Geschichte entstehen, auch Zeichensetzung und Grammatik sind nebensächlich – lass es einfach aus dir hinausfließen. Später hast du Zeit für Analysen.

Du kannst deine ersten Eindrücke auch sprechen und aufnehmen, aber ich glaube, es ist wichtig, die Träume schriftlich festzuhalten. So ist es leichter, wiederkehrende Informationen und Muster mit Bedeutung zu erkennen.

TRAUMSYMBOLE

Jeder träumt, auch die, die das bestreiten, aber jeder träumt auf seine Weise. Der Grund dafür liegt auf der Hand: Träume spiegeln Einflüsse auf unser Unterbewusstsein wider, und wir haben alle unsere ganz eigenen

Probleme, die sich als nächtliche Verrücktheiten zeigen. Aber auch, wenn wir unsere individuellen Visionen produzieren, gibt es Gemeinsamkeiten in unseren Träumen, die öfter auftreten, etwa das Fliegen oder nackt in der Öffentlichkeit zu stehen. Was bedeuten sie?

- **FRIEDHÖFE** Träumst du, du läufst über einen Friedhof, bedeutet das, dass du traurig oder ängstlich bist. Aber keine Sorge, vielleicht steht auch eine Wiedergeburt irgendeiner Art bevor.
- **FALLEN** Fallen mit Angst bedeutet, du glaubst, die Kontrolle verloren zu haben oder dass du unsicher bist. Fallen mit Genuss: Du bist bereit für Neues.
- **FLIEGEN** Das Fliegen steht für deine Fähigkeiten und vermittelt Freiheit. Es bedeutet: Du weißt, dass du es tun kannst (was auch immer).
- **NACKTHEIT** Du bist nackt in der Öffentlichkeit? Du fühlst dich verletzlich.

- **STURM** Sturmträume stehen dafür, dass du wütend oder überfordert bist.
- **ZÄHNE** Wenn dir im Traum die Zähne ausfallen, bist du in Liebesdingen unsicher, hast Gesundheitssorgen oder hast am Tag etwas gesagt, was du nicht hättest sagen sollen. Sie können auch für eine ernste Erkrankung oder Tod von jemandem, den du kennst, stehen.

- **EINEN TEST ABLEGEN** Das bedeutet, dass du Schwierigkeiten hast, etwas zu lernen oder dass du dir über dein Wissen in einer Sache unsicher bist.

Wenn wir über weniger häufige Symbole sprechen würden, könnten wir ewig weitermachen. Es gibt ganze Bücher nur über Traumsymbolik, daher besprechen wir nur über Symbole, die wir für wichtig halten. Wenn du nicht findest, wonach du suchst, schau einfach im Internet nach („Traumsymbole") oder suche in der Bücherei oder im Buchladen nach Literatur darüber.

Bis du diesen Symbolen nachts schon einmal begegnet?

- **VERLASSEN WERDEN** Wenn du im Traum verlassen wirst, sollst du alte Überzeugungen und Gewohnheiten loslassen.
- **UNFALL** Der Unfall im Traum steht für einen bedrückten Geist. Worüber machst du dir Sorgen, wovor fürchtest du dich?
- **FREMDGEHEN** Wenn du träumst, dass du fremdgehst, kann es einfach bedeuten, dass du in etwas Unangenehmes verstrickt bist – das muss nicht unbedingt eine Affäre sein.
- **KELLER** Gehst du im Traum in einen Keller, heißt das, dass du Gefühle oder Ängste unterdrückst.
- **VERFOLGT** Wirst du im Traum verfolgt, willst du eine andere Meinung zu einem wichtigen Thema nicht anerkennen.
- **FEIERN UND PARTYS** Träumst du von einer Party, erreichst du deine Ziele.
- **PROMINENTE** Tauchen Berühmtheiten in deinen Träumen auf, heißt das, dass du bald Glück haben wirst.
- **TOD** Träumst du, dass du selbst stirbst, durchläufst du eine Veränderung in deinem Leben.

- **ETWAS FINDEN** Wenn du etwas im Traum findest, erkennst du etwas an dir an, das du bisher ignoriert hast – vielleicht ein neuer Aspekt deiner Spiritualität oder einen veränderten Glauben.
- **GARTEN** Ein Garten voller Blumen bedeutet Liebe und Glück für dich. Ist er voller Unkraut, musst du ein spirituelles Problem aus dem Kopf bekommen.
- **KIDNAPPING** Wirst du im Traum entführt, übt jemand Kontrolle über dich aus. Und das gefällt dir nicht!
- **SCHWANGERSCHAFT** Bist du im Traum schwanger, deutet das nicht auf eine tatsächliche Schwangerschaft hin, sondern dass ein Aspekt von dir wächst.

- **BADEZIMMER** Über Badezimmer zu träumen bedeutet, dass du mehr Privatsphäre in deinem Alltag brauchst (oder dass du zur Toilette musst und dein Körper sendet dir Signale).
- **RINGE** Ein Ring im Traum ist ein gutes Zeichen – er steht für Loyalität und Ganzheit in deinem Leben. Ist der Ring kaputt, ist das nicht so gut, denn dann stellt jemand deine Hingabe in Zweifel.

- **RENNEN** Wenn du im Traum vor jemandem wegläufst, geht du etwas aus dem Weg, vor dem du Angst hast. Wenn du auf etwas zuläufst, möchtest du ein Lebensziel erreichen.
- **KRIEG** Wer vom Krieg träumt, hatte einen Tag voller Kummer und Chaos.
- **WASSER** Klares Wasser mit einer ruhigen Oberfläche steht im Traum für einen friedlichen Geist. Trübes Wasser heißt, dass negative Emotionen an dir nagen.

Diese Liste ist nicht vollständig und soll dir den Einstieg in die Traumdeutung erleichtern. Es sind viele Bücher über Traumsymbole erhältlich, mit denen du weiter lernen kannst. Ich empfehle dir, einen Teil deines Traumtagebuchs für Notizen über Symbole und ihre Bedeutung zu reservieren. Nach einem ungewöhnlichen Traum kannst du die Symbole nachschlagen und dort mit ihrer Bedeutung verzeichnen, damit du beim nächsten Mal nicht alle Tagebucheintragungen nach ihnen durchsuchen musst.

ASTRALREISE

Eins der gerade aufgeführten Traumsymbole war der Tod, aber dir ist sicher aufgefallen, dass damit nur der eigene Tod gemeint war. Wenn du von jemandem träumst, der bereits verstorben ist, kann mehr daran sein, als das „unbewusste" Auge sieht. Tatsächlich könnte das weit mehr als ein Traum sein. Jemand von der anderen Seite hat dich mittels Astralreise kontaktiert.

Einige Menschen entwickeln die Fähigkeit für Astralreisen, das dem Träumen insoweit ähnelt, dass das Unterbewusstsein die Führung übernimmt. Aber bei einer Astralreise verlässt dein Geist die irdische Ebene und betritt eine andere Realität.

Astralreisen versetzen uns in die Lage, geliebte Menschen auf der anderen Seite zu besuchen, um wichtige Momente nochmal zu durchleben, oder um Wissen von Geistführen zu erhalten. Das klingt sehr übernatürlich und geheimnisvoll, aber hab Geduld – es ist eine kreative Form der Visualisierung. Und wenn du vielleicht auch nicht unbedingt diese Welt für eine andere Dimension verlassen möchtest, betrachte es als einen Weg, den Geist zu öffnen und seine Grenzen zu erforschen.

Wenn du die Astralreise ausprobieren möchtest, halte dich an dieselbe Vorbereitung wie für eine Meditation. Such dir ein ruhiges Fleckchen, entzünde Kerzen, spiel Musik, verbrenn Räucherwerk und atme tief. Dann folge diesen Schritten:

1. **Stelle dir vor, dass ein weißer Lichtstrahl von deinen Füßen** direkt durch deinen Kopf nach oben schießt. Weißes Licht ist immer ein Schutz vor bösen Geistern oder Wesen und ist für deine kleine Reise sehr wichtig.

2. **Sprich ein Schutzgebet.**

3. **Stell dir vor, dass du mit einer Schnur aus „weißer" oder „reiner" Energie** an dein Bett oder an den Boden gebunden bist. Wicca und Hellseher setzen weiße oder reine Energie ein, um ihre Seelen im Traumzustand am Körper zu sichern.
4. **Spüre, wie sich dein Geist (oder deine Seele oder „zweiter Körper", wie manche sagen)** erhebt und deinen physischen Körper verlässt. Nichts kann dich daran hindern – du schwebst durch die Decke, durch die Wohnung über dir, durch das Dach und dann, wohin du willst.
5. **Wenn du deine Geistführer triffst,** während du dich außerhalb deines Körpers aufhältst, sprich mit ihnen. Frag sie alles, was du möchtest – deswegen bist du ja in diesem Zustand.
6. **Wenn du dich ängstlich fühlst,** denk an die Schnur, die dich mit der physischen Ebene verbindet. Du kannst jederzeit sagen: „Ich möchte jetzt zurück" und trittst wieder in deinen Körper ein.

Manche Menschen spüren kurz vor Beginn der Reise einen Ruck oder das Gefühl, zu fallen. Eine Theorie besagt, dass der Geist nicht einfach sanft nach oben fliegt, wenn er einen Körper verlässt, sondern nach unten zum Rücken wandert, an der Seite hinaus und dann hoch. Warst du schon einmal fast eingeschlafen und mit einem Ruck plötzlich wieder wach? Da warst du kurz davor, deinen Körper zu verlassen.

Leanna experimentiert seit Jahren mit Astralreisen und ist sehr erfahren. Hinter ihren Lidern sieht sie bunte Lichter, wenn sie ihre Reisen antritt. Wenn du den Bogen heraushast, wie du in diesen Zustand gelangst, nutze ihn. Sprich mit deinen Geistführern über die Dinge, die dich beschäftigen – die Arbeit, die Familie, wie du nächsten Monat die

Miete aufbringen sollst, wohin deine nächste Ferienreise gehen soll. Es gibt nichts, was du nicht tun darfst, keinen Ort, an den du nicht gehen darfst und nichts, was du nicht fragen darfst! Und da einige Geistführer Tausende von Jahren alt sind, kommst du vielleicht mit Informationen und Ratschlägen wieder, die du von niemandem sonst bekommen könntest. Mehr über Geistführer findest du auf den Seiten 272–276.

Süße Astralträume

Damit deine Träume weniger chaotisch sind und deine Astralreise ruhig verläuft, zünde eine Stunde vor dem Schlafengehen eine weiße Kerze an und bereite eine Tasse Kräutertee (Kamille eignet sich gut wegen ihrer entspannenden Eigenschaften). Trink den Tee und lösch die Kerze. Deine Schwingungen erhöhen sich und deine Energien werden vor deinem Start in die Astralebene gereinigt.

MACH DAS MEISTE AUS DEINER TRAUMZEIT

Jetzt hast du einige hübsche kleine Wicca-Traumtricks gelernt und wir hoffen, dass du Schlaf von nun an anders betrachtest. Wenn du dich nachts zur Ruhe legst, musst du nicht unbedingt alles abschalten bis zum Morgen – du kannst deine Gefühle ordnen, Verwirrung lösen und erstaunliche Abenteuer erleben, während dein physischer Körper eine Auszeit nimmt. Lass deinen Geist los und deine müde Seele frei fliegen – du weißt nie, wo du landest.

Kapitel 12

Magischer Magnetismus

DIE ZIRBELDRÜSE IST EINE WINZIGE ZAPFENFÖRMIGE Drüse fast in der Mitte des Gehirns, dort, wo die Gehirnhälften miteinander verbunden sind. Physiologisch reguliert die Zirbeldrüse Fortpflanzungshormone und produziert Melatonin, ein Hormon, das für unseren Schlaf-Wach-Rhythmus verantwortlich ist. Zu viel Licht verhindert die Freisetzung von Melatonin und stört die Ruhe, weshalb es häufig schwerfällt, einzuschlafen, wenn man kurz vorm Schlafengehen am Handy oder Laptop war. Spirituell gesehen ist die Zirbeldrüse geschichtsträchtig. Im 17. Jahrhundert war der große französische Philosoph René Descartes davon überzeugt, dass die Zirbeldrüse die Seele beheimatete und derjenige Teil des Gehirns war, der für unsere Ideen zuständig war.

Sei es Gemunkel, Wahrheit oder jahrhundertealte Legende – durch ihre Lage mittig im Gehirn, die auch der Mitte der Stirn entspricht, und ihre Lichtempfindlichkeit –, beziehen sich Ausübende alternativer Heilmethoden auf die Zirbeldrüse als das Dritte Auge (siehe Seiten 22 und 135). In diesem Kapitel geht es darum, dein Drittes Auge per Magnetismus zu stimulieren.

Magneten sind Mittelpunkt von Kernspintomografen (oder MRT: Magnetresonanztomografie). Unsere Körper haben eigene magnetische Felder, die Magnetbehandlung wird in der alternativen Medizin immer verbreiteter, aber auch in einigen Bereichen der westlichen Medizin, wie der Psychiatrie. Obwohl die Forschungen in diesem Bereich noch nicht abgeschlossen sind, glauben alternative Heiler, dass Magneten Störungen wie Schlaflosigkeit oder Bandscheibenvorfälle bis hin zu Bluthochdruck, Übelkeit, Arthritis, Magen-Darm-Erkrankungen, Kopfschmerzen und sogar Hämorrhoiden heilen können. **Unbedingt beachten: Benutze KEINE Magneten, wenn du einen Schrittmacher oder eine Insulinpumpe hast, schwanger bist oder stillst. Achte unbedingt darauf, vor einer MRT-Untersuchung oder Röntgenaufnahme Magneten von deinem Körper zu entfernen. Wie bei allen Heilmethoden, kläre zuerst mit deinem Arzt oder deiner Ärztin ab, ob sie für dich infrage kommt.**

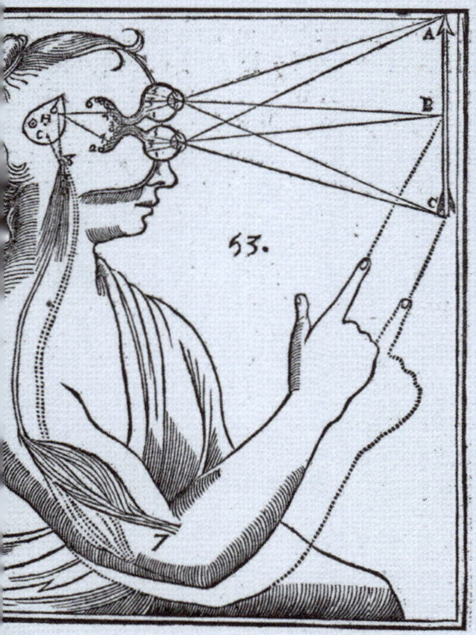

Einige Patienten berichten, dass sie sich nach einer MRT lebendiger fühlten oder Energien sensibler wahrnahmen. Ein uns bekannter Mann schwor, dass er sich durch die Magnetresonanztomografie nach einem Autounfall von einem unsensiblen Ehemann zu einem fürsorglichen Partner entwickelte, der voraussah, was seine Frau brauchte und sich darum kümmerte.

Die NASA verwendet Neodym-Magneten, um den Muskeltonus der Astronauten bei Raumflügen aufrechtzuerhalten. Viele Krankenhäuser lassen inzwischen bei Langzeitdepressiven von der Elektrostoßtherapie ab und bieten stattdessen eine transkranielle Magnetstimulation zur Erleichterung der Symptome an. Diese Behandlung scheint besser verträglich zu sein und weniger gravierende Nebeneffekte zu haben.

DAS DRITTE AUGE MIT MAGNETEN ÖFFNEN

Wenn du Magneten in Rituale zur Öffnung des Dritten Auges einbeziehen möchtest, brauchst du KEINE teure Ausstattung! Du kannst einfach jede Sorte Magnet, den du im Haus hast, verwenden oder kaufst einen handelsüblichen im Laden.

Oder du nimmt einen Magnetit – einen Stein mit natürlichem Magnetfeld. Der römischen Mythologie nach lief Magnes, ein junger Hirte, über Land und trug dabei Sandalen mit Eisenstücken an der Sohle, die seine Bodenhaftung verstärken sollten. Auf seiner Suche nach einem entlaufenen Lamm merkte er auf einmal, dass er am Boden festklebte. Er sah zu seinen Füßen und vermutete, er würde im Schlamm oder einer gummiartigen Substanz stehen. Tatsächlich sah er aber nur Stein unter sich. Und dieser Stein hielt seine Sandalen fest! Magnes war in eine Gegend mit Eisenerz geraten, das später als Magnetit bekannt wurde.

Ein Magnetstein ist eine besondere Form des Magnetits mit einer Nord-Süd-Polarität, der in frühen Kompassen eingesetzt wurde. Wenn du Magnetstein in deinem Ritual verwendet, ist das eine ganz eigene Methode, deinen Weg auf deiner eigenen mystischen Reise zu finden.

Magnetischer Kopfschmuck

Leg dich an einen Ort, der für dich gemütlich ist und trage einen Magnet oder einen Stein in der Mitte der Stirn. Der Magnet kann allerdings wegfallen, wenn du einschläfst. Vielleicht hältst du den Magnet beim Meditieren über dein Drittes Auge, aber das wird schnell ungemütlich. Ein Stirnband für das Dritte Auge hält den Magneten in Position. Dafür brauchst du:

- **ein elastisches Stirn- oder Schweißband**
- **Kleber**
- **Perlen, Federn oder anderes Dekomaterial**
- **einen einfachen Magnet, rund oder eckig, nicht größer als 2,5 cm im Durchmesser oder Umfang**

Klebe den Magnet einfach am Stirnband fest. Personalisiere und verschönere es mit dem Dekomaterial. Die Farbe des Stirnbands kannst du deiner Absicht entsprechend wählen: Wenn du die Liebe deines Lebens sehen möchtest, wähle ein rotes, möchtest du alte

Sorgen abschütteln und rein im Herzen und im Geist werden, nimm ein weißes. Ein gelbes Stirnband wird ein Gefühl des Friedens und des Glücks auslösen. Kauf eine Packung mit vielen Farben – eine für jeden meditativen Zweck. Füge zwei kleinere Magneten im Bereich über den Schläfen hinzu, um den Bereich zu stärken, wo deine übersinnlichen Visionen entstehen.

Damit der Magnet an der richtigen Stelle bleibt, wenn du das Haus verlässt, kannst du ihn an die Innenseite eines Hutes (oder den unteren Rand der Krempe) kleben. Das ist eine Hilfe für die, die beim Wandern, Spazieren oder auch am Strand ihren inneren Frieden finden möchten.

Übersinnliche magnetische Träume

Mit der folgenden Methode entwickelst du (fast) mühelos deine übersinnlichen Visionen. Vor dem Einschlafen:

1. **Versetz dich in einen ruhigen Zustand.**
2. **Nimm ein warmes Bad** oder eine Dusche mit Lavendelzusatz oder einem Vanilleschaumbad.
3. **Stell dir vor, wie du den Stress des Tages abwäschst** und er durch den Ausguss abläuft. Spüre, wie deine Muskeln sich im warmen Wasser entspannen, konzentriere dich auf Nacken, Schulter und Kiefer – die alle typischerweise verspannt sind.

Bereite deinen Schlafbereich für optimales Träumen vor. Schreibe deine Fragen auf kleine Papierschnipsel und lege sie unter dein Kissen.

Schreib zwei oder (höchstens) drei Fragen oder Intentionen auf, so direkt wie möglich. Etwa: „Werde ich einen neuen Job finden?" oder „Wohin soll ich verreisen?" Du kannst auch Bilder (aus Zeitschriften oder Fotos oder Gemaltes) für extra Schub unter dein Kissen legen.

Zieh deinen gemütlichsten Schlafanzug an und klettere ins Bett mit der Absicht, einen klaren Geist zu bekommen und Klarträume zu erhalten. Trage das magnetische Stirnband über Nacht oder lege einen Magnet unter dein Kopfkissen. Noch besser: Investiere in ein magnetisches Kissen, das du online bestellen kannst.

1. **Atme so tief du kannst durch die Nase ein.** Halte den Atem kurz an und atme langsam durch den Mund aus.
2. **Wiederhole das, bleib auf die Atmung fokussiert.**
3. **Wenn du merkst, dass du entspannst,** denke an das Thema, über das du Klarheit suchst.
4. **Bleibe auf deinen Atem fokussiert,** während du deine Absicht in die Vision hineinfließen lässt. Vermeide jede Anspannung, wenn du dich auf den Schlaf vorbereitest. Denk daran, dass du Antworten suchst und am Morgen immer noch genug Zeit für Sorgen ist, wenn du wach bist! Jetzt ist der Moment für friedliche Versenkung und das Öffnen des Dritten Auges.

Wenn du am Morgen erwachst, nimm dir Zeit, an deine Träume zu denken und sich an sie zu erinnern. Notiere jedes Detail, bevor du aufstehst, denn meist sind sie flüchtig und verlieren sich im Lauf des Tages.

Übersinnliche Magnetmeditation

Das Meditieren selbst hält eine Vielzahl gesundheitlicher und spiritueller Vorzüge bereit – es senkt den Blutdruck, lindert Schmerzen und Entzündungen, verbessert den Schlaf und die mentale Gesundheit. Stell dir vor, wie unglaublich du dich fühlen wirst, wenn du beim Meditieren Magneten einsetzt, die positive Energie anziehen!

Du brauchst vier Magneten oder Magnetsteine für einen magnetischen Meditationsbereich. Wenn du beim Meditieren liegst, platziere einen Magnet über deinen Kopf, einen vor die Füße und halte einen in jeder Hand. Zusätzlich kannst du dein magnetisches Kissen verwenden. Wenn du sitzt, lege einen Magnet zu deinen Füßen, einen in jede Hand und einen auf deinen Kopf (oder benutze das Stirnband).

Beginn die Meditation wie immer, indem du auf deine Atmung achtest. (Siehe dazu Kapitel 2, Seiten 43–44 mit Anleitungen fürs Meditieren.) Wenn du in einen Zustand der Gelassenheit gleitest und dein Herz und dein Geist sich öffnen, lass deine Fragen zentral werden. Halte sie wieder einfach. Die Einzelheiten lassen sich später in Ruhe überdenken, jetzt gilt nur das Grundsätzliche. Oder anders: Vermeide Schachtelfragen wie „Wie sieht meine wahre Liebe aus? Wo werde ich die Person treffen? Wann werde ich heiraten? Wie wird unser Haus aussehen? Werden wir Kinder haben?"

Beschränke dich auf die Fragen nach dem Aussehen und dem Treffen. Bei deiner nächsten Meditation kannst du weiter gehen. Darin liegt die Schönheit des Meditierens – je öfter man es betreibt, umso klarer wird das Bild. Noch schneller geht es, wenn du das Magnetfeld deines Körpers einsetzt!

Kapitel 13

Die Geistwelt

VIELE HEXEN GLAUBEN AN EIN LEBEN NACH DEM TOD, an einen Ort, zu dem wir nach unserem Tod gehen und wohin die Seelen mit der Hilfe ihrer verstorbenen Verwandten oder ihren Geistführern gelangen. Der endgültige Ruheort wird bestimmt durch die Art Seele, in die wir uns entwickelt haben, und so trittst du deine Reise zu der Geistebene an, die dir entspricht. Allerdings kommt es vor, dass eine Seele verwirrt ist und sich weigert, hinüberzuwechseln. Sie ist vielleicht an dem Ort verankert, an dem sie einst gelebt hat oder hält sich bei lebenden Menschen auf, die ihr vertraut sind. Wenn sie in der Geistwelt angekommen sind, können die Verstorbenen mit den Lebenden über ein Medium kommunizieren, wenn sie möchten.

Vorbereitung: Sich selbst und den Ort

Bevor du das übersinnliche Reich betrittst, musst du ein paar Dinge vorbereiten. Wir sind ständig von positiven und negativen Energien umgeben, von denen die meisten in ihren eigenen Reichen existieren. Es ist wichtig, dass das auch so bleibt, besonders, wenn du mit Geistern anderer Ebenen in Verbindung trittst.

Außerdem sind wir von einer Aura umgeben, unserem eigenen Energiefeld. Die höchst individuelle Atmosphäre kann positiv oder negativ sein und ist Reflexion unseres Gefühlszustands im Moment der Wahrnehmung. Die Aura kann auch als spirituelles Schild fungieren, wenn wir sie gut pflegen. Leider wirken sich Umgebungsenergien schnell auf die Aura aus. Anders ausgedrückt: Wenn du in einem Zimmer voller negativer Menschen stehst, kann eine Aura deren Energie aufnehmen und deine Stimmung verdrießen. Das geschieht aber nur, wenn wir unabsichtlich eine Öffnung gelassen haben, durch die die negative Energie eindringen kann.

Die beste Art, sich gegen negative Energie zu schützen, ist eine gute Verteidigung, daher solltest du eine starke Mauer zum Schutz für dich und deine Aura hochziehen. Stell dir das als Vorbereitung auf die emotionale Anstrengung vor, die übersinnliche Arbeit für den Körper bedeuten kann. Häufig spüren Hellsichtige und Medien einen leichten, dumpfen Schmerz auf dem Nasenrücken, wenn sie psychisch erschöpft sind. Du musst unbedingt darauf oder auf ein anderes Signal achten und dann abbrechen, um deine Energie wieder aufzuladen.

Du würdest auch niemals einen Marathon ohne ausreichende Vorbereitung laufen, oder? Du musst dich auf übersinnliche Arbeit genauso ernsthaft vorbereiten, damit du die bestmögliche Erfahrung daraus ziehen kannst.

Verbindung mit den Toten

Wenn du in dir die Gabe zum Medium spürst und deine Sinne schärfen möchtest, könnte dir das Folgende helfen:

- **Die Verstorbenen lungern nicht auf Friedhöfen herum.** Sie sind meist an Orten zu finden, die ihnen etwas bedeutet haben, etwa ihr Zuhause, Kirchen, Lieblingspark und so weiter.
- **Es hilft beim Aufbau der Verbindung, ein Kleidungsstück oder einen persönlichen Gegenstand** der verstorbenen Person dabei zu haben. Man geht davon aus, dass deren Energie in diesen Dingen hängt, was den Zugang erleichtert.
- **Menschen, die etwas unbeendet gelassen haben, stecken manchmal zwischen den Welten fest.** Ein Medium kann dort leichter Kontakt mit ihnen aufnehmen. Jemand, der ohne Vorwarnung stirbt, tut sich vielleicht schwer mit dem Übergang in die nächste Dimension.
- **Zünde vor einer Sitzung mit einem Medium oder einer Séance** eine weiße Kerze an und stelle Salz in die Nähe. Das schützt dich gegen unerwünschte Geister. Sprich ein Gebet am Anfang und am Ende oder einen Spruch zum Schutz.

- **Arbeite nie mit Wesen, die du nicht kennst.** Wenn du spürst oder hörst, dass ein Geist da ist, der dir auch nur ein bisschen gefährlich vorkommt, bitte ihn zu gehen und beende, wenn nötig, die Sitzung.
- **Einige Geister wissen nicht, wo sie sind** und denken, sie sind noch am Leben. Mit einer solchen Situation umzugehen, bedarf viel Einfühlungsvermögen des Mediums, damit der unsichere Geist nicht aufgeschreckt wird.
- **Du kannst Geister nach Botschaften für ihre Liebsten fragen,** speziell für jemanden, der bei dir ist. Der Geist singt vielleicht ein Lied, das in der Familie bekannt ist, oder zeigt auf ein Bild oder ein Symbol, das seine Liebsten verstehen.
- **Denke unbedingt daran, dass alle Geister früher Menschen waren.** Und so viele verschiedene Persönlichkeiten es in unserer Welt gibt, so viele existieren auf der anderen Seite. Der Geist einer freundlichen Person wird in einem der Astralreiche leben, gemeine oder bösartige Individuen können auch ins Astralreich reisen und dem Medium als böser Geist erscheinen. Bleibe immer auf der sicheren Seite und entlasse jeden Geist, der dir unangenehm ist. Es ist in Ordnung, wenn du etwas siehst oder hörst, das du nicht verstehst, aber wenn etwas Beängstigendes geschieht, überlege dir genau, ob du den Menschen um dich herum darüber berichtest. Frage dich, ob es notwendig oder hilfreich ist oder nur Beklemmungen auslöst.

Baderitual zur Aura-Reinigung

Deine Aura ist die erste Verteidigungslinie gegen negative Wesen, halte sie also in einem positiven und kugelsicheren Zustand. Du kannst deine Aura mit einem einfachen Bad reinigen.

Material

- Ätherisches Lavendelöl zur Entspannung und Wiederherstellung der Aura
- Ätherisches Zitrusöl (Orange, Limette, Zitrone) zum Aufladen der Aura
- Badesalze zur Entgiftung von Geist und Körper
- Eine weiße Kerze, pur oder mit Duft

Ritual

Lass dir angenehm warmes Wasser ein. Gib eine Handvoll Badesalz und eine großzügige Anzahl Tropfen beider Öle hinzu. Zünde die Kerze an und stell sie so hin, dass du sie sehen kannst. Bleib mindestens zwanzig Minuten im Wasser und verscheuche alle negativen Gedanken und Energien aus deinem Geist, die du während des Tages aufgenommen hast. Konzentriere dich darauf, tief zu atmen. Atme positive Energie ein und negative Energie kräftig aus. Behalte die Flamme im Blick, während du dir vorstellst, dass ein weißes Licht dich umgibt und beschützt. Reinige dich mit einem Waschlappen oder einem Naturschwamm.

Wenn du fertig bist, stelle dich in die Wanne und spüle dich ab, entweder mit einer Handbrause oder einem großen Becher und frischem Wasser aus der Leitung. Wichtig ist, dass du die negative Energie abwäschst, die während des Bades aus deinem Körper ausgetreten ist.

Trockne dich mit einem frischen Handtuch und zieh frische Wäsche an (nichts, was du vor dem Bad bereits getragen hast).

Wenn du trocken und angezogen bist und dich wohlfühlst, schließ einen Moment die Augen und stell dir vor, dass ein weißes, beschützendes Licht dich ganz umgibt – deine gerade gereinigte und belebte Aura. Wenn du dich in dieser Vision stark fühlst, puste die Kerze aus.

Ritual zum Aufladen des Kristallfelds

Du kannst deine Aura aufladen und schützen, indem du Kristalle in einem bestimmten Muster auslegst. Wähle aus diesen kostbaren Steinen:

- **SCHWARZER TURMALIN** Schützt gegen negative Energie.
- **BLUTSTEIN** Baut Energie wieder auf.
- **KARNEOL** Regt kreative Gedanken an.
- **BERGKRISTALL** Hilfe für einen klaren Kopf.
- **ROSENQUARZ** Ersetzt negative Energie durch positive. Fördert Liebesschwingungen.
- **TÜRKIS** Unterstützt Heilung.
- **AMETHYST,** Feuerachat, Fluorit, Jett, Rauchquarz oder jeder andere dunkle Stein schützen gegen negative Energie und zerstören sie.

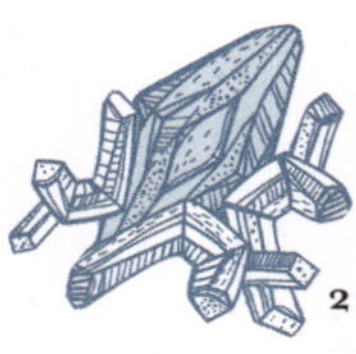

Material

Mindestens einen Schutzstein für dein Kristallfeld und einige weitere nach Bedarf für deine spezielle Absicht

Ritual

Leg die Steine auf dein Bett oder auf den Boden deines Wohn- oder Schlafzimmers. Du kannst das Ritual auch draußen durchführen.

Halt den Stein fest, der dem Hauptanliegen für die augenblickliche übersinnliche Verbindung entspricht. Wenn du beispielsweise Schutz vor negativen Energien suchst, halte einen Amethyst in deiner Hand. Wenn du einen kreativen Weg der Kontaktaufnahme mit einem Geist suchst, den du in vergangenen Sitzungen nicht erreichen konntest, halte einen Karneol. Leg die restlichen Steine in einem Muster oder einem Kreis aus, in dessen Mitte du dich hinlegen oder setzen kannst.

Konzentriere dich auf den Anlass der Sitzung. Stell dir vor, wie sie den gewünschten Verlauf nimmt. Wenn du dich bereit fühlst, suche deine Kristalle zusammen. Du kannst den Stein für dein Hauptanliegen (in diesen Fällen entweder einen Amethyst oder einen Karneol) in die Sitzung einbinden.

Hinterher sollten alle deine Kristalle über Nacht in einem Salzbad liegen, um sie von negativer Energie zu befreien. Lege sie danach ins Sonnen- oder Mondlicht, um sie wieder aufzuladen.

Smudging von Räumen

Vor jeder Art übersinnlicher Sitzung muss der physische Raum, in dem du sie durchführen wirst, von negativen Energien und Wesen befreit werden. Dafür gibt es mehrere Methoden.

Die erste funktioniert mit einem Bündel aus getrocknetem Salbei (findest du in New Age Läden oder online). Seit Jahrtausenden wird schlechte Energie mit Salbei vertrieben und Orte auf positive Kräfte vorbereitet.

Material

Sand, um das Bündel nach Gebrauch zu löschen.

Feuerfesten Behälter oder feuerfeste Schüssel

Wasser zur Sicherheit

Streichhölzer oder ein Feuerzeug

Ein Bündel Salbei

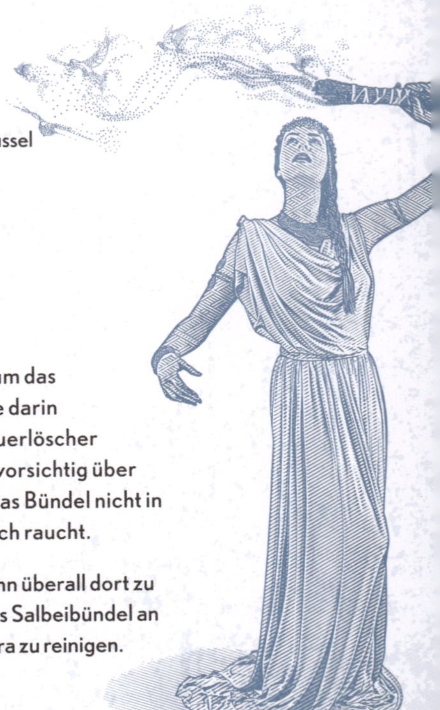

Ritual

Gib ein wenig Sand in die Schüssel, genug, um das entzündete Salbeibündel wie eine Zigarette darin auszudrücken. Halte Wasser oder einen Feuerlöscher für den Notfall bereit. Entzünde den Salbei vorsichtig über der Schüssel. Für das Reinigungsritual soll das Bündel nicht in Flammen stehen, puste darauf, bis es nur noch raucht.

Verwedele den Rauch mit deiner Hand, um ihn überall dort zu verteilen, wo du arbeiten möchtest. Führe das Salbeibündel an deinem Körper hoch und runter, um deine Aura zu reinigen.

Sprich beim „Smudgen" der Umgebung ein Schutzgebet für positive Energie auf:

„Ich rufe die Göttin an, dass sie mir hilft
diesen Ort zu reinigen und zu schützen und nur die
lichtesten Dinge hineinzulassen. So soll es ein."

Natürlich kannst du auch deine eigene Beschwörung aufsagen. Damit sorgst du dafür, dass nur wohlmeinende Geister oder Energie in diesen Ort gelangen.

Lösche das Bündel im Sand, wenn du fertig bist. Schließ kurz die Augen und stell dir eine positive Verbindung für deine übersinnliche Session vor.

VERBINDUNG ZUM KOSMOS

Nun hast du dich und deinen Arbeitsbereich vorbereitet, aber wie trittst du jetzt mit Geistern in Verbindung oder sammelst Informationen aus der anderen Welt? Eine Möglichkeit (und für Anfänger am einfachsten) ist durch Meditation – ein ruhiger Geist und das Freisein von allen Ablenkungen kann dich empfindlicher für ätherische Signale machen.

Suche dir ein Fleckchen, in dem es ruhig und gemütlich ist. Wenn du weißes Rauschen brauchst, um Umgebungsgeräusche auszublenden, kannst du einen Ventilator einschalten. Der Ort soll offen für positive Energie sein, du kannst ihn vorab smudgen. Zünde eine Kerze oder Räucherwerk an und dimme das Licht. Spiel leise Musik.

Einige Meditationsexperten raten dazu, in einer bequemen Position zu sitzen. Flach liegen ist in Ordnung, solange du nicht einschläfst. Atme so tief du kannst durch die Nase ein und atme so viel zu kannst durch den Mund aus. Wiederhol das langsam, bis du merkst, dass die Entspannung einsetzt. Es kann helfen, die Länge der Atemzüge zu zählen – vier Takte ein, vier Takte aus, zum Beispiel. Konzentrier dich auf deine Atmung, bis sie das einzige ist, woran du denkst und atme weiter tief ein und aus.

Nun erinnere dich an deine Frage oder dein Ziel. Möchtest du die Geister etwas fragen? Oder bist du auf den Kontakt mit einem anderen Wesen fokussiert? Erlaube es deinem Geist, auf der Suche nach Informationen in jede Richtung zu wandern. Denk nicht darüber nach, ob es sich richtig oder realistisch anfühlt, bleib weiter entspannt und folge dem Fluss des Moments.

Wenn du langsam in die Gegenwart zurückgekehrt bist, schreibe deine Eindrücke auf. Welche Sinne wurden besonders angesprochen? Gehe sie einzeln durch: Was hast du gehört, gesehen, gefühlt, geschmeckt, gerochen?

GEISTFÜHRER UND REINKARNATION: LEANNAS GESCHICHTE

Soweit meine Erinnerung zurückreicht, habe ich einen imaginären Freund namens Erik. Ich habe nicht den Tisch für ihn mitgedeckt oder ihm meine Missgeschicke in die Schuhe geschoben. Ich habe ihn niemals in seiner physischen Erscheinung gesehen. Er kam jede Nacht kurz vor dem Einschlafen zu mir, sein Abbild erschien hinter meinen geschlossenen Augenlidern. Er war blond mit leuchtend blauen Augen und immer, wenn er bei mir war, fühlte ich mich von seinen riesigen, liebenden Armen umfangen.

Erik war immer so alt wie ich. Die unsichtbaren Freunde verschwinden, wenn die Kinder älter werden, meiner nicht. Er blieb durch meine Kindheit hindurch bis ins Erwachsenenalter bei mir.

Ich war drei Jahre alt, als Erik mir die erste Vision brachte und dann immer kurz, bevor ich einschlief. Einige Jahre später, ich war acht, sah ich vor meinem geistigen Auge, wie meine liebste Schulfreundin mit dem Fahrrad stürzte und die Haut der rechten Gesichtshälfte dabei abschürfte. Erik sagte, ich solle mich nicht aufregen, es würde ihr gutgehen und so schlief ich ein. Ich dachte nicht mehr daran. Am nächsten Morgen erzählte ich beim Frühstück meiner Mutter davon und beschrieb genau, was ich gesehen hatte und wie das Gesicht meiner Freundin voller Blut war. Meine Mutter war gut zu mir und stellte mich nicht in Frage. Als sie und ich einige Tage später am Tor der Vorschule warteten, kam meine Freundin und genau, wie Erik mir gezeigt hatte, war die Haut in ihrem Gesicht verletzt. Ich starrte sie an, bis ihre Mutter, die offensichtlich dachte, ich hätte Angst, sagte: „Keine Sorge, Leanna, es sieht schlimmer aus, als es ist. Sie ist mit ihrem Fahrrad über Kopf gegangen!“

Ich wurde älter und Erik mit mir. Ich träumte oft von diesem jungen, blonden Mann, der mit mir sprach und mir Ratschläge erteilte, wenn ich mit den Problemen in meinem Leben zu tun hatte. Erst als

Teenager realisierte ich, dass er kein imaginärer Freund war – er war mein Geistführer!

Was sind Geistführer?

Geistführer sind Seelen wie wir, die allerdings sehr oft und über Tausende von Jahren wiedergeboren wurden. In diesen vielen Inkarnationen mussten sie mit fast allen vorstellbaren Situationen umgehen und sicher all die menschlichen Gefühle erfahren haben, die das Wissen und die Weisheit verleihen, die wir zur spirituellen Evolution benötigen.

Wenn eine Seele wiederholt reinkarniert, erreicht sie einen bestimmten Grad an Perfektion. Zwar sind die meisten Geistführer weit entfernt davon, perfekt zu sein, aber es kommt der Zeitpunkt im Reinkarnationsprozess, wenn sie die irdische Ebene nicht mehr besuchen müssen. Sie können hier nichts Neues mehr lernen. Stattdessen werden sie Menschen auf der Erde zugeteilt, die sie anleiten und durchs Leben begleiten.

In vielen Büchern über Geistführer habe ich gelesen, sie seien androgyn, aber meiner Erfahrung nach sind sie einem Geschlecht zuzuordnen. Erik habe ich schon erwähnt, in meinen Zwanzigern erhielt ich im Traumschlaf zusätzlich Besuch von einer Geistführerin, die ich Jane nannte, hauptsächlich, weil sie der Schauspielerin Jane Seymour sehr ähnelte. Sie tauchte auf, als meine gynäkologischen Probleme begannen und so denke ich, dass wir fachlich spezialisierte Geistführer haben.

Etwa vor sieben Jahren fand ich völlig zufällig heraus, dass ich noch einen Führer namens Peters hatte. Ich habe das große Glück, einen Stiefvater zu haben, der qualifizierter, klinischer Hypnosetherapeut ist. Ich bat ihn um eine Rückführungstherapie, weil ich etwas über meine früheren Leben erfahren wollte. Einige Wochen später versetzte er mich in eine tiefe Hypnose und ich reiste in die Zeit kurz vor meiner Geburt in dieses Leben zurück.

Das Gefühl, im Mutterleib zu sein, war mir seltsam vertraut und etwas, das ich schwer in Worte fassen kann. Es war eine ätherische Empfindung, wie in einem Kokon. Dann sagte er mir, ich sollte weiterreisen, in eine Zeit vor meiner Zeugung.

Als das geschah, fühlte ich mich taub und komplett von meinem Körper abgelöst. Mein Weg führte durch einen dunklen Tunnel, an dessen Ende die hellsten Lichter zu sehen waren. Dennoch taten sie meinen Augen nicht weh – die reine Liebe wartete auf mich in dem Licht und ich wusste, ich musste so schnell wie möglich dorthin. Als ich endlich ankam, verschwand der dunkle Tunnel hinter mir, bis ich völlig erleuchtet war.

Vor mir standen etwa zwanzig Menschen. An einige Gesichter erinnerte ich mich, andere waren mir unbekannt. Meine Eltern, mein Ehemann, sogar mein Stiefvater, der direkt neben mir saß, waren darunter. Einige meiner liebsten Freunde in diesem Leben hatten sich versammelt und alles war hell und weiß und wunderschön vernebelt. Es war sehr gefühlvoll. Wie ein Familientreffen, bei dem du im Zentrum der Aufmerksamkeit stehst. Unsere Schwingungen waren synchron. Jeder von uns unterschied sich in etwas von den anderen und gleichzeitig waren wir alle Teil voneinander.

Mit jeder Minute, die ich in Hypnose verbrachte und die Gruppe betrachtete, wurde mir klarer, ohne dass es mir jemand sagen musste, dass wir nach unserem Tod einfach alles wissen. Instinktiv kennst du die Antworten auf all die Fragen, die du auf Erden hattest. Die Menschen vor mir waren Mitglieder meiner Seelenfamilie. Während ich das Gesicht meiner Mutter betrachtete, wusste ich, dass wir schon viele Male gemeinsam reinkarnierten. Ich erinnerte mich schwach, dass ich in früheren Leben *ihre* Mutter gewesen war und sie bereits meine Schwester, Cousine und beste Freundin. Wir waren alle schon einmal miteinander wiedergeboren, in wechselnden oder vertauschten Rollen. Es war eine bizarre Erkenntnis. Ich konnte mich an Schnipsel früherer Leben mit jedem aus der Gruppe erinnern.

Dann trat eine Figur vor und ein Mann, den ich nie zuvor in meinem irdischen Leben getroffen hatte, stand vor mir. Ich wurde sehr emotional und fing an zu weinen. Ich fragte ihn, wer er sei: Sein Name war Peter und unser letztes Treffen fühlte sich ewig her an. Wie hatte ich ihn vergessen können? Peter lächelte und nahm meine Hände. Es war so seltsam, weil mein menschliches Gehirn genau wusste, dass ich ihn noch nie gesehen hatte, aber mein spirituelles Ich erkannte jede Kleinigkeit – von der Farbe und Form seiner Augen bis zum Schwung seiner Nase. Meine Liebe für ihn war riesengroß, nicht von der romantischen Art, nein, viel tiefer als das. Eine intensivere, sicherere und beschützte Liebe. Telepathisch erklärte er mir, dass er mein erster Geistführer gewesen sei. Er war zwar immer für mich dagewesen, aber als ich erwachsen wurde, übernahm er die Rollen von Erik und Jane.

In den folgenden Jahren unterzog ich mich weiteren hypnotisierten Rückführungen und reiste häufig zurück in die „Zeit zwischen den Leben". In mir wuchs der Durst nach Wissen. Ich musste daran erinnert werden, was ich bereits wusste, damit mir dieses Wissen dabei half, alle spirituellen Aspekte des Lebens zu verstehen und die Weisheit, die ich erleben darf, weiterzugeben.

Ich fühle mich außerordentlich privilegiert für diese Verbindung zu meinem Geistführer und noch mehr dafür, dass ich unter Hypnose die Geistwelt besuchen durfte. Dabei erhielt ich so viele Informationen über das Jenseits – viel zu viel, um es in einem einzigen Kapitel aufschreiben zu können – und habe dadurch so viel gelernt, für das ich zutiefst dankbar bin.

Was ich über die Reinkarnation herausgefunden habe

In jeder Hypnosesitzung leitete mein Stiefvater mich an, nichts von dem, was ich bei meinen Besuchen zwischen den Leben gelernt hatte, zu vergessen. Hier sind nur einige der Dinge, die ich gelernt und behalten habe.

Warum werden wir wiedergeboren, zu welchem Zweck?

Bei der Reinkarnation geht es ausschließlich um die Entwicklung der Seele. Je mehr Leben wir durchleben, umso mehr lernen wir – und mit diesem Wissen hebt sich unsere Schwingungsenergie allmählich.

Wir kehren nicht jedes Mal zur Erde zurück. Es gibt viele Planeten, auf die wir geboren werden können. Die Erde ist einer der schwierigeren Orte, an dem die Lektionen härter sind, aber wir können hier in kurzer Zeit so viel mehr erreichen, wenn wir uns für sie entscheiden.

Das Wort *entscheiden* ist der Schlüssel zu meiner nächsten Erinnerung. Wir entscheiden, ob wir reinkarnieren. Niemand zwingt uns dazu. Manchmal drängt es uns dazu, denn wir wollen bei unserer Seelenfamilie bleiben. Wenn die Seelenverwandten entscheiden, auf die Erde zurückzukehren und wir nicht, werden sich ihre Seelen schneller weiterentwickeln und sie könnten uns möglicherweise zurücklassen.

Wie senden unsere Geistführer uns Botschaften?

Wenn wir ein nagendes Gefühl spüren – nennen wir es eine Ahnung –, ist das ein Werk unserer Geistführer. Sie kommunizieren mit uns über unsere Gefühle. Wenn du also morgens aufwachst und ein schlechtes Gefühl wegen etwas hast, sieh das als spirituelle Warnung an. Ohne dass es uns bewusst ist, sprechen unsere Geistführer direkt zu uns, nachts im Schlaf, aber auch über Tag. Statt dass wir sie physisch sehen oder hören können, pflanzen sie uns einen Samen in unseren Geist, den wir als unseren Gedanken oder unser Gefühl interpretieren. Wir müssen unbedingt unseren Instinkten trauen, denn häufig sind sie Botschaften unserer geistigen Freunde.

Die Geistwelt schickt uns auch Nachrichten, wenn wir etwas erledigen oder eine bestimmte Richtung im Leben einschlagen sollen. So öffnen sie Türen zu neuen Möglichkeiten. Wenn du aus heiterem Himmel ein Jobangebot erhältst, kann das ein Wink des Geistführers sein, neue Wege zu beschreiten. Ich habe gelernt, allem, was um mich herum geschieht, Aufmerksamkeit zu schenken und immer das große Ganze zu sehen, denn Dinge geschehen aus einem bestimmten Grund.

Wenn uns unsere Führer oder die uns im Geist Nächststehenden wissen lassen wollen, dass sie nahe sind, schicken sie manchmal einen *Apport*. Das sind kleine, feste Gegenstände wie winzige Kristalle, Nadeln oder Schlüssel, die aus dem Nichts erscheinen. Ein Apport kann praktisch alles sein, aber meist hat er für den Empfänger eine Bedeutung. Häufig wird eine einzelne weiße Feder geschickt. Sie steht für das Wirken eines Engels und erscheint oft

Menschen, die Trost brauchen. Federn stehen außerdem für Schutz. Wenn du eine weiße Feder auf deinem Weg findest, weißt du, dass Engel über dich wachen und du vollen Schutz durch die Geistwelt genießt.

Was geschieht, wenn wir sterben?

Die Rückführungen haben mich auch durch den Sterbeprozess und in die Geistwelt geführt. Wenn ich den Tunnel durchlaufen hatte, wurde ich nicht direkt zu meinem letzten Ziel gebracht, wie ich vorher dachte. Ich fand heraus, dass die Seele nach dem Tod zuerst an einen Ort geht, der einem Krankenhaus ähnelt, in dem Geistärzte die Seele reinigen und heilen, bevor sie weiterzieht. Zwar heißt es, dass es in der Geistwelt keine Zeit gibt, dennoch kann dieser Prozess eine ganze Weile dauern und hängt von der Todesart ab. War es ein plötzlicher Tod, verharrt die Seele manchmal in einem Schockzustand und muss sich allmählich an die neue Umgebung gewöhnen.

War der Mensch vor seinem Tod sehr krank, muss die Seele erst wieder zur Balance finden. Höhere Wesen kümmern sich um jeden, richten deren Seele aus und reinigen sie. Erst, wenn diese Phase abgeschlossen ist, kann die Seele sich auf den nächsten Teil der Reise begeben.

Normalerweise hilft dein Geistführer dir durch den nächsten Übergang, den Eintritt in die Geistwelt. Sie glich nichts, was ich mir vorher hätte vorstellen können. Sie war der Erde nicht unähnlich, aber ihre Pracht entsprach dem Tausendfachen. Jedes Detail dieses euphorischen Orts ist hervorgehoben, jedes Tröpfchen Wasser ist größer und die Blumen singen gemeinsam mit dem Gras. Ich sah Farben, die ich vorher nicht kannte. Die Berge standen im weichen Rosa und Lavendel und sogar im Himmel gab es Inseln.

Allerdings erfuhr ich nach und nach, dass die letzte Ruhe für jeden anders ist. Weil in der Geistwelt jedes Detail über dich bekannt ist,

entspricht dein spiritueller Ort genau deiner Seele. Wenn du im Leben begeistert gegärtnert hast, könntest du im schönsten Garten inmitten all deiner Lieblingspflanzen und -blumen landen. Warst du gerne zu Hause, kann dein spiritueller Ort ein Luxushaus sein.

Kurz bevor jemand vom Übergangsort in die Geistwelt wechselt, werden die Lieben in der Geistwelt aufgeregt. Stell dir vor, wie es ist, wenn du einen geliebten Menschen sehr lange nicht gesehen hast.

Die Vorfreude, mit der Person wiedervereint zu sein, schickt ein hektisches Gefühl durch die Gruppe. Wenn man sie schließlich erreicht, gibt es eine Menge zu bereden. Wenn sie aus irgendeinem Grund nicht beim Empfang dabei sind, brauchst du die Person, die du sehen möchtest, nur zu visualisieren und schon ist sie bei dir.

Wird über uns gerichtet, wenn wir tot sind?

Alles in unserem Leben wird in der Geistwelt beobachtet. Wie wir in bestimmten Situationen reagieren, wie viel Güte wir im Alltag zeigen und wie wir unser Verhalten steuern, ist von höchster Bedeutung für unsere spirituelle Entwicklung.

Das macht es so wichtig, dass wir, solange wir auf diesem Planeten sind, die beste Version unserer Selbst sind. Jeder kann etwas in dieser Welt und für andere Menschen verändern. Wir sind alle gleich wichtig.

Auf meiner ersten Reise brachte Peter mich zu einem großen Gebäude im Kolonialstil, wo ich eine Gruppe Wesen sah, alle in Weiß gekleidet. Mir war klar, dass sie dort waren, um das Leben, das ich gerade beendet hatte, zu bewerten. Aber sie waren nicht das Jüngste Gericht – weit entfernt. Mir wurden alle wichtigen Ereignisse meines Lebens gezeigt, damit ich verstehen konnte, wo ich auf meiner Mission richtig oder falsch gehandelt hatte. Diese Situation kann sehr emotional sein, aber niemand tadelt dich, wenn du nicht immer das Richtige getan hast. Du sollst lediglich erkennen, was du beim nächsten Mal besser machen kannst. All das vermitteln dir die höheren Wesen mit einem tiefen Gefühl der Liebe und Zugewandtheit. Du erhältst Zugang zur Akasha-Chronik (eine Sammlung aller menschlichen Ereignisse, Gedanken, Wörter, Gefühle und so weiter) und kannst deine früheren Stärken und Schwächen mit den heutigen vergleichen. Erst nach dieser Auswertung kannst du mit denen, die du liebst, Zeit in der Geistwelt verbringen. Zumindest, bis es Zeit für eine Wiedergeburt ist.

Gibt es so etwas wie die Hölle?

Deine Ruhestätte ist eine Spiegelung deiner Seele, das heißt, je höher du entwickelt bist, umso schöner wird dieser Ort sein. Jemand, der grausam und unfreundlich war, wird sich an einem dunkleren Ort wiederfinden, nicht zu vergleichen mit der Schönheit dessen, womit jemand umgeben wird, der Zeit seines Lebens gut war. Dieser Ort ist nicht die Hölle, aber er ist auch nicht angenehm. Wo auch immer du am Ende landest, Geisthelfer stehen dir zur Seite. Diese Helfer sind sehr erfahren darin, junge Seelen zu einer schnellen Reinkarnation zu ermutigen, damit sie aus diesem Nachleben herauskommen und nach einem Besseren streben können.

Die drei Hauptstufen der spirituellen Entwicklung

Die folgenden sind Hauptkategorien, es gibt allerdings Hunderte von Zwischenstufen.

- **JUNGE SEELEN** sind erst wenige Male wiedergeboren worden. Sie können selbstsüchtig, narzisstisch, aggressiv und übergriffig sein. Häufig haben sie kein Mitgefühl mit anderen und können grausam zu Menschen oder Tieren sein.
- **REIFE SEELEN** haben bereits viele Reinkarnationen hinter sich und ein bestimmtes Niveau an spiritueller Erkenntnis erreicht. Sie interessieren sich häufig für Religion und Glauben. (Egal, in welche Religion sie hineingeboren wurden.) Sie sind meist freundlich, fürsorglich, mitfühlend und hart arbeitend, haben hohe moralische Werte und sind großzügig. Bei der Verbesserung ihres spirituellen Status haben sie noch einen langen Weg vor sich, sind aber auf der richtigen Spur.
- **ALTE SEELEN** haben den Prozess der irdischen Reinkarnation fast vollständig durchlaufen. Sie haben Tausende von Leben hinter sich und nahezu jedes menschliche Gefühl erfahren. Diese Seelen trifft man nur äußerst selten auf der Erde, sie sind nur wenige und sehr verstreut. Ihnen haftet etwas Göttliches an, sie sind völlig selbstlos und besitzen tiefes Verständnis. Sie achten das Leben anderer höherer als das eigene und müssen vermutlich nicht mehr oft auf die irdische Ebene zurück, weil sie sich bereits rasant entwickeln. Hat eine alte Seele das spirituelle Lernen durch ihre Reinkarnationen abgeschlossen, wird sie zu einem Geistführer oder kehrt als „Engel auf Erden" zurück, um vielen Menschen mit ihren Problemen zu helfen.

In Verbindung mit Geistführern treten

Unter Hypnose wich jeder Zweifel, den ich an der Existenz der Geistwelt hatte, von mir. Ich wurde mir jeder Einzelheit des Nachlebens bewusst. Nach dem Treffen mit Peter und – noch wichtiger – der Erkenntnis, dass ich mich an die Zeit mit ihm erinnern konnte, musste ich unbedingt lernen, wie ich von der Erde aus mit ihm in Verbindung treten konnte.

Deine Geistführer wollen dich nicht erschrecken, daher es ist unwahrscheinlich, dass sie dir plötzlich mitten am Tag erscheinen. Für eine erfolgreiche Verbindung musst du für ein viel tieferes Bewusstsein bereit sein. Es kann viel, viel Übung kosten, dahin zu kommen und erst, wenn du ein fortgeschrittenes Level beim Meditieren erreicht hast, wirst du deine ersten Visionen haben. Meist tauchen sie in dem Zustand zwischen Wachen und Einschlafen oder in den Momenten vor dem Aufwachen auf. Am besten legst du einen Notizblock und einen Stift neben deinem Bett bereit, denn wichtige Informationen erhalten wir oft im Traum.

Im Lauf der Jahre und mit viel Übung schaffe ich es, die Verbindung herzustellen. Für mich ist es, wie in einen Bildschirm zu schauen, ein wenig wie eine Videoaufnahme. Der Hintergrund ist schwarz, die Bilder sind goldgerahmt. Die Bilder bewegen sich wie in einem Video, das Ganze dauert zwischen einer und drei Minuten. Vor den Visionen höre ich manchmal ein Klingeln, ähnlich einem Tinnitus, aber nicht störend. Ich weiß dann, dass meine Seele sich auf eine höhere Frequenz einstimmt und ich verbunden bin.

Wenn du weiterliest, erhältst du Tipps und Hinweise, wie dir eine Verbindung mit deinem Geistführer gelingt.

Nützliche Dinge, die zur Hand sein sollten

Kristalle sollte man immer im Haus haben, da sie die Energie im Zimmer ausbalancieren und dich erden. Die folgenden sieben Kristalle unterstützen eine erfolgreiche Meditation. Ich empfehle dir, dass du sie in deinem Schlafzimmer aufhebst. Kleine polierte Steine oder Trommelsteine sind genauso effektiv wie große, teurere Exemplare.

ANHYDRIT Für das Anrufen von Geistführern und Engeln.

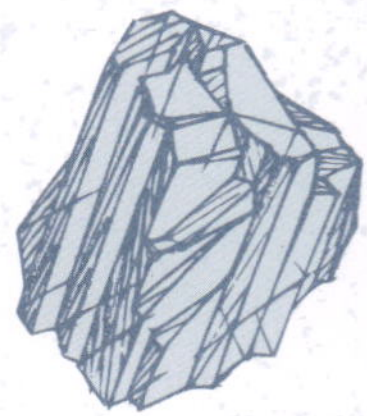

AMETHYST Der beruhigende Stein verstärkt übersinnliche Fähigkeiten und Meditation.

BERGKRISTALL Verstärkt heilende Energie, stärkster Heilstein.

ROSENQUARZ Mildert Stress und Anspannung. Stellt die Aura durch Austausch von negativer durch positive Energie her. Verstärkt Liebesschwingungen.

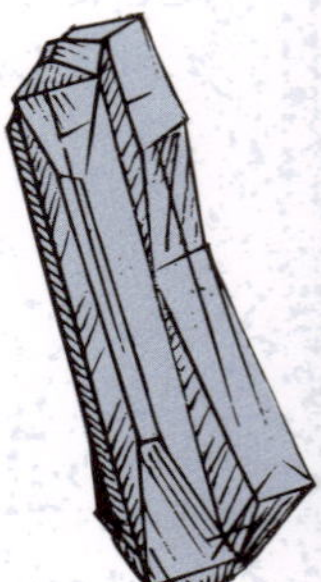

SCHWARZER TURMALIN Er erdet und verbindet die Erde mit dem menschlichen Geist. Richtet Chakren aus.

AVENTURIN Leitet Energie in das Herzchakra fürs Wohlgefühl und ruhige Emotionen.

KARNEOL Vertieft die Konzentration in der Meditation.

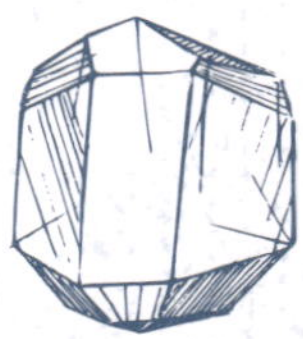

Bewusste Meditation

Vor jeder Kommunikation mit Geistern steht unbedingt eine mindestens dreißigminütige Meditation. Viele Menschen haben Probleme, so lange zu meditieren, wenn du aber den Bogen raushast, ist es einfach. Wer sich mit dem Thema Meditation beschäftigt hat, wird wissen, dass es Hunderte von Arten gibt, sich in einen meditativen Zustand zu versetzen. Im Internet findest du eine Fülle an Informationen, mit denen du die richtige Methode für dich herausfinden kannst. Wenn du tagsüber meditieren möchtest, such dir einen Kristall aus und halte ihn in der Hand. Wenn du alle Kristalle dabei benutzen möchtest, setze dich auf den Boden oder auf einen Stuhl und lege sie in einem Kreis um dich herum. Hast du die Hoffnung, im Schlaf zu meditieren, lege den Stein/die Steine entweder unter oder neben dein Bett oder wo du schläfst.

Schlag zuerst im Kapitel 2 auf den Seiten 43–44 die Vorbereitungsschritte für eine einfache Meditation nach.

1. **Konzentriere dich auf jeden Teil deines Körpers, beginne bei den Füßen.** Entspanne deine Füße, konzentrier dich darauf, wie jeder Zeh schlaff wird, arbeite dich dann die Knöchel, die Wadenmuskeln und so weiter hoch. Dein Ziel ist es, einen absoluten Ruhezustand zu erreichen. Gelangst du an die Zone unter der Taille, führe zehn Sekunden lang eine Beckenbodenübung durch, dann spanne einige Sekunden die Gesäßmuskeln an und entspanne sie. Wenn du am Oberkörper angekommen bist, ziehe deine Schultern fünf Sekunden zum Hals hoch und lass wieder los. Du wirst ein kribbelndes Gefühl spüren, wenn sie in ihre übliche Position zurückkehren. Lass dir Zeit. Wenn du bei den Gesichtsmuskeln ankommst, solltest du dich äußerst entspannt fühlen.

2. **Atme gleichmäßig, entweder durch die Nase oder durch den Mund** – was dir angenehmer ist. Atme tief und langsam ein und langsam aus. Wiederhole das ein paar Minuten oder bis du dich

schwerelos fühlst. Mach deinen Geist frei. Fokussiere dich hinter deinen geschlossenen Augenlidern auf die Dunkelheit, die du siehst. Erkennst du Formen oder Lichter?

3. **In dieser Phase solltest du dich in einem meditativen Zustand befinden,** sodass du jetzt deine Geistführer befragen kannst. Stelle im Geist eine Reihe von Fragen, fokussiere dich ein paar Minuten auf jede Frage. Frage: *„Ich erbitte den Besuch meines Geistführers. Bist du da? Kannst du dich mir zeigen?“* Vielleicht siehst du Muster und Formen hinter deinen Augen oder bemerkst ein Gefühl der Zugehörigkeit. Jeder empfindet es anders. Lass dich nicht entmutigen, wenn du nichts fühlst. Denk daran, dass sich einige Führer nicht zeigen, solange du wach bist. Sie warten vielleicht, bis du schläfst. Sie kennen dich besser als du dich selbst und mögen der Meinung sein, dass du noch nicht so weit bist, sie bewusst zu empfangen. Frage dann: *„Zu welchem Geschlecht gehörst du – bist du männlich, weiblich oder nicht binär?“*

4. **Stelle dich psychisch darauf ein** und vertraue deinen inneren Gedanken und deinem Instinkt. Stell dir vor, du stehst vor einem Lebewesen.

Versenke dich dessen Energien und vertraue der ersten Antwort. Frage: *„Kannst du mir bitte deinen Namen verraten?“*

Es kann viele Meditationen dauern, bis du die Antwort darauf erhältst, aber vertraue deinen Instinkten – du hast sie nicht ohne Grund. Lass deine Fantasie schweifen. Den Namen des Geistführers erfährst du eventuell nicht so schnell oder überhaupt in einer Meditation. Vielleicht entdeckst du ihn ein paar Tage danach, achte auf Zeichen. Wenn du in den nächsten Tagen einen Namen immer wieder hörst, vielleicht im Radio oder im Fernsehen, könnte es sein, dass dein Führer dich sanft anstupst. Oder du wachst eines Morgens auf und kennst den Namen.

Ist dir der Name bekannt, bist du dicht dran, dich mit deinem Geistführer ganz zu verbinden. Ist es dir ernst damit, musst du jeden Abend vor dem Einschlafen meditieren. Viele schlafen beim Meditieren ein, das ist in Ordnung. Wenn du in einen meditativen Zustand gerätst, hebt sich deine Schwingung und deine Energie verändert und entwickelt sich. Man braucht sehr viel Übung, gib also nicht auf. Nach einer Weile rutschst du schnell in einen entspannten Zustand und kannst deinen Geistführer bei Bedarf rufen.

Automatisches Schreiben

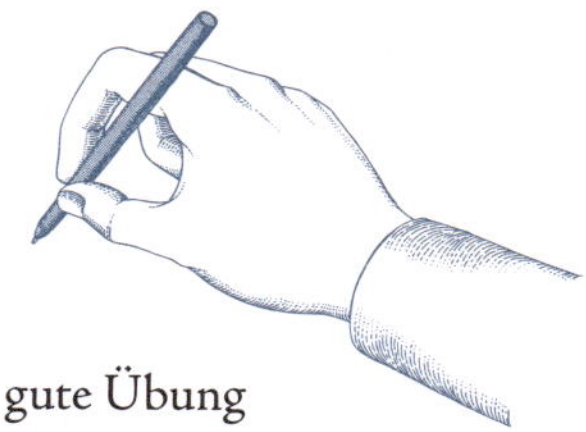

Das automatische Schreiben – oder Psychografie – ist eine Methode, den Geistführer zu bitten, Verbindung mit dir aufzunehmen. Es ist eine sehr gute Übung direkt nach einer Meditation, denn dafür muss man wie in Trance sein, damit es funktioniert.

Die besten Ergebnisse erhält man unter anderem, wenn man Stift und Papier verwendet, aber wenn du schneller tippen kannst als schreiben, ist ein Computer vielleicht die bessere Alternative.

Setz dich an einen Tisch, das Papier vor dir. Entzünde eine weiße Kerze, um negative Energie aus dem Raum zu vertreiben. Anfänger sollten sich einen Timer auf fünfzehn Minuten stellen. Kurze Schreibzeiten führen meist zu besseren Resultaten. Schließ die Augen oder trag eine Augenbinde. Bitte deinen Geistführer, durch dich in deine Hand zu fahren.

Fang an zu schreiben. Es ist unwichtig, was du schreibst. Du kannst mit deinem Namen beginnen und wie es dir geht oder du fügst einfach beliebige Buchstaben zu irgendwelchen Worten zusammen. Ich schreibe meinem Geistführer zum Auftakt meist einen Brief, etwa so: ***„Lieber Peter, könntest du bitte heute in mein Unterbewusstsein kommen und meinen Stift führen, um mir eine Botschaft aus der Geistwelt zu senden?"*** (Wundere dich nicht, wenn deine Handschrift wie die eines sechsjährigen Kindes aussieht.)

Du kannst auch eine Frage aufschreiben oder sie laut stellen. Vielleicht gibt es etwas, das du wissen möchtest – ob du bald einen neuen Job hast, ob es deinen Kindern gut geht, ob du wieder gesund wirst. Gute Anfangsfragen sind diese:

„Wie heißt du?"
„Bist du mein Geistführer?"
„Habe ich einen Schutzengel?"
„Sind meine Sorgen bald vorbei?"
„Finde ich einen neuen Job?"
„Finde ich einen lieben Partner?"

Schreib es oder sprich es laut aus und konzentriere dich dann beim Schreiben auf den Stift. Vielleicht spürst du ein Kribbeln in den Fingern oder es wird dir etwas schwindlig. Dann hast du eine Verbindung mit dem Geistführer. Hör nicht auf zu schreiben. Streich nichts durch, radiere nichts aus, kümmere dich nicht um Grammatik oder Rechtschreibung. Lass die Augen geschlossen. Öffne nach fünfzehn Minuten die Augen und lies, was da steht. Manches mag durcheinandergewürfelt sein und keinen Sinn ergeben. Vielleicht ist nicht alles richtig geschrieben, aber du kommst sicher hinter die Bedeutung. Vielleicht sind auch Anagramme dabei:

Eblei = Liebe
oder
Miennmaetiswililam = Mein Name ist William

Hast du Erfahrung gesammelt, kannst du dich ganz versenken und deine Botschaften werden leichter zu entziffern sein. Denk dran, Übung macht den Meister, also versuche es ruhig jeden Tag mit dem automatischen Schreiben. Dafür muss es ruhig sein und keiner darf dich stören.

DÄMONEN, TEUFEL UND MONSTER

Absolut wichtig ist es, zu verstehen, dass du, während du in diesem Bewusstseinszustand bist, Ziel dunklerer Energien sein kannst, etwa für dämonische Wesen.

Hexen glauben nicht an den Teufel, der ein christliches Konzept ist und Wicca nicht dem Christentum angehören. Das bedeutet aber nicht, dass es nicht trotzdem üble Kreaturen da draußen gibt. Wenn wir eine Verbindung auf Astralebene aufbauen, können wir gelegentlich auf eine gestörte Seele treffen, die uns dämonisch, böse oder finster erscheint. Sie werden von der Reinheit einer weiter entwickelten Seele angezogen, ein wenig wie die Motten vom Licht. Daher ist es vor dem Kontakt mit der anderen Seite unbedingt notwendig, dass du dich schützt.

Böse Geister laben sich an unserer Angst, sie macht sie stärker, darum zeigt man am besten keine Reaktion, selbst, wenn du bange oder verängstigt bist. Diese Geister erscheinen oft, wenn jemand in tiefster Meditation ist: Vielleicht siehst du hinter deinen geschlossenen Augen ein hässliches Gesicht oder ziehst jemanden in deinen Raum. Wenn das geschieht, musst du den Erzengel Michael anrufen. Bitte auch deine

Geistführer, dich zu schützen und mit goldenem Licht zu umgeben.

Der beste Weg, mit dieser Art Seele umzugehen, ist sie in ihrer Sprache anzusprechen, indem man ihnen sagt, sie sollen verschwinden. Zeig keine Angst und sag ihnen bestimmt, dass sie nicht willkommen sind und sich sofort aus dem Staub machen sollen. Sie werden sich vor deinen Augen auflösen.

Gebete und Beschwörung zum Schutz

Du kannst sie daran hindern, in deine Meditation einzudringen, wenn du ein kurzes Ritual durchführst, bevor du beginnst, zu meditieren.

Bereite dich mit einem Gebet vor

Leg dich gemütlich hin und stell dir vor, du bist in einer schönen lila und goldenen Blase. Visualisiere einige Minuten, dass ein weißes Licht auf deinen Körper herabscheint. Sprich im Geist dieses Gebet:

„Ich ruf alle positiven Kräfte des Universums an, meine Engel, meine Geistführer und meine Liebsten im Geiste, dass sie mich schützen, solange ich verbunden bin. Hüllt mich in eure schützende Liebe und lasst nur die süßesten Seelen zu mir.“

Beschwörung bei Begegnungen mit bösen Geistern

Merk dir diese Beschwörung für den sofortigen Gebrauch, wenn unerwünschte Besucher bei dir eindringen. Sprich die Worte immer wieder, bis der böse Geist fort ist:

„Ich rufe den Erzengel Michael,
den Heiler und Beschützer:
Entferne dieses Wesen von meinem Antlitz,
Lösche sein Bild aus meinem Geist,
Banne dieses Böse durch Zeit und Raum,
Lass nur hinein, was rein und lieb ist."

Die Regenbogenbrücke

Viele spirituelle Menschen sind tierlieb. Wir vergöttern unsere Tiere, die häufig zum Kindersatz werden. Sie sind wie Familienmitglieder für uns. Auf manche Arten sind Tiere sogar wichtiger als Menschen, denn sie haben keine Stimme. Als Leanne vor vielen Jahren mit Peter kommunizierte, informierte er sie, dass Tiere kein Karma haben. Ihre Aufgabe auf der Erde ist es, der menschlichen Seele Mitgefühl und die Verbindung zu einer höheren Schwingung beizubringen. Durch das Verständnis für das Tierreich und durch den Respekt für jede Kreatur heben und reinigen wir unsere Aura. Wer keine Tiere mag, ist vermutlich eine jüngere Seele, die noch nicht häufig wiedergeboren wurde (siehe Seiten 274, 277 und 279 über die Seelenentwicklung).

Wenn unsere tierischen Freunde sterben, kann unsere Trauer darüber genauso groß sein wie für ein menschliches Mitglied der Familie. Eine

Sammlung anonymer Gedichte aus dem späten 20. Jahrhundert beschreibt die Regenbogenbrücke, einen Ort, von dem angenommen wird, dass Tiere dorthin gehen, wenn sie sterben – ein wunderschöner, warmer Ort an der frischen Luft, wo unsere Tiere auf uns warten, bis auch wir sterben. Wenn unsere Zeit gekommen ist, heißt es, dass unsere Tiere bei der Aussicht, uns wiederzusehen, sehr aufgeregt sind und sie kommen, um uns zu begrüßen und wir sind wiedervereint mit unseren hochgeschätzten Gefährten.

Wenn du um ein Tier trauerst und die Aussicht, bis zum Tod warten zu müssen, um es wiederzusehen, unerträglich ist, sei beruhigt: Verstorbene Tiere suchen ihre früheren Besitzer von Zeit zu Zeit auf. Zeichen für einen Besuch sind zum Beispiel:

1. **Du träumst von deinem Haustier.** Im Schlaf ist unsere Schwingung höher und Geistmenschen und -tiere können leichter Kontakt mit uns aufnehmen.
2. **Bevor du einschläfst,** kann es sich anfühlen, als ob etwas auf deinem Bett sitzt oder als ob jemand in deinen Armen schläft oder sich an deinen Rücken kuschelt.

3. **Du fühlst, wie dein Geisthund oder deine Geistkatze** sich an dein Bein schmiegt, wenn du es am wenigsten erwartest.
4. **Du hörst ein entferntes Bellen** oder die Katzenklappe öffnet sich von selbst.

Und zum Schluss ...

Sei immer gut zu dir. Du bist nicht perfekt – darum bist du ja hier. Jeder ist aus einem bestimmten Grund hier, entweder, um Schwierigkeiten zu überwinden oder anderen Menschen zu dienen. Frag niemals: „Warum passiert gerade mir das?" Du hast dir diesen Weg ausgesucht. Und wie problematisch und anstrengend dein Leben auch sein mag, du hast dieser Erfahrung zugestimmt, durch die du wachsen wirst. Das Leben ist ein riesiger, weltumspannender Klassenraum, in dem es schwierige Lektionen zu lernen gilt. Denk an einige deiner schwersten Zeiten und frage dich, ob du lieber nicht wüsstest, was du durch sie gelernt hast. Ohne diese Herausforderungen könntest du jetzt nicht mit anderen in ähnlichen Situationen mitfühlen.

Die Momente der Freude – genieß sie und behalt sie im Gedächtnis. Aber versteh, dass du Teil der göttlichen Quelle bist, die nach Perfektion sucht, und diese Suche dauert, manchmal viele Leben lang. Treib dich nie zur Eile an oder fühle dich falsch. Erkenne deine Fehler und arbeite daran, ein besserer Mensch zu sein. Lass jeden Tag etwas Spiritualität zu und gib dir Zeit, darüber nachzudenken und zu reflektieren, warum du hier bist.

Auch, wenn du innerlich schreist, versuche immer, anderen freundlich zu begegnen. Ein schwieriges Kind oder eine Schwiegermutter, die sich einmischt, können junge Seelen sein, denen zu helfen du zugestimmt hast. Versuch, mit allen geduldig umzugehen. Denk dran, dass deine Geistwelt eine ganz andere ist als die der anderen Menschen. Um zu dieser Schönheit ins Jenseits zu gelangen, versuch, die beste Version deiner Selbst zu sein – in diesem und im nächsten Leben.

Danksagung

Wir träumten den Traum von einer brillanten Lektorin, Barbara Berger, die ihren magischen Stift schwang und unseren Worten Leben einhauchte. Wir neigen unsere Zauberstäbe und danken dir, Barbara, dass du unseren Traum wahrwerden ließest. Wir träumten einen weiteren Traum von einem Agenten mit Tiefblick, Bill Gladstone, der an zwei kleine Hexen von jenseits des großen Teichs glaubte, deren Magie Raum und Zeit durchdrang. Wir danken dir, Bill, dass du in deiner Kristallkugel unsere Zukunft gesehen hast.

Ebenfalls bei Sterling danken wir der früheren Cover-Artdirektorin Elizabeth Lindy für das umwerfende Coverdesign, der Chefdesignerin Shannon Plunkett für das wunderschöne Seitendesign, der Projekteditorin Ellina Litmanovich und dem Projekteditor Michael Cea sowie der Produktionsmanagerin Ellen Hudson.

Bildnachweise

ClipArt ETC: 14, 81, 85 unten, 94 oben, 97, 103, 110, 153 unten, 168 oben, 171, 173, 182, 221, 229, 246 oben, 246 unten, 248, 249, 256, 257, 292

Clipart.com: 258

Depositphotos.com: ©Katja87: 61

Dover: 132, 220, 233, 282

Getty Images: DigitalVision Vectors: benoitb: 196 oben; CatLane: 16, 269 links; duncan1890: vi, 156, 185, 243, 273; GeorgePeters: 56, 118, 222, 227, 270, 285; ilbusca: 33, 67, 188, 197 oben, 264; maodesign: 19; Nastasic: Vorsatz, 8, 21, 146; stdemi: 157; traveler1116: 98; ZU-09: 174, 260; iStock/Getty Images Plus: Alhontess: 183; Andipantz: 271; Bitter: 38; cjp: 277; CurlyBeard: 223; Dencake: 7; denisk0: 290; Epine_art: 161 oben, 163; gameover2012: 27; geraria: 119, 161 unten, 162 oben, 164, 165, 168 unten, 169, 170, 269 rechts; goldhafen: 291; Andri Handoko; 70, Vorsatz hinten; intueri: 197 unten; itskatjas: 83, 268; JonnyJim: 11, 53, 251; Kalistratova: 143, 144, 157; kameshova: 1; kate_sun: 177, 192 unten; kentarcajuan: 280; macrovector: 43; Alina Maksimova: 94 unten, 167; Man_Half-Tube: 40, 49, 193, 225, 244; maystra: 24, 46, 47; Constance McGuire: 214; mecaleha: 160 oben, 166; Monkographic: 88; NataliaBarashkova: 151; Natouche: 192 oben; nicoolay: 145; olegagafonov: 100, 119; Paul Art: 287; Pimpay: 22 links, 160 unten, 267 rechts; powerofforeber: 73; RonyGraphics: 196 unten; Nataliia Taranenko: 162 unten; thedafkish: 138; Vladayoung: 3, 12, 13, 22 rechts, 37, 69, 224, 284; Vetta: CSA Images: 178, 212

National Gallery of Art: 226

Rijksmuseum: 63, 149

Shutterstock.com: agsandrew: 202; Airin.dizain: 92; Lopatin Anton: 134-136; ARTA DESIGN STUDIO: 91; Marijus Auruskevicius: 191; AVA Bitter: Cover, i, 235 (Raben); Robert Castillo: 35; chempina: 194; Croisy: 124; Danussa: 230; HikariD88: 108; intueri: 57, 126; Jan-ilu: 155; julia_janury: Cover, Buchrücken, i (Spiegel); JuliaElfin: 128; Alenka Karabanova: 65; kuzmicheva: 278; Aleks Melnik: 31, 190; moopsi: 85 oben; Morphart Creation: 66, 93; NataLima: Cover, i, 59 (Kerze); nikiteev_konstantin: 186; Mila Okie: 282 (Geisterfleck); Peratek: 130; Vera Petruk: Vorsatz, iii, 71, 77, 87, 107; pio3: 5, 131; Pixejoo: spine (Mond); robin.ph: 121; Liliya Shlapak: 95, 267 links; standa_art: Cover (Jugendstil-Design); Bodor Tivadar: 79; vip2807: 127; WinWin artlab: v; Wonder-studio: 112-117; Vlada Young: 84, 109

Wellcome Library: 199, 238, 241, 255

Courtesy of Wikimedia Commons: 64, 119, 122, 153 oben, 209, 228, 265, 266; Scott Freeman: 105; Metropolitan Museum of Art: 179

Register

M

N